中美广告比较教程

ZHONGMEI GUANGGAO BIJIAO JIAOCHENG

张幼斌　编著

四川大学出版社

责任编辑:张伊伊
责任校对:宋 颖
封面设计:墨创文化
责任印制:王 炜

图书在版编目(CIP)数据

中美广告比较教程 / 张幼斌编著. —成都: 四川大学出版社, 2018.7
ISBN 978-7-5690-2159-2

Ⅰ.①中… Ⅱ.①张… Ⅲ.①广告-对比研究-中国、美国-教材 Ⅳ.①F713.8

中国版本图书馆 CIP 数据核字 (2018) 第 171303 号

书名 **中美广告比较教程**

编 著 张幼斌
出 版 四川大学出版社
地 址 成都市一环路南一段 24 号 (610065)
发 行 四川大学出版社
书 号 ISBN 978-7-5690-2159-2
印 刷 郫县犀浦印刷厂
成品尺寸 148 mm×210 mm
印 张 12.125
字 数 327 千字
版 次 2018 年 8 月第 1 版
印 次 2018 年 8 月第 1 次印刷
定 价 38.00 元

◆读者邮购本书,请与本社发行科联系。电话:(028)85408408/(028)85401670/(028)85408023 邮政编码:610065
◆本社图书如有印装质量问题,请寄回出版社调换。
◆网址:http://www.scupress.net

目　录

第一章　服饰广告

服饰文化作为人类文化的显性表征，不但彰显了穿着者的品位、信仰和价值观，而且还体现了穿着者所属的地域、时代特色，以及认同的价值理念。服饰早已超越了遮羞御寒的基本功能，成为人们社会活动中一种重要的物质和精神表现要素。

当今服饰消费的文化气息越来越浓厚，而文化是在长期的历史演变进程中积淀而成，它是一个民族的伦理道德、风俗习惯、文化教育、人生观、价值观与现代观念、现代科技等的结合成果。因而，不同国家和地域因其不同的文化背景，其服饰及服饰广告所折射的文化自然也各不相同。早期的美洲移民将欧洲文化带入美国，时至今日，美国文化已然成为西方文化的代表，世界文化的主流之一。而中国作为有着五千年历史文明的古国，服饰沿革多变，不同时代的服饰均具有其独有的特色，同时又呈现出一种对不同民族服饰的兼收并蓄的包容。本章着眼于中美服饰文化，通过分析和探究两国服饰广告以折射其所体现的各自的服饰文化特色。

本章选取牛仔服饰、内衣服饰和运动服饰三种品性鲜明的代表性服饰进行比较研究。牛仔服饰来自美国，由一种底层劳动者的实用穿着逐渐演变为一种潮流服饰风靡全球，是美国精神的缩影之一。内衣服饰作为贴身、私密的衣物，其中女性内衣由束缚、遮掩女性的工具，演进到如今成为舒展自如、尽显女性风韵的载体，而男性内衣也不甘其后，发展成为服饰广告的新宠。运动服饰则是在大工业时代中科技逐渐将劳动力解放出来后，现代人们对生活品性追求的一个重要体现。三类服饰广告的演进均体现了人体观念的变革及服饰文化的变迁，更体现了东西方文化在近一百年来不断相互冲击和相互融合的历史。

第一节 牛仔服饰广告

牛仔出自美国，如美国历史学家威廉·W. 萨维奇所言："人们很难想象，假如没有牛仔这个形象，美国的文化，不管是粗俗的还是高雅的，会成什么样子。要找其他形象来取代他，简直太难了。"① "充满西部传奇色彩的牛仔装，满足了人们在形象上的认同和精神上的回归，它的流行承载了美国人的精神和梦想。"② 牛仔成了美国民间的传奇英雄，成了美国的一种象征。作为美国大众文化的代表，牛仔服饰承载了人们对牛仔的崇拜，以及对牛仔自由奔放状态的向往，成为美国西部牛仔文化的重要载体，深入到现代美国人的生活中。推而广之，现今它已融入世界文化，成了一种国际文化现象。牛仔服饰发展至今百年有余，历经岁月变迁，其热度不仅未被时光湮没，反而成为服装王国的宠儿和一种流行全球的服装时尚。从原本蓝领阶层的工装，到现如今成为大众化的衣着，牛仔服饰凭借其独特的风格和魅力，装点着一代又一代消费者的信念和梦想。女人的多彩多姿、曼妙婀娜，男人的潇洒沉稳、洒脱不羁，都在牛仔服饰的演绎下显得魅力无穷、精彩纷呈。

---

① 参见百度百科"牛仔"词条，http://info. xc322. com/baike/830. shtml，2011-4-6。

② 贾娟、王革辉：《牛仔服饰风行原因探讨》，载《化纤与仿纤艺术》，2005 年第 1 期，第 50～52 页。

对于牛仔服饰的风行，广告可谓功不可没。牛仔服饰广告不仅展示了牛仔服饰所具有的特质，更是引领了牛仔服饰文化风潮。无论在中国还是在美国，时尚、独立、个性、自由、性感这些张扬的文化标签，无不让牛仔服饰爱好者趋之若鹜，甚至奉为至宝。当牛仔服饰已经成为风靡全球的休闲服装的代表时，牛仔广告仍在不断塑造牛仔服饰独特的精神内涵，以塑造品牌别具一格的消费群体定位。

一、牛仔服饰的发展及其演变

历史上的牛仔服饰源于美国人在开发西部的淘金热潮时期为适应野外工作环境而设计制作的一种用帆布制成的外衣，通过影视作品的强化和名人穿着效应，这种服饰日渐成为普通大众日常生活工作的休闲服饰，至 20 世纪 70 年代风靡全世界，现已成为全球性的定型服饰。如今，牛仔服饰的面料多为竹节牛仔布和环锭纱牛仔布，款式已发展出牛仔夹克衫、牛仔裤、牛仔衬衫、牛仔马甲裙、牛仔童装等多个种类。牛仔服饰以其坚固耐用、休闲随意、粗犷洒脱等特点深受世人喜爱，虽然其整体风格相对模式化，但其细部造型及装饰则伴随着流行时装的周期与节奏，不断演绎和变化。①

提到牛仔服饰的起源，首先要谈到牛仔布的起源。大约在 16 世纪，欧洲就已经出现所谓的牛仔布，这是一种质地紧密、厚实的斜纹组织面料，英国人称之丹宁（Denim），美国人谓之牛仔（Jeans），初期一直是用来制作帐篷、马车篷、帆船。最初尝试用这种斜纹的丹宁布做服装的是意大利人，早在 1567 年，

① 崔斌箴：《马背上的旋风：牛仔服饰文化考》，载《世界文化》，2002 年第 4 期，第 42～43 页。

在意大利的北部港口吉诺阿（Genoa），就有水手首次穿着由丹宁布制作的工作裤，并称之为Genoese。因为Genoese的发音相似于Jeans，后来美国人为方便起见，就用Jeans称呼这种由丹宁布做的水手裤。19世纪中叶，美国加利福尼亚州发现金矿，各地人群蜂拥而至，犹太青年商人李维·斯特劳斯（如图1-1-1所示）（Levi Strauss，Levi's创始人，被称为牛仔裤的发明者）在这场淘金热中发现了宝贵商机，将滞销的做帐篷的帆布制成耐磨的工作裤，推销给淘金工地的矿工，大受矿工欢迎。早期的牛仔裤是棕色的，制成靛蓝色是在1858年，当时Levi's的裤子很流行，以至于棕色帆布的供货不能满足生产的需要，他开始从法国南部城镇尼姆进口另一种面料，并称之为丹宁（Denim）。1873年，鉴于淘金工人穿的工装裤极易磨破，李维采纳建议，在裤兜和裤门处使用崭新的铜纽扣加固，以改善外观，增加口袋牢度，后逐渐演变成低腰、直筒、紧臀的牛仔裤雏形，迅速被美国西部地区的矿工、牧民所接受。1920年左右，牛仔裤的鼻祖李维·斯特劳斯开始用牛仔（Jeans）称呼这种用于制作热那亚水手裤的斜纹面料。①

在牛仔服饰中最早出现的是牛仔裤，牛仔服的其他服饰品种是伴随着牛仔裤的普及和风靡而发展起来的，牛仔裤自产生以来很长一段时间内在牛仔家族中独占鳌头。

20世纪30年代起，牛仔裤衣着由旧金山逐渐内移到美国东海岸，开始向流行服饰发展。第二次世界大战结束后，牛仔裤重新整合定位并流传到欧洲，成为国际性的服装。50年代，市场上出现第一条拉链牛仔裤，并开始随意地与其他服装搭配，牛仔裤成为日常服饰。60年代是瘦窄型及彩色牛仔裤唱主角的时代。

① 参见毕虹：《牛仔服的装饰文化研究》，北京服装学院硕士学位论文，2007年，第19页。

70年代，朋克摇滚之风造就了牛仔裤的热潮，与此同时，各种相应配饰也应运而生。传统的五袋牛仔裤已被归入当代时装之列，时装设计师开始设计牛仔装，变化出阔脚裤、喇叭裤，并推出充满弹性、超级紧身的牛仔裤。另外，装饰、面料、色彩、后整理等方面的新手法更加层出不穷，20世纪80年代牛仔服装的发展几乎达到最“高峰”，牛仔服饰风靡世界各国，并开始走向品牌化。到90年代，又出现回归原初的趋势，流行模仿牛仔裤刚诞生时的大尺寸宽松式，腰围部分退到胯骨。时至今日，一个被称为“造作的牛仔”的时代，铆钉、破洞、蕾丝等各种元素被添加到牛仔服饰中，已有的牛仔元素也被重新组合。总结20世纪末牛仔服饰的特色，“90年代是牛仔服装及其衍生品的成熟期，牛仔衫、牛仔裙、牛仔帽、牛仔手袋甚至牛仔挂饰，应有尽有，开始转而使用卡其布、马裤呢等其他面料来制作牛仔服，牛仔服传统的粗犷风格发生了变化，并且进入一个前所未有的发展阶段”①。

图1-1-1　李维·斯特劳斯

如今，牛仔布已在设计师的妙手中演变成了牛仔帽、牛仔巾、牛仔带、牛仔袜、牛仔鞋，更不用说牛仔裙、牛仔上衣、牛仔风衣、牛仔夹克衫及装饰用牛仔提包、背包等。一些欧美设计师还使用牛仔布制作“比基尼”泳装，甚至晚装，如设计师戈尔捷的牛仔服饰设计，就将不同时代的流行服装，包括高雅的晚礼服，都用牛仔布料加以表现，将最平民的面料与贵族的着装结合

① 参见新浪博文：早期的牛仔裤插画广告欣赏（图），http://blog.sina.com.cn/s/blog_5f2e198b0100cx7r.html，2009-3-28。

起来，其制作的牛仔夹克外套，夹里却是貂皮，可谓创意别出。随着时尚帝国的“老佛爷”卡尔·拉格菲尔德将皮草由大幅的整体化作小块的元素融入各类服饰，牛仔紧随其后，也开始作为一种元素，碎片化地与其他如珠绣、绣花、流苏、蕾丝、皮草、雪纺、毛边等材料大面积地结合，运用撕扯、针迹、拼贴、印花、反面正用、涂层以及弹力等手法，呈现出服装在材质和肌理上因强烈对比而产生的美感。如今牛仔风格朝着两个较为极端的方向发展：其一，仿古、仿旧的浓重处理，如重漂、磨白、水洗等；其二，织物平整、光洁、轻质、防皱。粗犷和细腻这两种截然不同的风格使得牛仔服饰可以轻松满足男性和女性消费者的不同需求，而两种风格彼此不断相互借鉴，使得牛仔服饰时尚休闲化的风格更加强烈，实现与其他服装更完美的搭配效果。各种新型纤维的应用赋予牛仔更加丰富的美感，亚麻、天丝、羊毛、真丝的采用，使牛仔服饰开始具有了吸湿排汗的功能，在舒适性和环保方面的进步是牛仔服饰未来发展的方向之一。

在中国，1981 年前中国国内销售的牛仔裤面料均为进口，其后开始自产面料，且产量不断增加。其中生产牛仔布的企业由上海新风色织厂首先填补空白，后扩大到北京、广州、常州、淄博等地数家企业，生产的牛仔布面料也由低档到高档。牛仔服饰同样于 20 世纪 80 年代登陆中国大陆，最先出现在市面上的是一种牛仔喇叭裤，臀部包裹得很紧，裤口开阔，无论男裤女裤一律在腹前歼衩。这种裤子面世之初在中国备受争议，其风格被认为过于前卫、过于颓废而为主流社会所拒绝。那时的女性，敢于穿上一条暴露曲线的牛仔喇叭裤，需要足够的勇气面对世人的品评。这一时期，牛仔服饰具有强烈的符号意义，其穿着几乎等同于西方资产阶级生活方式和精神状态，虽然那时的牛仔服饰样式几乎全是模仿而来，尚未形成自己的风格，仅仅接受了牛仔服饰的形式，而未在真正意义上接受它所传递的潜在的服饰文化信息。但是，牛仔服饰对于20世纪80年代初期的中国来说，除了服饰本身的意义外，它依旧成为向时代发出的一个信号，一个即将到来的流行服饰的信号，它在暗示着人们文化生活中一点另类的萌动，一个新时代的开始，在中国年轻人身上更多体现的是衣着上的解放精神，是一种冲出身心束缚的解放。那些穿着牛仔裤的年轻人，在紧紧包裹着臀部的裤子中体味着城市生活正在经历的种种微妙的变化，这种变化在今天看来意义尤为深远。①

20世纪90年代中期，更多的牛仔服饰品牌开始被中国人，尤其是被年轻人熟知。彼时，一大批牛仔服饰加工厂在中国大地雨后春笋般建立，亦带动国内自有品牌的创立，如真维斯、佐丹奴、美特斯邦威、增致牛仔、小魔怪等等，这些品牌最初很多都是以国外大牌的服装加工厂的面目出现，后逐渐集聚了自己的能量，形成知名的品牌与洋品牌一同出现在牛仔服饰的市场竞争中。但是，面对诸如Levi's、Lee、Wrangler、DKNY、Guess等国外品牌稳固割据的市场格局，国内品牌在市场化道路上举步维艰，虽努力用自身的品牌文化获取消费者的认同，但由于其市场定位往往雷同，在牛仔市场中仍缺乏有力表现。

进入21世纪，牛仔服饰在全球大部分地区都已经成为老少皆宜的休闲服饰，成为文化及个性的代言，成为既引领潮流，亦不为潮流所动的经典时尚。牛仔服饰已经基本上走出了其诞生之初代表下层劳动者工作服的形象，成为超越阶级和民族的一种最大众化的服装，牛仔元素在服饰帝国中甚至超越了牛仔布本身的局限，追随着国际时尚的脚步融入多种服饰类别，呈现出了百搭的趋势。

---

① 陈玉洁：《牛仔谢幕》，《看历史》编辑部：《酷历史》，北京：九州出版社，2013年版，第192页。

二、牛仔服饰广告比较

（一）中美牛仔服饰广告的发展演变

在牛仔服饰的发源地美国，蛮荒西部的传奇英雄牛仔一直是美国精神的代表，西部传奇和拓荒英雄的神秘色彩，无疑是编织梦想的最佳要素，也是牛仔服饰广告早期的主题表现。

图 1-1-2

图 1-1-3

初始的牛仔服饰保留着其最基本的用途——为牛仔、矿工、铁路工、伐木工等拓荒者设计的工作装，是繁重的户外体力劳动者的衣着。在广告中，牛仔形象成为牛仔服饰最主要的代言形象，牛仔文化的刺激性和鲜活性是宣传主题。如图 1-1-2 所构筑的牛仔们：勇敢机敏、坚强不屈，头戴墨西哥式宽边牛仔帽，身穿紧身多袋束袖的牛仔上衣，颈围大方巾，足蹬长筒牛仔靴，画面热烈，姿态昂扬。

早期的牛仔服饰广告顺应插画的盛行，大量的牛仔服饰广告以插画的形式出现，形象表现有的雄浑低调、叛逆刚烈（如图 1-1-3 所示），有的快乐阳光、甜美优雅。广告创意及全球营销历来与经济环境的变化息息相关，受 20 世纪 30 年代的经济大萧条之累，多数美国人由欧洲度假之旅转向本土西部之游，牛仔身上英姿飒爽又弥漫着乡土气息的牛仔服饰最好地贴合了西部壮丽的风光和英雄牛仔的传奇故事，旅游风向标的偏西指向使家庭版旅游广告风行。此类广告虽然是平涂效果，但是色彩调配柔和，运用细腻写实的手法，配以靛蓝色彩的明快，一线一褶清晰逼真，画中人物周围点缀着其他衍生款式，如派对牛仔、工装牛仔、郊游牛仔的白描图，使得视觉在生动的场景里切换，营造甜蜜温馨的全家乐场景（如图 1-1-4 所示）。另外，这一时期女性意识觉醒，烟袋、礼帽等男性装束受到女性欢迎，在表现女性牛仔时装的插画中，女性形象以健康活力为首，广告传递出女性追求舒适、方便、健康的生活观念，扩展了女性完美生活的想象空间，使得牛仔服饰的消费者在不经意间将其作为未来生活的模本[①]（如图 1-1-5 所示）。

图 1-1-4

图 1-1-5

第二次世界大战后，欧美资本主义国家经济多方位发展，美国好莱坞影视娱乐业对促进牛仔服饰的风行起到了不可低估的作用。有人认为，如果说马龙·白兰度（如图 1-1-6、1-1-7 所示）改变了人们的行为举止，那么詹姆斯·迪恩（如图 1-1-8 所示）就改变了人们的生活方式。其实詹姆斯·迪恩还改变了人们的穿着方式，1950 年反叛一代的精神被好莱坞影星詹姆斯·迪恩牢牢附着在牛仔裤上，其电影《无因的反叛》（*Rebel Without a Cause*）除了让牛仔裤成为“反叛”的标准着装外，也赋予了它

① 娟子：《牛仔文化时尚》，Netfm. com. cn 网上调频：双语生活，2009 年第 3 期。

一种懒洋洋的性感。“他穿什么大家穿什么，他怎么走路大家就怎么走路”，编剧斯图尔特·斯特恩如是说。

图 1-1-6　　图 1-1-7　　图 1-1-8

随着时代的变迁，牛仔广告的表现形式由插画过渡到人物形象表现，而随着广告界的大手笔和时装大师的介入，牛仔服饰广告的表现元素日渐丰富。牛仔服饰的基本内涵开始逐渐丰满和固定，时至今日，牛仔在广告中成为解放一切束缚、回归本真的代名词，这些内涵也逐渐成为几乎全世界所有人对牛仔的理解。

20 世纪 80 年代，对于刚从“文化大革命”时期几乎人人身着千篇一律的灰色中山装或蓝色绿色解放装的中国人来说，牛仔服无疑是一个新鲜事物。受中国人固有观念的影响，此时的牛仔服被贴上“叛逆”“性感”的标签，身着牛仔裤甚至会被视为“不良青年”，穿着牛仔裤在街上行走往往会招致质疑的目光，牛仔服饰对中国人来说完全是一种舶来品，是一个异类（如图 1-1-9、1-1-10 所示）。20 世纪 70 年代末 80 年代初，牛仔裤登陆中国，1979 年上海电视台播出了第一条牛仔裤广告——香港的牛仔裤品牌“苹果”，牛仔服肩负起将一种对待服饰的全新观念引入中国大陆的使命。由于受到中国固有的审美观念和当时的社会思潮影响，牛仔服饰被看作是带有资本主义色彩的典型代表服装，曾一度不被社会主流思想所接受，牛仔服饰在中国大陆的流行初期一直处于一个尴尬的境地。这一时期大陆本土的牛仔服饰的广告表现也呈滞缓状态。

图 1-1-9

图 1-1-10

伴随改革开放的不断深入，中国人思想观念受到影响，中国社会的主流价值观、审美观逐渐发生变化，牛仔服饰广告亦逐渐增多，牛仔服饰在广告中成为年轻一代选择与父辈截然不同的自由生活方式的一种手段，表达了 80 年代以后社会希望摆脱过去三十年绑缚在政治战车上的生存状态的愿望。牛仔逐渐成为自由和个性的代名词，成为大众尤其是青少年推崇和追逐个性的表现手法之一。牛仔服饰广告顺其道而行之，在诉求方式及表现元素上日渐多样化，名人代言大行其道，创意迭出，广告载体从平面到户外到影视，从传统媒体到新媒体，广告主题多为鼓励年轻人释放自身激情，热诚拥抱生活（如图 1-1-11 所示）。但是有影响力的国产牛仔品牌仍旧廖廖无几，国外品牌

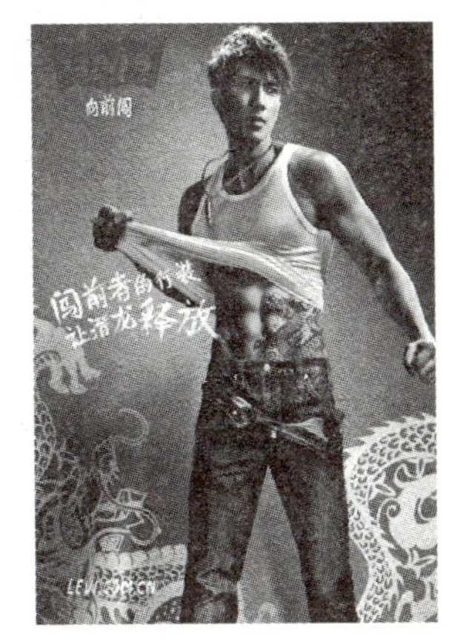

图 1-1-11

在广告方面的本土化策略倒是展现出蓬勃的态势，这些国外大牌深谙中国人骨子里含蓄保守的特质，其牛仔广告也会采用与其在美国截然不同的表现方式。

（二）中美牛仔服饰广告比较

1. 诉求方式

- **中国**

在中国，早期的牛仔服饰广告偏重于理性诉求，较多强调牛仔服饰结实耐磨等功能性特征。伴随牛仔衣着的普及和大众化，感性诉求又日渐突出，广告开始注重刺激受众的感官神经，尝试运用情感带动消费者，从而在受众与品牌间建立情感纽带，或潮流，或时尚，或率真，“总有一种感觉适合你”。另外，作为舶来品的牛仔，在品牌流出的同时，美国牛仔服饰广告中最为盛行的性诉求方式在中国亦开始被或隐晦或公然地启用，并有不断加强之势。但由于受到中国固有的性表达含蓄的影响，性诉求的表现尺度总体而言显得含蓄而内敛。

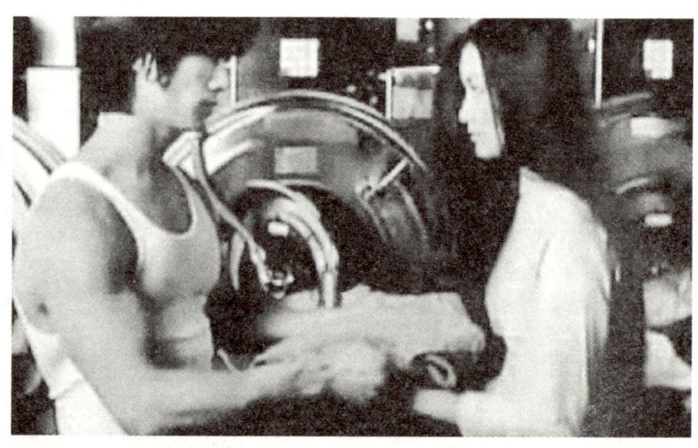

图 1-1-12　20 世纪 70 年代李小龙代言 Levi's 视频广告，完美展现了牛仔服饰结实耐磨的品质。

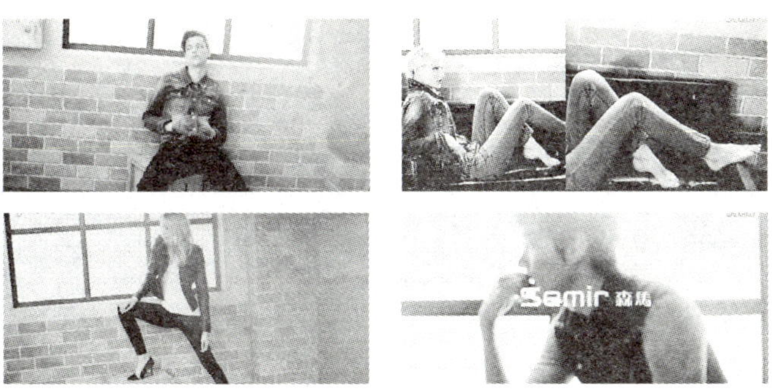

图 1-1-13 森马视频广告，品牌邀请韩国高人气偶像李敏镐代言，通过四位穿着牛仔裤的不同个性年轻人的动作、神态特写，辅以时尚的背景音乐，表现其产品的潮流与品质。

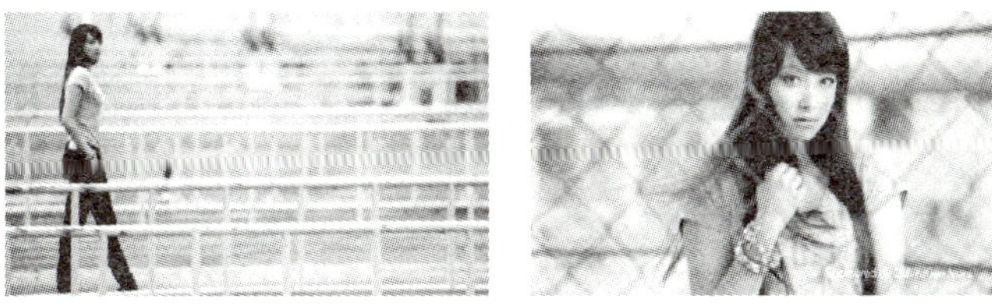

图 1-1-14 CK 视频广告，通过性诉求方式，含蓄地彰显对异性的魅惑与吸引。

- **美国**

牛仔服饰历经工装到时装的发展，以其贴身的剪裁勾勒人体线条而散发出性感而魅惑的气息，因而在美国，牛仔服饰广告向来是最具性感的品类广告之一，性诉求成为美国牛仔服饰广告中运用最为普及的诉求方式，且其性诉求在性表达的广深开放程度上几近为西方国家之首。对美国人而言，性是一种交流方式，他们的大胆直白也体现了他们追求自我、不被束缚的个性。虽然性诉求在广告中大行其道，但并非唯此独行，彰显时尚或表达情感的感性诉求方式也十分常见，带动受众在品牌演绎中寻找自己的影子，拥有梦寐以求的感觉和情愫。此外，幽默诉求在美国的牛仔服饰广告中运用频率也颇高，一个个夸张、荒诞不经的故事引导受众发现生活的趣味，在会心一笑中体味到品牌所带来的愉悦。

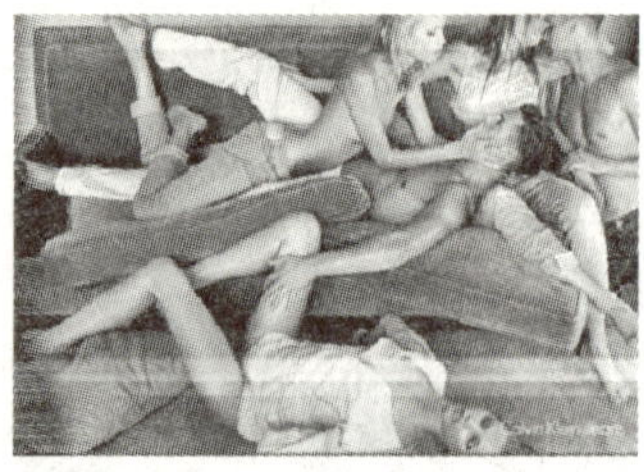

图 1-1-15、1-1-16　CK广告，诠释品牌的性诉求，但由于尺度过大，画面过于暴露而遭到“封杀”。

图 1-1-17　Bluesupply视频广告，运用美国街头文化做背景，彰显美国人崇尚个性、潮流的价值观念。

图 1 1 18　Levi's视频广告，采用调侃式的幽默方式，通过一只狗将人追上树就为咬扯下牛仔裤的荒诞故事表现Levi's品牌的大众化和不变的魅力。

2. 诉求点

● 中国

在中国，刚从改革开放前计划经济时期相对闭塞的生活环境走出来的人们，在接触牛仔服饰之初，其消费理念普遍注重其实用性，消费心理相对重内里而轻外观。中国人思维的实用性取向促使牛仔服饰广告在早期较多地将牛仔服饰的功能作为诉求点，这一现象在理性诉求的广告中较为常见。随着牛仔服饰越来越多地体现出时尚化、个性化的特点，个性、自由、自信等诉求点逐渐被推崇，正所谓“云想衣裳花想容”，个性化的诉求尤其适应年轻人的个性化追求，在品牌彰显上亦效用突出。此外，为了获取和强化美誉度和忠诚度，开始有牛仔服饰品牌将社会责任感等公益性主题提上日程，以公益或唤起大众民族情结的方式达到诉求目的。

图 1-1-19、1-1-20　Diesel 广告，以结实、修身作为诉求点，直观、朴实，给人以真实可信之感。

图 1-1-21　Lee 视频广告，以“绝翘”为诉求点，强调其牛仔的塑身功能。

图 1-1-22　Levi's 系列广告，以品牌个性和年轻人的独特生活方式为诉求点，通过“路，我主导”体现自我、独立、不断开拓与创新的生活态度。

图 1-1-23　本土品牌美特斯邦威广告，以民族情结为诉求点，提出“我是新国货”的概念，彰显了品牌的社会责任感。

• 美国

在美国广告中，个性、自由和平等一直以来是被着力渲染的诉求点，牛仔服饰的广告即是如此。随着牛仔服饰由实用性向时装化的转变，时尚同样成为很多大牌牛仔服饰的着眼点，品牌个性和品牌文化也成为一道风景线，并以此为诉求点，力求与受众达成心灵上的沟通，以期产生情感共鸣。此外，利用竞争品牌作为诉求切入点的方式也时有所见，而这一点在中国的广告法规中则是明令禁止的。

图 1-1-24、1-1-25　Levi's 广告，以“平等”为诉求点，“每个人的工作同等重要”，以此表现品牌的社会责任感。

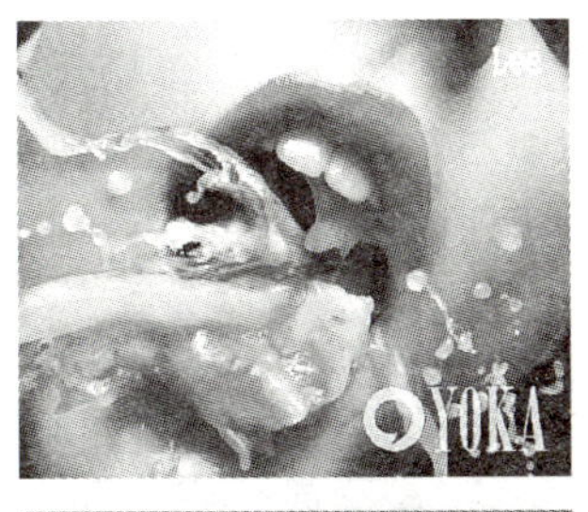

图 1-1-26、1-1-27、1-1-28、1-1-29　Lee 广告，以“时尚”为诉求点，以独特的创意完美展现品牌引领潮流的别出表现。

图 1-1-30、1-1-31 Levi's 广告，以品牌文化作为诉求点，以“永不停歇”号召美国人不惧艰险、勇往直前。

3. 元素运用

● 中国

在中国，牛仔服饰广告表现元素相对单一，较多选用明星或模特代言，而明星选用集中于俊朗或貌美的当红影视歌星，以时尚、青春、活力为表现主题，以期在年轻人中引发共鸣。另外，传统的中国元素也是中国牛仔服饰广告的一大亮点，中国独有的文化元素在牛仔服饰广告中的运用，使其具有更高的辨识度和亲和力。此外，中国的牛仔广告也在尝试开启诸如环境保护、防止艾滋病等社会性话题，彰显公益主题，表现元素的选用较为多样化，其中动物元素的加入较为常见，以增添相较于人物元素的荒诞性和生动性。

图 1-1-32 美特斯邦威广告，选用人气歌手周杰伦代言，以吸引青年消费群体。

图 1-1-33 以纯广告海报，选用韩国当红明星全智贤作为代言人，切合品牌的潮流、活力定位。

图 1-1-34 Levi's 广告，运用中国龙图腾的形象，号召中国人“让潜龙释放”。

图 1-1-35　GAP 广告，画面中简约的服装以及象征和平的鸽子，蕴含了公益的意味。

- **美国**

美国的牛仔服饰广告与中国一样，也往往选用明星或知名模特代言，以贴合其时尚、性感、魅惑等个性诠释品牌的独特魅力。与中国相比，美国牛仔服饰广告中的表现元素更为丰富，日常生活的点点滴滴皆可激发创作灵感，人物、动物的表现元素相得益彰，人物表现突出叛逆、不羁和超越自我等精神。

图 1-1-36　CK 广告，由 Eva Mendes 与男模 Jamie Dornan 联手诱惑演绎，延续了 CK 深入骨髓的性感路线。

图 1-1-37、1-1-38　Diesel 广告，从日常生活的点滴中汲取灵感，印证了品牌的年轻特性，也是主流时尚态度的重要体现。

4. 创意表现

● 中国

中国的牛仔服饰广告大多采用名人代言的表现形式，在某种特定背景的烘托下，主要以画面加文案的方式简单展示产品的功能特征、品牌口号等信息。随着数字技术的发展，虚拟人物等幻化影像开始在广告中出现。

图 1-1-39　零世纪牛仔裤的户外路牌广告，画面富有冲击力，画面中人物和品牌名称、品牌口号组合，彰显自由、快乐的个性特征。

图 1-1-40　苹果牌牛仔裤广告，画面上一男一女叠躺，其余部分略显昏暗，仅双腿（裤子）部分给予高光凸显，以幻化组合图案给人以想象的空间。

● 美国

在美国，早期的牛仔服饰广告较多以插画的形式表现。后来随着牛仔服饰的大众化和时尚化，越来越多的时尚品牌与牛仔服饰品牌开展跨界合作，广告创意方式越加多元化，表现形式更是层出不穷，画面或影像幽默而夸张，创意故事妙趣横生。

图 1-1-41　Levi's 广告，以插画创意形式，描绘女性健康、阳光及积极向上的形象，表现方式独特。

图 1-1-42、1-1-43　Levi's 系列广告，将牛仔裤拟人化，赋予其人的感情，创意地表现出产品的舒适性。

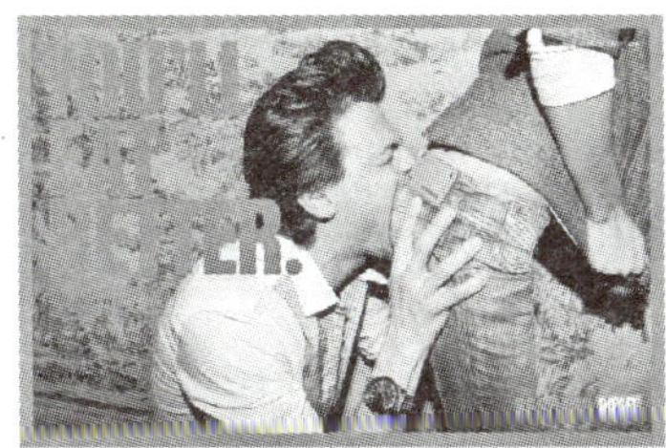

图 1-1-44、1-1-45　Diesel 广告，运用夸张式的幽默，表现人们因穿着牛仔裤而变得疯狂野性。

图 1-1-46、1-1-47　Levi's 广告，并不从正面直接表现产品形象，而是从同性恋现象中获取灵感，有一丝调侃式的幽默，也表明了 Levi's 的包容性。

第二节　内衣广告

内衣作为贴身服饰的一种，在现代人的生活中不可或缺。人们不仅把内衣当作“第二层肌肤”，同时也赋予了内衣更深的含义。内衣以一种朦朦胧胧、时隐时现、含蓄内敛的衣着形式抒发对美、情以及身体表现的企望，人们通过内衣传达对身体语言的想象力与创造力，内衣给服饰文化增添了不少的优雅与浪漫。对女人来说，内衣不仅能充分展示女性的柔情和性感，更是对女性自身的一种宠爱，从女性内衣的变迁过程中，可以看到女性社会角色和社会地位在几百年中的演变。对男人来说，内衣与外衣的完美搭配能够充分体现男性的阳刚与魅力，当性感一词成为人们展示自身魅力的一种向度，男性内衣也成为男性建构自信的一种方式。

内衣与人们曾被视为私密的身体相依相贴，其发展演变与一个群体对人体的价值观相连，深受社会风尚及时代文化的影响。现代社会内衣市场逐渐发展成熟，各品牌迫切需要树立品牌个性，宣传产品，促进销售，内衣广告应运而生。内衣广告作为文化于衣着的体现之一，其发展演变也成了社会文化的一面镜子，通过对比研究，可以看出中美两国对待内衣和人体的各自不同又相互趋近的观念变化。

一、内衣的发展及其演变

所谓内衣，意指贴身穿着的衣物，它具有吸汗、矫形、承托及保暖等功用，是现代人日常家居生活中不可或缺的衣着。中美两国的差别之一在于，由于生活习俗的不同，中国人习惯在春秋季节穿着秋衣秋裤和在冬季身着保暖内衣，而在美国人的家居生活中则几乎没有这一类衣物。内衣按不同标准有各种分类，若按性别所属，女性内衣一般包括文胸、抹胸、内裤等，而男性内衣一般特指男士内裤。

在中国，内衣古而有之。内衣在汉代被称为“心衣”，在两晋被称为“两裆”，在唐朝叫“内中”和“亵衣”，在宋代叫“抹胸”，到了明朝和清朝则分别被称为“阑裙”和“肚兜”。[①] 中国古时内衣的特点，一是内衣基本在“内”，不暴露；二是内衣主要起“衬”和“遮”的作用，无“美体”的功效。清朝末年随着洋纱布的引入，西方的内衣逐渐被中国人所了解。1919 年五四运动之后，洋装成为时尚，但是保守观念仍然统辖着国人的思想，当时的女子都用白布将胸部紧紧束住，这种束胸布称为“束奶帕”。“束奶帕”如同封建社会的“裹脚布”一样，是对女性身体的束缚和禁锢。因此，当时的新潮女子开始发起一场号召女性放开对胸部的束缚，让乳房自由生长的“天乳运动”，并得到了政府的支持。[②] 20 世纪 20 年代末期，西式乳罩漂洋过海来到中国，当时被人们称为“义乳”，电影女星成为时尚体验的先行者，其偶像作用渐使中国女性摈弃肚兜而选用乳罩。20 世纪 50 年代，中国与当时的苏联关系密切，其间中国服饰深受苏联影响，女性内衣似传统的苏联乳罩，这种以苏联女子身材标准设计的乳罩并不适合中国女子娇小的身材，无法起到乳罩美体塑形的作用。60 年代掀起“文化大革命”的思潮，使刚刚恢复女性曲线美的时尚成为泡影，女子内衣的发展更是受到压抑，被宽大的军便装掩盖，这时候女子内衣主要是一些背心和简易的乳罩。随着

---

① 黄强：《中国内衣史》，北京：中国纺织出版社，2008 年版，第 12 页。

② 唐蜀春：《从天乳运动到义乳隆胸：民国女子内衣解放史》，http://www.cbg.cn/first/2008-11/19/content_348557_2.htm，2008-11-19。

70年代末改革开放的影响，西方观念也开始传入，与内衣有关的“三围”概念在80年代出现，人们终于意识到内衣对女性身体塑形的重要作用。90年代，国外内衣品牌渐次进入中国，如黛安芬、欧迪芬等，使人耳目一新，同时促使国内的内衣产业注重开发功能和样式。此后国内的内衣产业加速发展，产品无论在样式还是功能上都不断改进，并更加注重对流行趋势的借鉴。

男士内衣在中国的发展历史相对简单。秦汉之前，男性和女性一样，都会在宽大的袍子下穿着衬裙。到了汉朝，受游牧民族的影响，男性开始穿合裆裤而无内裤，但也仅限于骑马的男性，此习惯沿袭到了唐朝。一直到清朝末年，西方的现代内裤才和现代西服一起传到中国，中国男子的着装慢慢由以前宽大的袍子转变为西服西裤，而其内衣的穿着习惯也随之改变。但长时间内男士内衣的款式十分单一保守，多是宽松的短裤。随着20世纪70年代末改革开放的到来，国外内衣的一些时尚款式开始进入中国市场，男士内衣的面料、款式等也开始朝着多样化的趋势发展。

西方的现代内衣起源于古罗马时期。欧洲文艺复兴以前，女性身体几乎不加束缚，贵妇们穿着衬裙作为内衣。到16世纪末，人们认为以衬裙作为内衣过于随便，于是开始使用鲸骨、钢丝、藤条等设计制作复杂的紧身内衣，以塑造身体曲线。1620年“五月花”号在美洲大陆靠岸，起初由于受清教徒思想的影响，美国女性的内衣穿着方式依然是衬裙和复杂的紧身内衣，尔后意识到紧身内衣对女性身体健康的负面影响，继而有意识地对之进行简化。巴瑟尔时期（1870—1890），内衣开始被制造得精美，蕾丝、丝绸、薄纱被运用其中，而对内衣的塑身要求却被逐渐淡化，因为人们发现胸衣中的纬向金属丝对人体的呼吸道有碍。1900年，莎洛特制成健康胸衣，而后内衣更是放松了对腰部的束缚。伴随弹性织物在服装中的广泛应用，现代内衣变得越来越舒适易穿，著名时尚杂志 *Vogue*（美国版）上出现了“胸罩”

（brassiere）一词，胸罩开始被大众熟知和接受。20 世纪 40 年代，清教徒式的禁欲观念开始受到猛烈的抨击，开放的性观念取而代之，内衣不再是不登大雅之堂之物，而是摇身转变为时尚潮流中的一员。法国时尚界巨擘克里斯汀·迪奥的“没有内衣就没有时尚”这一经典之语就是在此时提出。此后内衣的流行样式随着时尚潮流历经变换，如玛丽莲·梦露、伊丽莎白·泰勒等明星丰满匀称的体姿引领了 50 年代的时尚美。80 年代，是美国女性从自我解放到自我认可的过渡时期，女性人体美被人们广泛认知，内衣的设计也变得更为大胆开放。1991 年，麦当娜在世界巡演上身着金色“雪糕筒型”胸罩亮相（如图 1-2-1 所示），令世人瞩目，也使内衣外穿成为世界潮流。之后胸罩的变化就更加令人眼花缭乱，魔术胸罩、硅胶胸罩、乳贴（如图 1-2-2 所示）等种种花样，令世界为之瞩目和尖叫。

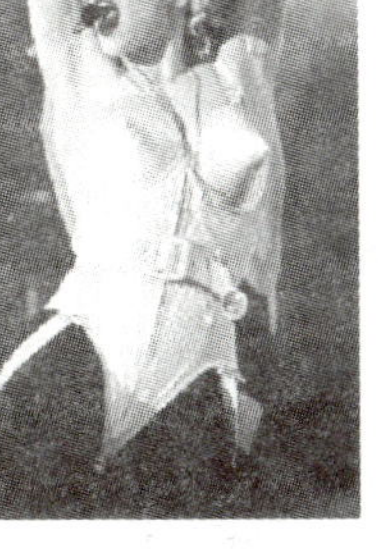

图 1-2-1

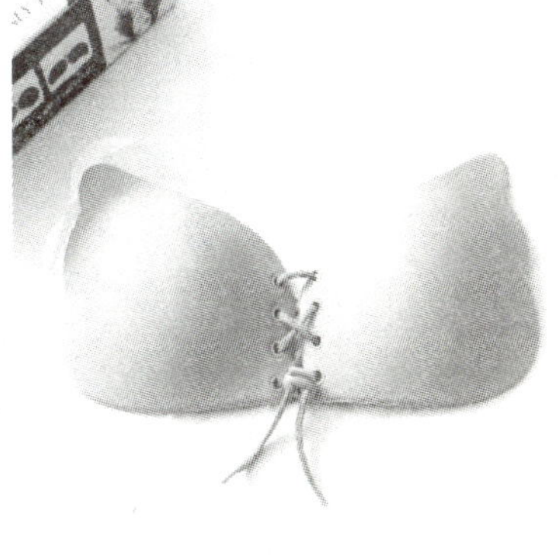

图 1-2-2

就男性内衣而言，从埃及遮羞的腰衣，到当今特立独行的 T－BACK，西方男士内衣的材质和形式也历经各个时期的演变。最古老关于男士内裤的踪迹，便是 7000 年前埃及男性裹在腰间的“遮羞布”了，在法老的陪葬品和金字塔里的壁画中，都可以见到这种被称作“腰衣”的大围裙。而真正意义上的男士内衣大约始于13世纪的欧洲，此时遮羞布演变成了袋形衬裤。到了文艺复兴时期，束带裤开始流行，给男人们带来了更多的方便。①工业革命时期水制纺织机在美国出现，使棉制品得以大量生产，男士们可以方便地从商店里购买内衣。1935年美国Jockey公司发布世界上第一条三角内裤“The Brief”，使得男式内衣的舒适性和方便度大为提高，而“内裤”一词也正式收入词典，成为男装的一个分类。但此时内裤仍未摆脱“遮羞布”的作用，直到1938年一位风靡美国的漫画英雄——超人的出现，在超人扶危济困的年月里，那条穿在蓝色套装外的红色内裤已经成了他的名片，标志着他的不同寻常。此时内裤不再是人们羞于谈论的“遮羞布”，而成了与身份和地位无关的个性化符号。第二次世界大战结束后，男式内裤有了更多颜色和图案，材质也开始变得多样化。在80年代李维斯（Levi’s）掀起了拳击内裤的时尚旋风后，男士内衣越来越富有时尚气息，进一步演变出了T−BACK等前卫样式（如图1-2-3所示）。

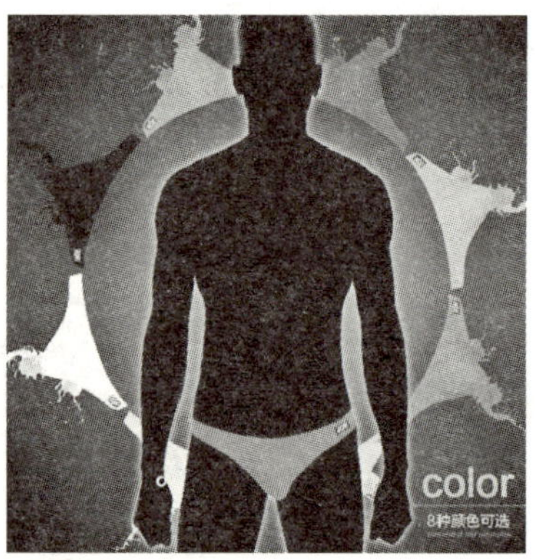

图1-2-3

① 刘昕：《揭秘男士内裤的另类历史》，http://www.qwqt.net/news/n25/2769.html，2009-7-12。

如今美国人在日常生活中早已不再忌讳内衣的隐私性。20世纪80年代兴起的内衣外穿之风，已经暗示内衣不再只是藏裹在内的衣物，最近几年兴起的女子内衣橄榄球联赛LFL（简称“内衣碗”），更是将内衣之美在运动中发挥到了极致。“内衣碗”中的美女球员们，比赛时除护具外只穿内衣，让观众在运动中更多地发现女性身体的美丽，其火爆程度丝毫不亚于“超级碗”。在美国的大学校园，也经常举办内衣长跑、内衣派对等娱乐活动。内衣在美国早已摆脱了维多利亚时期的桎梏，成了美国服饰文化的一部分，宣扬着美国人对人体之美和开放自由的生活方式的崇尚。

二、内衣广告比较

（一）中美内衣广告的发展演变

在中国人的传统观念中，内衣是极其私密的衣物，是绝对不能在大庭广众之下展示或讨论的，因此尽管口头广告、实物广告等广告形式自有了物物交换之后就已经在中国出现，印刷广告从北宋时期也开始盛行，但直到民国以前，内衣广告在中国都无迹可寻。直到20世纪20年代西式乳罩来到中国，阮玲玉等电影明星率先穿着西式胸罩和旗袍出现在影片和公共场合中，无形中发挥了一定的广告效应，促进了西式内衣在中国的被认知和普及。

在中国，目前能追溯的最早一则现代内衣广告刊登在1946年第6期《电影画报》上。广告中的女子双手交叠，放在披肩的卷发后面，以展示乳罩，并配有文案——“精工制裁，美观大方，如不满意，随时可换”（如图1-2-4所示）。此后在妇女杂志《玲珑》上还出现了介绍假乳（即乳罩）的文章，称之为“愉快的欺骗者”（如图1-2-5所示）。

图 1-2-4

图 1-2-5

中国近代广告业发展由于历史原因在 20 世纪中叶几近停滞，随着改革开放逐步复苏，但由于人们观念的开放需要一个过程，内衣广告一段时间以来仍然难登大雅之堂，受到各种限制，直到 1993 年首届国家级内衣展在北京举行。从此，内衣不再被局限在卧室之内，而是大大方方地登上了时尚殿堂。

随着 20 世纪 80 至 90 年代电子媒体的发展繁荣，内衣广告走出了平面媒体的局限，开始走向广播、电视及互联网。中国第一则引起全国轰动的内衣广告，当属 1999 年婷美邀请倪虹洁拍摄的美体塑身内衣广告。此电视购物广告的播出频率在当时可以用狂轰滥炸来形容，婷美恰是以这种方式打开了中国塑形内衣的市场（如图 1-2-6 所示）。

美国现代广告业发展起步较早，内衣广告几乎是随着现代内衣的出现而出现。20 世纪 20 年代，美国广告发生了第一次重大转型——广告由直白浅陋的叫卖向讲求产品特点的推销术转型，这造成了 20 世纪美国广告史上以生产者为本位的广告浪潮。这个时期的内衣广告大多注重对内衣产品本身的表现。① 目前能追

① 刘悦坦：《“以人为本”的广告：论 20 世纪美国广告理论发展的四次转型》，载《广告研究》，2007 年第 2 期.

溯到的美国最早的内衣广告是 20 世纪 20 年代由美国“侍女胸罩”投放的梦想系列广告（如图 1-2-7 所示），从图中可以看出该广告利用模特摆出各种姿势对产品进行展示，以促进产品的普及和销售。

图 1-2-6

图 1-2-7

到了20世纪50年代，随着社会生产的发展，产品越来越丰富，而产品之间的差异却越来越难以分辨，广告人开始意识到广告不应完全附着在产品上，而应从创意和表现的角度切入。因此当60年代的“性革命”在美国等西方国家兴起时，广告界迅速跟进并将其运用到广告表现中，这个时期的内衣广告开始表现大面积的裸露、性暗示和性联想等，出现更多针对异性的诉求，例如“侍女胸罩”在60年代的广告，女模特手抓牛角的姿势就颇有性暗示的意味（如图1-2-8所示）。不仅如此，内衣广告开始吸收更多的时尚元素，60年代随着无带晚装的兴起，无带式胸罩开始出现，当时的流行元素——一步裙、圆桶挎包、礼帽等也在内衣广告中有所体现（如图1-2-9所示）。

图1-2-8

图1-2-9

美国广告教父大卫·奥格威在20世纪中期提出了著名的“品牌形象”理论，广告主们开始意识到每一次广告都是对品牌的长期投资，内衣广告也开始选择合适的形象代言人塑造产品形象。随着时尚工业的发展和人们审美水平的演进，内衣市场不断推陈出新，内衣广告也精彩纷呈。从20世纪90年代开始，伴随着新媒体的蓬勃发展，美国内衣广告开始联手互联网、手机等新兴媒体，如 2010 年“维多利亚的秘密”投放的一系列户外广告，就是将二维码这一新兴技术运用到广告中。当人们将手机对准广告上的二维码扫描后，手机上就会出现被二维码覆盖的部分——内衣（如图 1-2-10、1-2-11 所示）。

图 1-2-10

图 1-2-11

美国的男士内衣广告在 20 世纪 40 年代后开始有所发展，“品牌形象论”问世后，男士内衣打出“品牌”牌，如 Calvin Klein 于 1982 年在纽约时代广场投放的男士内衣广告，选择奥运会撑竿跳高运动员蒂姆·辛蒂劳斯作为其形象代言人，他棕色的皮肤、健硕的肌肉都是对 CK 极具性感表现力的完美诠释（如图 1-2-12 所示）。

图 1-2-12

另外值得注意的是，由于内衣是人们日常衣着中重要的一部分，因而有时其他服饰的广告也会有“为‘内衣’作嫁衣裳”的效果。例如20世纪80年代Levi’s曾推出了该品牌最著名的501牛仔裤广告，广告中英国明星尼克·卡门只穿了一条白色拳击内裤坐在洗衣机前。该广告推出后，仅是这一细节就在欧美掀起了拳击短裤（boxer）的流行旋风。

总而言之，无论中美，最初的内衣广告都注重突出其实用性和健康性，但随着经济社会的发展，人们的消费观和审美观也在不断变化，内衣广告也在不断追随时尚潮流，在把握人们消费心理的过程中不断发展。

（二）中美内衣广告比较

1. 诉求方式

- **中国**

中国的内衣广告在诉求方式的选择上较为常见的是理性诉求，通过摆事实、讲道理的方法一一列出内衣的制作工艺、独特功能，并对消费者做出利益承诺。另一种常见的诉求方式是感性诉求，正所谓“感人心者，莫先于情”，通过诉诸消费者的感情或心结，引发消费者的爱心与暖意，以此达到广告效果。另外，伴随性观念开放度的增强，性诉求在中国内衣广告中比重逐渐增大，但对性元素表现的尺度依然比较保守，原因之一是尽管现代内衣逐渐被中国人所接受，但中国自古以来含蓄内敛的审美观却根深蒂固。在中国人看来，内衣正是以一种朦胧隐现、含蓄内敛的气质引发人们对美、对情、对身体表现的渴望，基于受众的这种心理倾向，中国的内衣广告整体风格含蓄内敛。中国内衣广告表现内敛的另一重要因素是中国法律法规的限制，中国《广告审查标准》中曾明文规定：“广告中使用的画面，形象应当优美、高雅、文明，不得有……性挑逗或性诱惑；妇女模特不得裸露肩下，膝以上 15 厘米的部位（泳装模特不在此限）。”① 在中国现有的经济体制与文化氛围下，广告的制作与投放不仅要考虑经济效益，更要考虑其社会效益，即对受众造成的价值观与审美观的影响，对社会风尚及社会道德的影响等。

图 1-2-13　中国竹皇内衣广告，采用理性诉求，强调产品的特性和利益承诺。

图 1-2-14、1-2-15　桑扶兰内衣广告，利用感性诉求，通过画面整体色调、人物身体语言等元素营造着装优雅的氛围，唤起对女性美的向往。

① 参见《广告审查标准》，第十五条、第十九条。

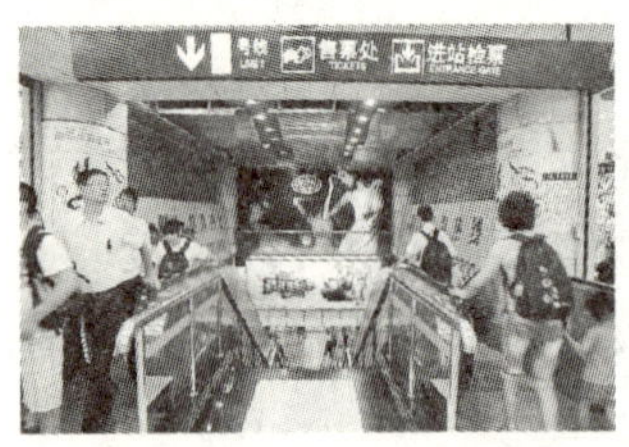

图 1-2-16、1-2-17　古今内衣 2010 年在上海地铁站投放的一则性诉求平面广告，三名外国模特摆出性感的姿势，轻薄的内衣略显裸露。

- **美国**

美国的内衣广告诉求方式多样，感性诉求、幽默诉求等屡见不鲜，但最常见的还是性诉求。随着社会的不断发展，色情和暴力已成为美国文化的显要元素，情色场面不仅出现在影视中，在艺术电影中，一丝不挂的镜头更是数见不鲜①，因此内衣广告在诉求手法的选择上开始大张旗鼓地彰显性诉求，并出现了各种劲爆的情色画面。美国内衣广告的性诉求可以分为两类：一类是单纯的裸露，广告中的模特通常只着内衣，利用性感身材和大幅裸露吸引受众注意，以达到吸引眼球的目的。在对“裸露”的认知上，从历史的、民族的、文化的根源讲，美国人将人体当作“永恒的艺术”，把人体作为可以承载人类的“生命、思想、感情、历史、艺术、业绩”和象征某种观念和事物的载体②；另一类性诉求则是通过间接的性暗示和性联想带动受众的卷入度，从而增强广告的记忆效果，如前文提到的侍女胸罩在 20 世纪 60 年代的广告。

---

① 朱海峰：《自由神与物质王的追逐——美国文化的面貌与精神》，北京：中国水利水电出版社，2006 年版，第 216 页。

② 张辛可：《内衣和人体文化观的“突围”》，载《现代艺术与设计》，2003 年第 11 期。

图 1-2-18、1-2-19　维多利亚的秘密（Victoria's Secret）的内衣广告，该品牌的所有广告都保持统一调性——魔鬼身材的模特只着内衣，姿势性感撩人。

图 1-2-20、1-2-21　Calvin Klein 内衣广告，将单纯裸露的性诉求向前推进一步，不仅有魔鬼身材的模特，更有男女搭配的大胆劲爆的迷幻场面。

2. 诉求点

- **中国**

中国内衣广告最常见的诉求点集中在内衣的功能上，包括文胸的塑形功能、保暖内衣的保暖功能等，采用理性诉求方式的内衣广告通常都包含此类诉求点；同时对性感美丽等方面的诉求日渐加重，以切合女性的爱美及自恋心理。另外，对家庭、亲情的诉求可以算是中国别具特色的内衣诉求点，因为传统的儒家文化提倡“修身齐家”，此类诉求在保暖内衣中最为常见。

图 1-2-22　夏娃之秀内衣广告，诉求点突出内衣功能——塑形、承托和聚拢效果。

图 1-2-23　华歌尔内衣广告，诉求点集中于内衣功能“无痕”上，说明该系列内衣不会给女性带来穿紧身衣时内衣凸显的尴尬。

图 1-2-24 猫人内衣广告，将诉求点集中在“惹火性感”上。模特小 S 身着猫人内衣，性感挑逗的姿态暗示该内衣可以使女性更具吸引力。

图 1-2-25 爱慕保暖内衣广告，诉求点是“温暖一家人”，爱慕内衣会给全家人带来温暖，而家庭的温馨和睦也会在寒冬中给人们带来阵阵暖意。

- **美国**

相比于中国内衣广告大多集中于功能诉求，“性感，异性吸引”是美国内衣广告最突出的诉求点。几乎所有女性都渴望拥有天使般的面容和魔鬼般的身材，因而广告主通常选定超级模特，以迎合女性消费者的这种心理倾向。针对男性来说，男人性感的典型表现是拥有古铜色的肤色和有型的肌肉，因而男性内衣广告中的模特选择亦多以此为标准。另外，由于美国内衣市场发展较为成熟，已经按照年龄、收入等指标分割成了若干细分市场，因此在针对不同的细分市场时，广告的主要诉求点也有所不同，如针对上流社会的广告，诉求点就由“性感吸引”转为“名家设计”，以迎合消费者希望彰显身份和与众不同的心理。

图 1-2-26 美国少女内衣品牌 Aerie 的内衣广告，目标消费者定位于 15 至 25 岁少女，选择美国最耀眼的车模之一玛莎·亨特为代言人，她形象青春甜美性感，与情书撒开的背景的组合暗示了众多爱慕者的追求。

图 1-2-27 美国 Andrew Christian 男士内裤视频广告，该品牌由美国好莱坞时尚工厂出产，其广告主打同性恋路线。在其系列广告中，广告模特都拥有结实的身材和发达的胸肌、腹肌，形象十分性感。

图 1-2-28、1-2-29　美国高端内衣品牌 Shirley of Hollywood 的广告，主要定位于上流社会和演艺界明星，针对其受众采用“古典皇家高贵风范”和“知名艺术家设计的大师手笔”，力求与众不同。

3. **元素运用**

● **中国**

明星代言是内衣品牌常见的宣传方式，品牌利用明星在消费者中建立起品牌好感，或是以此展示品牌实力。由于中国的内衣市场起步较晚，本土内衣品牌的主要市场局限于国内，代言人的选择多为内地或港台明星。但由于外国开放文化的影响，许多国产内衣品牌不光在品牌名称上选取西化的名称，在模特的选用上也具有洋人洋范的倾向。另外值得关注的是，中国内衣广告中不乏“中国驰名商标”之类的话语或标志等的强化，这一口号性的广告语虽然少有量化或例证的标准，但却迎合了国人对权威的信赖和崇拜心理。

图 1-2-30 都市丽人视频广告，品牌邀请林志玲做代言人，以“明星设计”“创意剪裁”为卖点，表现品牌时尚内衣的定位。

图 1-2-31 鹭珂鸶男士内衣广告，广告中品牌名称采用红色印章形式，广告主题以错落有致的毛笔字传达，还有飘扬的红丝绸和远处的驼队，尽显中国传统文化元素。

图 1-2-32　艾格内衣广告，西化的品牌名，金发碧眼的模特，意欲赋予品牌高端和国际化的风格。

图 1-2-33　浪莎内衣广告，“驰名商标”和“免检产品”字样醒目。

● **美国**

美国因其内衣市场的发展成熟，已经成为众多国际大品牌的主要战场，而明星名模元素成为竞争者的有力武器，各大品牌在代言人的选择方面都青睐盛享声誉的国际巨星。美国本土实力雄厚的内衣品牌在走向世界之途中，出于国际化营销策略的考虑，在代言人的选择方面也倾向国际化，如内衣品牌“维多利亚的秘密”每年均签约十几个国际名模作为代言人，其模特不光来自美国本土，还来自欧洲国家。因为深受注意力经济的影响，为吸引眼球，美国的内衣广告充满了冲突、刺激、性等各种煽动性的元素。

图 1-2-34、1-2-35 阿玛尼（Armani）内衣广告，作为世界知名时装品牌，阿玛尼选择全球知名的英国球星贝克汉姆及其妻子维多利亚作为代言人。

图 1-2-36、1-2-37、1-2-38 美国 CK 男士内衣 2010 年的广告，代言人选择彼时具有较高国际知名度的亚洲球星中田英寿、美国影星凯南·鲁兹和西班牙网球名将沃达斯科等人。

图 1-2-39、1-2-40　C—IN2 内衣 2008 年的“越狱版”系列广告，充满暴力冲突的煽动性画面，利用监狱、枪击等元素将“暴力”这一主题表现得淋漓尽致。

4. 创意表现

● 中国

在创意表现方面，中国的内衣广告以写实为主，表现元素多为模特身着产品的展示性画面，一般画面和文案各分秋色，主要诉诸功能和情感，不时以背景烘托氛围。不过随着当今人们思想和观念的开放，各大媒体上也开始出现一些惹火性感的内衣广告，有些作品不再局限于模特对产品的展示，而开始加入一些故事情节，以吸引更多的关注。同时，随着社会的进步，女性追求健康、解放的内衣需求也占有广阔市场。

图 1-2-41　夏娃之秀内衣广告，实物的简单展示，配上文案解说，可以说是中规中矩，是中国内衣广告的常规之作。

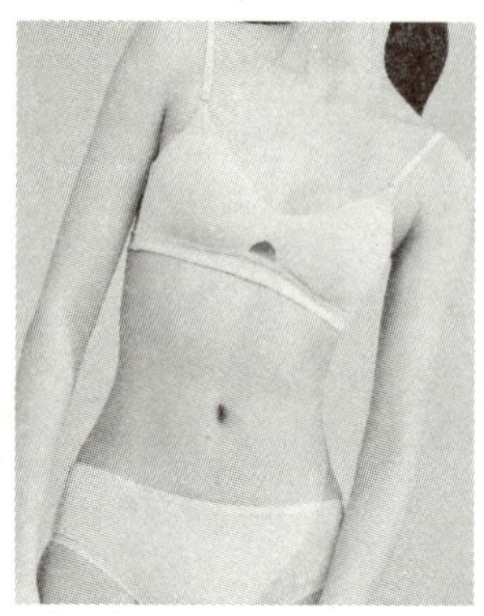

图 1-2-42　“内外”内衣特制零敏系列，针对易过敏皮肤的女性。产品分类也根据顾客特定需求设计。

● 美国

美国内衣广告的创意表现形式多元，既有写实，又注重表意，表现形式不仅仅局限于真人模特对产品的展示，卡通画、简笔画等艺术形式也都融贯其中。内衣广告亦常采用叙事的方式表现广告主题，此类广告通常借用文学创作的手法，将内衣的特点通过新颖独特的情节设计展现给受众，深化受众对产品的感受和认识，从而留下深刻的印象。在内衣广告的投放上，美国内衣广告在对新媒体的运用方面一直走在世界前沿，如前文提到的维多利亚的秘密在 2011 年的户外广告投放中就使用了可插入的手机二维码。

图 1-2-43、1-2-44　Jockey 内衣广告，该系列平面广告属于叙事性广告，通过歌手假唱、政客背台词的故事情节点明主题——有些事不需要人尽皆知。

图 1-2-45、1-2-46　Jockey 内衣广告，采用卡通画形式，通过简单的线条和精彩的文案传达广告主题。

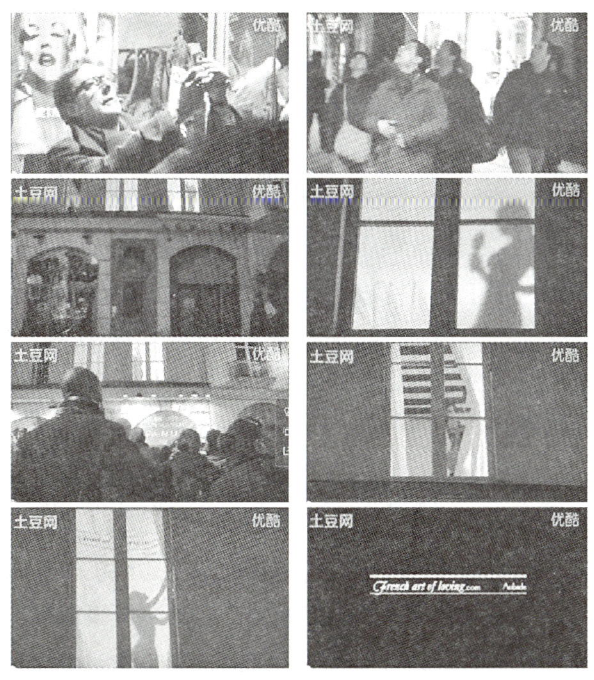

图 1-2-47　Aubade 内衣视频广告，创意独树——在临街一个二楼的房间，一位身材曼妙的女郎的身影掩映在窗帘上，连续几晚，她或独斟独饮，或劲爆起舞，引发大批路人围观并拍摄。十天后，在众人焦灼的目光下，女郎终于拉开那层神秘的窗帘，然而昙花一现，几秒钟后女郎旋即拉上另一层窗帘，窗帘上赫然显印着 Aubade 内衣的名字和口号。

第三节 运动服饰广告

人类用智慧创造了服装的文明，服装使人类摆脱动物的状态成为真正意义上的人。运动服装作为人类宏大社会活动——“体育”的专用品，在人类开创的服装文化的历史长河中出现得较晚，只有一百多年的历史。所谓运动服饰，原意指根据各项运动的特点、比赛规定以及运动员体型等因素以及有利于竞技的要求而制作的服装以及相关装饰物品。随着时代的发展及科技的进步，人们参加体育运动或闲暇生活衣着运动服装已经非常普遍，设计巧妙、功能各异、款式新颖、色彩丰富、穿着舒适的运动服装令人目不暇接。按其效用，运动服饰大致可分为三类：一是休闲运动服饰，用于平日穿着，穿戴方便舒适，深受年轻消费者的喜爱；二是业余运动服饰，是人们日常锻炼所穿着的服装；三是专业运动服饰，即专为某项运动而设计的服装，如篮球服、足球服等，是运动员为提高自身技能并且保护身体设计的。[①] 本节对运动服饰的研究侧重于前两类，对专业运动服饰点到即止。

运动服饰广告即为宣传运动服饰以及系列产品所创作的广告及其广告活动。运动服饰的广告主依托对所处市场的分析，对其竞争品牌以及消费者的调查研究制定广告战略，施展策略为运动服饰品牌及其产品形象进行系列策划及公关活动，使其实现知名度、美誉度和首选度的提升以及自身形象的确立完善。本节在对中美运动服饰广告的对比中，着力于运动服饰品牌的对比呈现，通过系列广告研讨运动服饰品牌在中美广告表现中的异同，一窥其对中美两国文化的揭示。

---

① 节选自 http://baike.baidu.com/view/3070348.html。

一、运动服饰的发展及其演变

从古希腊斗牛士的胯裙，到现代的新工艺、新材料制作的最大舒适感、最小疲劳和负重感的运动服装；从做工考究、体现等级的运动着装，到现代的款式、色彩、图案、潮流、品牌各异的运动服装，运动服饰经历了从无到有、从有到专的漫长发展过程。从服装产生、演变、发展一般规律的角度来审视运动服装的产生，可以认为运动服装是由于运动在着装上的功能需求而生产的，即离不开体育运动的产生及发展。在体育运动由萌芽、雏形到概念明晰的文化形式过程中，运动服饰尽管没有确切的概念化，但其与体育运动的相依相随不言而喻。

在中国古代，体育的雏形在奴隶制时代就已形成。到了先秦，基于在社会生活实践过程中逐步形成的以养生和军事操练为主的活动形式，人们在这些早期活动中的着装与生活着装基本一致，即先秦时期形成的袍制。这种袍制衣物在秦汉时代得到了完善，隋唐时达到了鼎盛，成为具有中国特色的基本形制，从壁画上就可以看到古代奴隶制时期人们练吐纳功时身着宽松浅交领束腰的长袍。在汉代，蹴鞠运动盛行，人们蹴鞠时着装变得轻便些，上身着交领短衣，下身为长裤和绕膝裙，这种由袍制分体而成的装束比袍更利于跑动和足部的运动。从出土的东汉墓碑上便可窥见当时大力士裸露上身、腰环腹带、手佩护腕，下着宽大短裤、两人手博的场面。而到古代体育鼎盛的唐朝，衣物形态上追求衣人相映的审美价值开始显现，如官宦贵族喜欢的马球运动，就讲究穿着做工精细的“缺胯袍衫”，用上乘的丝织面料制成，圆领、窄袖、下摆开叉、腰佩带，领、袖及襟不缘边，衣长至足，这种装束虽不失上层阶级的风度，但不便于四肢的运动。[①]这一时期的文人墨客也多身着儒服练吐纳吸追求精神境界，对生活服装加以修改使之方便于运动，这便是东方运动着装的基本特征。

中国现代意义上的运动服饰出现在1914年的全国运动会，男性运动员在此次运动会上参加正式比赛开始身着背心裤衩，这可以被视为中国统一的运动服饰雏形。受当时封建文化思想和社会政治等因素的影响，直到1930年才对女性运动员背心裤衩的着装有了统一要求。

20世纪20年代，在五四新思想的影响下，中国传统袍制发生了深刻的变化，特别是女子上身着立领斜襟、腰身瘦窄、两侧开衩的显示女性曲线美的圆摆短袖袄，下着百褶短裙参加户外运动，改写了中国女子以宽大袍衫把身体包裹严实的历史，为其后西方运动服装在中国的传播作了破除旧观念的准备。20世纪30到50年代，随着经济和体育文化的逐步发展，运动服装的专业化程度得以体现。在保证运动服装功能化需求的前提下，结合运动项目特点和运动员性别特征而展现运动与着装和谐美的观念，被逐步纳入运动服装制造者的设计理念中。20世纪60到70年代，石油化学工业促进了人造纤维材料的生产，涤纶、丙纶、氨纶、尼龙及其与棉、毛的混纺产品相继问世。由于这些纤维弹性良好，用它们制作的运动服装既能帖服于人体，又不妨碍人体运动，使得许多运动项目的服装从功能到款式都有了长足的发展，如滑冰、滑雪的连体服，体操、游泳的紧身服等，这些运动服装从功能上更能满足运动的需求，从感观上更能表现运动与着装的和谐美。20世纪80年代以后，越来越多的国人投入体育与健身运动中，参与体育运动锻炼已然成为人们生活中的重要内容，大众健身逐渐普及化，而这时的竞技运动水平也已达到了一定的高

---

① 黄亚玲：《运动服装的发展历史》，载《中国学校体育》，2000年第3期。

度，至此“运动服装生活化、生活服装运动化”已成为现代大众体育运动服装的主要特征之一。

尽管现代竞技运动中的大部分项目源起西方，但东方文化中独树一帜的养生及武术文化，以华丽细腻丝质制成的立领或交领袍衫，以及垂直飘逸、宽松舒适的中式裤等在世界体坛上也独领风骚。21 世纪伴随东西方体育的交融交流，中国本土的对襟、盘扣的丝制运动服装也有望走向更为彰显的世界体育舞台。

竞技体育源于西方文明的发祥地古希腊，古希腊人以敢于竞争、敢于冒险和喜好户外运动的性格创造了具有鲜明特色的竞技体育形式，当时体育的盛况和参加者的着装被完整地描绘在壁画、壁饰上，其中最具代表性的服装属“胯裙”，即参加斗牛竞技的勇士着装。这种胯裙长至大腿中部，突出了人体干练的曲线和肌肉美。到了城邦时代，开始盛行体操“Gymnastics”（又译“裸体”），参加这种运动的人以不着任何服装来表现人体美，这也是世界服装史上独有的现象。[①] 到公元 407 年左右，开始出现一些专用于运动的服装，出土的绘画资料表明，当时西西里岛的妇女已经开始穿一种两件套的泳衣，它与曾流行于法国海滨的比基尼泳衣极为相似。

如果古代西方体育着装可以用“简单大胆”几个字概括的话，那么现代竞技体育形成后的着装则是从繁杂开始，而后又逐渐以轻、薄、短、露而风靡。竞技体育活动首先是在上层和富有阶级中盛行开来，为了表现出阶级的等级和贵族的气派，早期的运动服装做工极其考究，领、袖口、胸前、衣下摆、裤侧缝和下口、裙下摆等处镶或装饰有饰带、活结、扣环、花笼和刺绣，如 19 世纪初的滑冰服装，男子着燕尾服戴礼帽，女子着古典的长裙，上衣的长袖外接上高高隆起的短袖，领口非常袒露，呈扁鸡

① 张乃仁、杨蔼琪：《外国服装艺术史》，北京：人民美术出版社，2003 年版。

心领，在袒露的领口又装饰了花边，长长的毛皮围巾由肩搭至两臂上，并配饰镶有流苏、皮边、羽毛和布饰花的帽子。不仅如此，穿着因不同场合、不同项目、不同季节和天气而相应变化，以充分体现贵族的情调。18 世纪到 19 世纪期间，工业革命促进了社会生产力的发展，也对人类的教育和生活，特别是余暇生活产生了深远的影响，现代体育开始兴起，运动服装也开始大众化。这个时期的体育运动大多数是以休闲体育活动为主，运动服装仍明显带有非功能性。妇女也开始参加体育活动，近代女式运动服装出现。

19 世纪到 20 世纪初，人类在科技和文化方面的大量研究成果，对现代体育产生了直接的影响。现代奥林匹克运动的形成，运动训练初步科学化，人们为了提高运动成绩开始对运动技术和运动服装不断改进。而第一次世界大战及战后女权运动对女性服装发展也产生了影响，女装开始呈现实用化的趋势，专用的女性运动服装在竞技场乃至整个社会中得以广泛流行。此时，美国已经形成比较完备的体育市场体系，体育服装产业在社会生产中开始占据非常重要的地位。在美国，橄榄球、棒球、篮球和冰球一起构成“四大运动项目”，各类职业及业余、州级、国家级及国际级的体育赛事接踵而至，深入人们的日常及业余生活。以美国职业篮球联赛 NBA 为例，此联赛的举办有效推广了 NBA 球衣在北美及全球的消费市场。同时，大众体育活动在世界的普及，使得休闲运动服成为人们生活中不可或缺的服饰。21 世纪随着科学技术的发展，新款式、新材料、新工艺、新色彩、新图案、新潮流的运动服装将会成为全社会一道亮丽的风景线。① 在全民健身环境的促进下，运动成为人们广泛追求的健康生活方式，运动服装成为必备装备。

---

① 黄亚玲：《运动服装的发展历史》，载《中国学校体育》，2000 年第 3 期。

二、运动服饰广告比较

（一）运动服饰广告的发展演变

一直以来，运动服饰广告总是与运动服饰品牌相生相伴。美国作为传统的体育大国、体育强国，其竞技体育运动水平居世界前列，全球知名运动品牌林立，品牌广告不断推陈出新。中国的运动服饰广告相较于美国是明显后起，但伴随中国改革开放后经济的不断发展，国民生活水平日益提高，人们的生活方式及消费观念随之改变，如健康运动的观念在当今就渐入人心，夜跑、健身、城市马拉松等成为备受新一代运动爱好者追捧的健康生活方式，这也助推了运动服饰在中国的不断流行。面对巨大的运动服饰市场，无论中美，各个运动服饰品牌为树立其品牌形象和扩大品牌影响力，竞相施展宏大的广告战略，传统媒体和新媒体多管齐下，营销公关活动多种多样。此外，不少运动品牌由原来的卖方企业转变为运动服务提供者，通过赞助全民运动赛事、开发品牌专有运动 APP 等方式建构品牌专属运动服务平台。

运动服饰广告在早期，大多注重功能诉求，与受众沟通的层面不够丰富，就如以下两则 20 世纪 70 年代早期的耐克广告（如图 1-3-1、1-3-2 所示），广告文案和人物均用于体现产品的技术优势，以贴合当时的竞技体育定位。

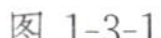
图 1-3-1

图 1-3-2

明星代言在运动服饰广告中数见不鲜，明星成为运动服饰广告的一个个潮流性标杆，如 1985 年 NBA 篮球飞人乔丹和耐克公司签下合约，频频现身广告影像，并创立乔丹 AIR JORDAN，助耐克开启神话事业的大门。

此外，音乐也是早期运动服饰广告浓墨重彩的要素之一。1974 年，世界杯回到西德，开幕式启动时几个大型的阿迪达斯足球模型被抬进运动场内。在观众的各色诧异中，皮球模型缓慢开启，从中走出嘉宾和演出乐队，意外的出场方式顿时让场内欢声雷动，阿迪达斯由此为自己做足了广告。懂得借势音乐的不止阿迪达斯，耐克也是绝顶高手：1986 年的一则宣传耐克充气鞋垫的广告，就采用代表和象征嬉皮士的甲壳虫乐队演奏著名歌曲《革命》(Revolutian) 作背景铺垫，在反叛的旋律与节奏中，一群身着耐克服饰的美国人正身心投入地进行运动锻炼。这则广告借势甲壳虫乐队的人气及音乐，顺应了彼时的健身潮流及健康向上的生活理念。

随着时代的变迁和科技的进步，运动服饰市场同样开始从卖方转入买方市场，运动服饰广告也顺时顺势开始注重表现与消费者之间的互动，广告更具趣味性和娱乐性，创意四射。20 世纪 90 年代耐克公司专门设计推广了一款电脑游戏，参与者在游戏中可与球王乔丹同场竞技（如图 1-3-3、1-3-4 所示）。耐克掌握了十几岁青少年厌恶说教、自我意识增强的特点，充分发挥和迎合他们的想象力与自我意识，注重广告游戏中的情感共鸣，增加了受众群体对品牌的忠诚度。

至 20 世纪 90 年代末，明星代言从独特性优势变为普遍性手法，各个运动服饰品牌又不断另辟蹊径，其中一招便是“励志故事”的叙事方式，以普通运动员为主角的箴言广告层出不穷。如耐克的这则广告，选用一位普通冰球运动员，以文案告知受众“1998 年他为守住大门摔断门牙”（如图 1-3-5 所示）。凸显的缺牙画面配以平淡叙事的短小文案，却是激励着每个人为自己执着的梦想奋斗，尽管可能会失败但是残缺依旧美好，运动精神在广告中尽显无疑。

图 1-3-3

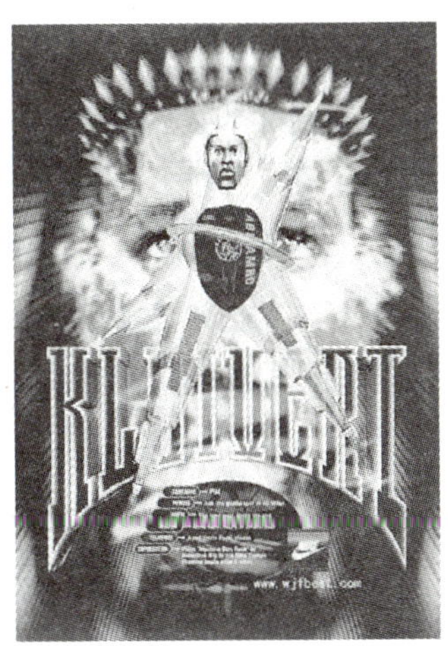

图 1-3-4

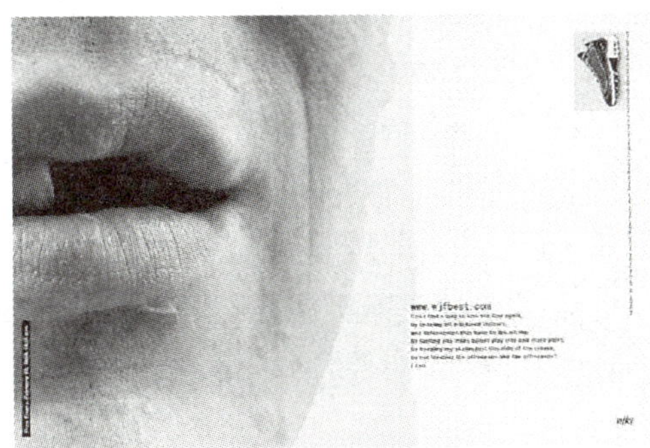

图 1-3-5

进入 21 世纪，运动的理念由竞技体育扩展至休闲娱乐锻炼，运动品牌开始探求新型的互动营销手段，强化与大众的情感交流，促使受众由被动的广告讯息接受者向主动的讯息探询者转换。如2002年世界杯期间，耐克公司举办了一个五人制的足球比赛，并拉开广告大战，与此同时在世界杯期间创办“耐克村”，请来一众耐克赞助的体育明星。虽然该届世界杯的独家体育用品赞助商本为阿迪达斯，但当时的一项调查显示，居然70%的被调查者认为耐克公司是赛事的官方赞助商。耐克公司开发的“Nike+Run club” App是一款可结合耐克手环等运动装备实时监测个人训练计划及为用户提供运动社交的平台，耐克还为用户提供个性化定制鞋款服务，以此来传递品牌的个性专业形象。

运动服饰品牌发展至今，科技的发展带给运动服饰广告更多的创意空间，也给大众带来更鲜活的试听感受，3D和AR等视听技术使人们在巨大的视听觉冲击下，好奇心新鲜感涌动，由此对广告记忆犹新。如2009年“Adidas is all in”的3D场面就空前壮观，声势浩大的视觉盛宴迷倒了众多受众（如图1-3-6所示）。

图1-3-6

如今无论中美，运动市场这块巨大的蛋糕都是极具诱惑力的，各品牌纷争不息，市场不断细分，受众接触信息渠道的不断增多给运动服饰的广告带来了新的挑战和机遇。运动服饰广告也已从纯粹的信息公告发展到富有娱乐性、互动性、故事性，从单一渠道投放发展到整合营销传播，在提供商品的同时更加注重提供服务，并利用系列广告宣扬品牌差异个性。

（二）中美运动服饰广告对比

1. 诉求方式

● **中国**

在中国运动服饰广告中，较多的是理性和感性诉求相结合，晓之以理，动之以情，在介绍服饰的实用性功能同时兼顾消费者的情感归属。此外，以“专利”“领先技术”为独特卖点的理性诉求方式在专业运动服饰广告中尤为常见，以梦想、奋斗等为关键词的感性诉求方式亦在运动服饰广告中大行其道。近年来，一些定位于年轻一代的品牌也会诉诸幽默诉求和稀有诉求，通过幽默诉求博得年轻人的心领神会，通过稀有诉求借势饥渴营销促进销售。

图 1-3-7　李宁 Inner Shine 视频广告，感性和理性诉求相结合，从都市女性角度出发，倡导“瑜伽”运动，通过文案解说瑜伽有利健康并可助塑形，同时从感性角度关怀都市女性勿忘自我、坚持锻炼，以如林志玲一般优雅美丽。

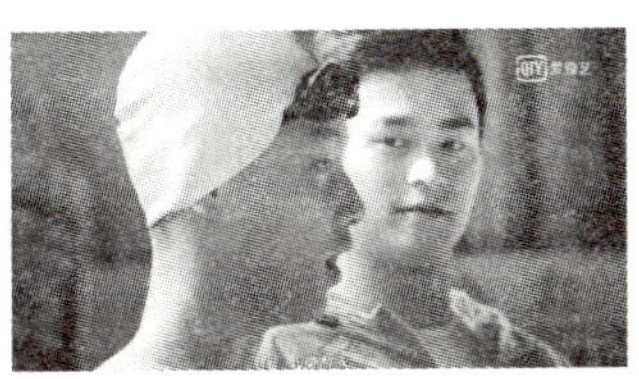

图 1-3-8　361°里约奥运会期间视频广告，广告的主题是为游泳运动员兼代言人孙杨加油。视频通过孙杨与 15 岁的自己的对话表现其个人坚定的游泳梦想，以此鼓励受众，同时为比赛加油。

图 1-3-9、1-3-10、1-3-11　李宁系列广告，通过幽默诉求吸引受众眼球，无厘头的文案和画面看似与产品无甚关联，但其幽默的形式给人留下了深刻印象。

- **美国**

对于美国这样一个体育大国、体育强国，运动服饰广告的投放更是百家争鸣，各种诉求方式各显身手，其中与中国的类似之处在于感性诉求结合理性诉求依然是主旋律，不同之处多在于落脚点有差异。理性诉求同样主打专业运动服饰广告，以权威技术为卖点，通过数据打动受众。而在感性诉求方面，面对全球经济发展给环境造成的压力问题等，走全球路线的运动品牌在感性诉求上时常落脚于环境问题或人类生存问题。除此之外，性诉求、恐怖诉求、幽默诉求等诉求方式也频频出现，这一类的广告往往因其独特的戏剧效果广受年轻受众的青睐。

图 1-3-12、1-3-13　阿迪达斯系列广告，运用感性诉求，温暖的色调给人温馨之感，号召受众享受生活，纵身体会自然带来的健康活力。

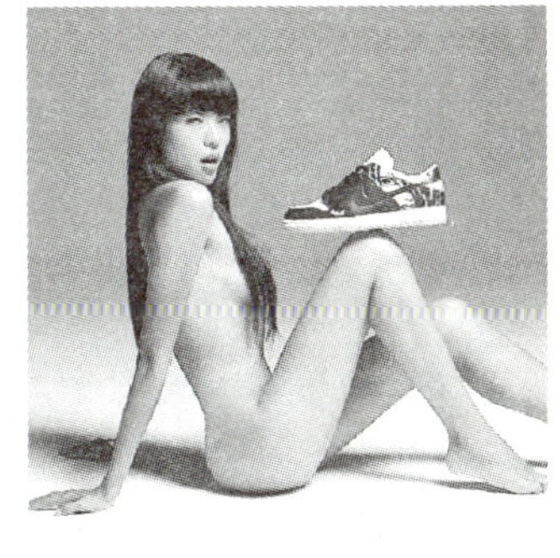

图 1-3-14、1-3-15　耐克系列广告，运用性诉求，黑白色调增添神秘性感的氛围，性感的裸露女模特吸引眼球，以魔力之躯代言魔力之鞋。

图 1-3-16　耐克视频广告，感性诉求结合恐怖诉求，昏暗的灯光，无厘头的故事情节，神秘的音乐，营造出一种沧桑诡谲的气氛，仿佛回到 19 世纪黑白电影年代，而红色的耐克标识和黄色的文案烘托着品牌的存在。

2. 诉求点

● 中国

在中国，基于竞技体育的竞争性和国家性，“爱国主义”成为经久不衰的主题，所以诉诸“爱国主义”的运动服饰广告不在少数，特别是在大型国际赛事期间，这一类的广告占了大多数。运动服饰离不开体育运动，体育运动自然离不开奋斗与拼搏，因此诸多广告也会着眼于“梦想”“奋斗”等字眼，无论是“一切皆有可能”还是“Keep moving”，众品牌均希望通过广告唤起人们的共鸣，点燃心中的火苗，与品牌一起成长，追逐各自的梦想。随着中国“90 后”“00 后”群体消费能力的不断增长以及运动服饰市场的不断扩大，年轻消费者群体成为这块市场的主力军，因此不少年轻化的运动服饰品牌抓住“个性”“与众不同”等特质，迎合年轻受众的需求。

图 1-3-17、1-3-18　安踏系列广告，诉诸“爱国主义”，在 2008 年汶川大地震以及北京举办奥运会的大背景下，以“加油中国”的口号契合背景，奋进的运动员、大红的标语都意欲鼓舞人心，凝聚国人的力量。

图 1-3-19　李宁广告，诉诸“个性”，将目标人群定位于成长中的 90 后，文案“你不了解 90 后”完美展示了在社会中颇受争议的 90 后的内心呐喊，广告中人的动作表情也诠释了 90 后的代表性“个性”。

• 美国

美国的运动服饰广告也不乏激动人心的追求梦想的诉求，梦想激情这类激昂人心的诉求同样普遍，但是由于美国文化的开放和包容性使得它的表现较为多样，如区别于中国运动服饰广告中号召人们以付出为先，美国的广告可能侧重于运动激昂带来的身心释放。美国运动服饰品牌众多，且不乏年轻时尚的品牌，这些品牌广告诉诸品牌个性，如“年轻”“时尚”“活力”等，品牌个性与品牌形象相得益彰。近年来，鉴于美国国人肥胖问题的日益突出，运动的重要性愈发凸显，不少品牌利用契机在广告中大谈健康自然，号召全民运动。

图 1-3-20、1-3-21　阿迪达斯系列广告，诉诸品牌个性与产品特性，新潮的产品设计加上天马行空的广告创意让产品显得独一无二，让人记忆犹新。

图 1-3-22　锐步视频广告，诉诸健康生活，运动中的美胸皇后凯莉·布鲁克肤色黝黑，身材凹凸有致，时尚美丽，号召受众像凯莉般热爱运动，享受生活。

3. **元素运用**

● **中国**

在中国的运动服饰品牌广告中，采用最多的元素莫过于明星代言，无论是明星单一代言还是组合代言，品牌往往选取能够贴合其品牌个性内涵的明星，体育明星由此当仁不让，凭借世界冠军的光环、坚强的意志、体育精神、民族情感等博取受众的认同。强健的体魄是体育精神表现的外在延续，广告多表现对健康体魄的追求，通过表现广告中人积极坚韧的性格，心中的呐喊及对运动的执着热爱，构建多样的品牌符号。而在女性运动服饰广告中，女性的身体曲线美与运动美时常被完美演绎，身体叙事在这类广告中得到淋漓尽致的应用。

图 1-3-23、图 1-3-24　李宁广告，元素中有运动员健硕的身体、奋力拼搏决一雌雄的场景，以及反衬别致的背景加上充满男性气概的文案——“疯狂的 76 人”，彰显出敢硬斗、阳刚强悍的运动气质。

图 1-3-25、1-3-26　特步广告，由影视明星赵丽颖主打时尚健康的主题，在当下流行健身运动的文化背景下，品牌利用流量明星代言，表现运动服饰的时尚美体塑身功能，并以倡导的健康生活方式的理念吸引年轻消费群体。

● 美国

利用明星代言也是运动服饰品牌在美国市场推广的主要手段，而代言有别于中国的是，美女形象更多地现身于美国运动服饰广告中。另外，卡通人物也备受美国运动服饰广告的追捧，可爱的卡通形象使广告表现更加有趣生动。值得一提的是，一些节日元素也时常出现在运动服饰广告中，如圣诞节中的圣诞老人、圣诞节标志色、驯鹿等形象在每年圣诞节期间会出现在卖场及媒体广告中。

图 1-3-27、1-3-28　锐步系列广告，主要元素是体育明星特写，文案“I am what I am”与代言人气质相得益彰，彰显品牌的特立独行。

图 1-3-29　耐克 2009 年圣诞系列视频广告，利用卡通淡化商业感，使用驯鹿、圣诞老人等元素凸显圣诞节日气息，力促节日销售。

4. **创意表现**

● **中国**

中国本土品牌的运动服饰广告难脱窠臼，过去往往通过教科书式一板一眼的表现手法，通过代言人表现、画外音、口号等直接向受众灌输品牌理念或其附加价值。在拍摄手法上，多采用真人实拍结合后期部分细节特效及字幕，整体比较写实。如此的表现手法固然能清晰地表意，但却容易千篇一律，难以打动年轻的受众群体。近年来，受一些国际品牌的冲击，中国的运动服饰品牌广告在创意上逐渐表现出与国际接轨的趋势，变口号直陈为旁敲侧击，变平铺直叙为叙事传达，出现了许多具有现代感和故事感的广告作品。

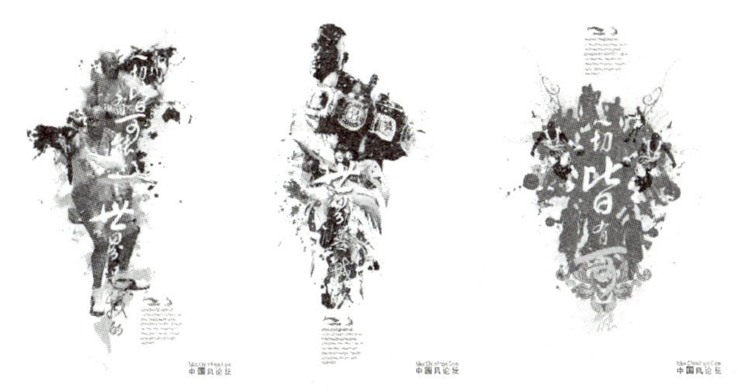

图 1-3-30、1-3-31、1-3-32 李宁系列广告，利用水墨、书法、太极等元素，诠释中国风，大量运用红、黄色表现炎黄子孙的特色，水墨晕染借以涂鸦拼图的手法使之具有现代感。

图 1-3-33 特步创意视频广告，从远古到战国到现代到未来，广告用 4 个不同时代中人奋力跑步的场景解释人类为什么“不得不跑”的故事，画面诙谐幽默，创意十足。

- **美国**

美国的运动服饰广告创意迭出，产生了不少出色的广告作品。虽说运动服饰广告的诉求点大多大同小异，但是其表现手法各显其能，细节处理上各有千秋。有的利用虚拟人物增添趣味性；有的采用逆向思维反面叙事；有的紧抓热门话题为品牌借势；也有的比较无厘头，似乎只为博君一笑……

图 1-3-34　李宁视频广告，结合“反倾销”这一热点话题进行幽默化处理，从最初的排斥到最后的欢迎，讲述了一个品牌的发展历程，后半段的歌舞秀更像是美国电影中的经典场景，广告短小却内涵丰富。

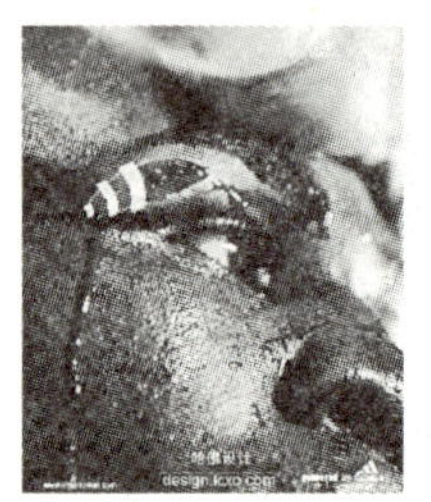

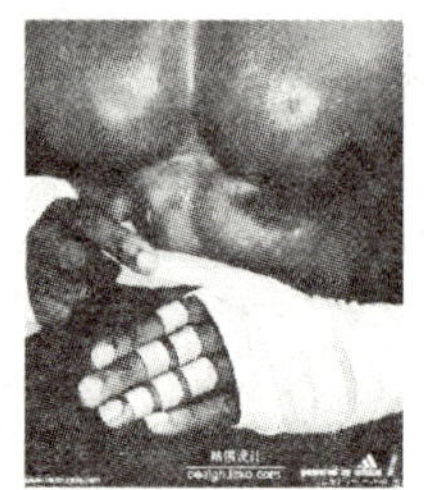

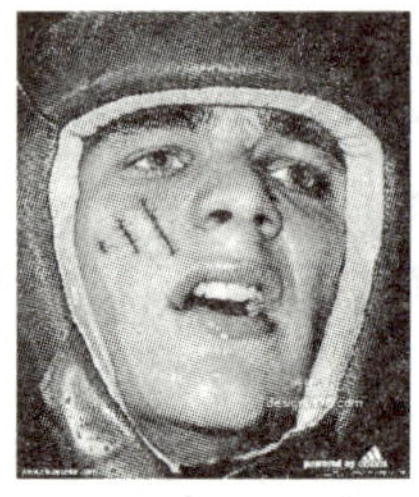

图 1-3-35、1-3-36、1-3-37　阿迪达斯系列广告，无论是眼角的胶带、手指的胶带，还是脸上的伤痕，都清晰表现了典型的阿迪达斯三条纹的品牌标识，看似无形却是有意地将符号注入人们的意识，让人深刻感知到三条纹所代表的 Adidas，由此这则广告也就完成了它的使命。

图 1-3-38 阿迪达斯“原创不息”系列广告获得了 2017 年戛纳金狮奖的音乐娱乐类大奖。这个系列广告的每一章都像是一部烧脑的视觉大片，宣扬原创性，让人目不暇接。

图 1-3-39、1-3-40 耐克科比系列广告，由韦登迪一波特兰广告公司创作，颠覆了运动品牌市场的传统营销概念。科比系列不只是一双鞋子、一件衣服或是一个品牌，它是一个全新的概念，一个通往成功的秘诀，一种做人做事必达成功的态度。

第二章　饮食广告

中国古语有“民以食为天”的说法，以“天”喻“食”，足以见得食物在人们心目中的重要性。广义上的“食”包括“饮”和“食”两部分，故称饮食。饮食作为一种文化，其概念早已不限于满足人们最基本的果腹的生理需要，吃喝之中蕴含着丰富的内涵。

纵观古今，从中国古人祭拜祖先时的“三牲”和米酒，到今人节庆时亲友团聚的年夜饭和诸如元宵粽子之类的佳节食品，都是在追求饮食背后更多的文化内涵。饮食还随时代、地域、物产、时令不同而呈现出不同的内容与形式，不同民族不同国家的饮食习惯不但历史地传承，也在彼此的文化交流中相互影响，呈现出既自成一体又相互包容的态势。

本章选取酒、非酒精饮料、快餐对中美“民食”进行分析比较。其中，酒文化源远流长，在东西方文化中有着迥然不同的历史渊源和沿革。制式饮料作为大工业的产物，是西方生产工艺和生活习惯引渡到中国的一个颇具代表性的产品，正是西方工业时代的到来，使中国古人田园牧歌式的慢生活内向型文化，逐渐被西方人骑士式的探索及奋斗精神渗透；中国人呈现出一种外向的人格，却又有所保留，既参与世俗竞争，又延续内省的习惯。而快餐则完全是西方的舶来品，作为一种应对忙碌现代生活的工具，在现代人快节奏的生活中意义重大。

第一节　酒广告

酒是人类饮食生活的重要组成部分。几乎是人类文明诞生的同时，酒这种具有刺激神经、通血活络功效的酿造液体就被创造出来，并成为后世人生活中不可或缺的元素。无论中外，人们都曾用赞赏的语言肯定这种特殊的饮料，歌颂它给人们带来的快乐和沉醉。酒素来就享有“琼浆”“玉液”的美誉，是人际交往中的催化剂，是沟通思想的桥梁，是联络感情的纽带，又是创作灵感的诱发剂。古今不少诗人、画家、书法家，都与酒结缘，文人饮酒助诗兴，催诗情。随着历史的发展与变迁，酒已经渗透到世界各地，各种各样的场合均能见到人们以酒为伴。

由于酒具有麻醉神经的作用，其广告的刊播在各国都有较为严格的规定和限制，如报纸上每期发布的酒类广告一般不能超过两条，杂志上投放酒类广告成本较贵，电视媒体也禁止发布大量的酒类广告，所以酒类广告开始选择网络媒体传递信息。中美两国酒文化存在的差异，使得酒广告在表现手法上存在着很大不同。中国酒广告传承了中国人传统的酒文化，同时引入西方现代酒文化理念，呈现出民族与世界相交融的状态；美国是多民族文化聚集地，人们追求自由奔放的生活方式，相比之下，酒广告的表现手法更加大胆且富有想象力。酒广告在中美广告人手中呈现出异彩纷呈的态势，本节以酒为话题，展开中国和美国的酒类广告的对比。

一、酒的发展及其演变

由于国家历史发展的差异，中国与美国在酒文化上可以说是各有特点。中国人安居于东亚大陆，东西各有山脉和大洋阻隔，外来的酒品极少，多饮用以粮食酿造的白酒和黄酒；也是由于地理条件的原因，白酒和黄酒几乎成为中国独有的酒种。细数美国的酒种，从美国人喜爱的威士忌，到很能体现美国人性格的鸡尾酒几乎全是由移民引入美国，来自欧、亚、非、拉的移民将本民族酿酒技术与北美大陆丰富的物产融合，产生了具有美国特色的酒文化。

在中国，酒在发明之初原是氏族部落祭祀鬼神的祭品，酒的原料来自五谷，而谷物正是上古时期人们祭祀时的必需物品，同三牲一样，酒在巫蛊文化中享有至高无上的地位。第一次标志着酿酒技术开始成熟的酒曲酿酒出现在巫蛊文化盛行的商代，当时人工酒曲酿酒技术已经趋于成熟，出现了利用谷物糖化再酒化的酿酒技术，酒的产量和质量都得到了很大的提高。到秦代时，酒曲酿酒的技术普及开来，酒不再是只限于王室贵族享有的神秘饮品。到汉代白酒被发明出来，其味道醇厚辛辣、香气余韵悠长，正如中国人含蓄高深的文化一般。在整个封建时代，质地清澈淳厚的酒价格昂贵，仍旧只是王公贵胄们的专享，如“金樽清酒斗十千”，而平常百姓则只能喝自家酿造的浑浊的米酒，如“浊酒一杯家万里”“莫笑农家腊酒浑”等。到1892年，在山东烟台有一个叫张弼士的人创办了中国第一家葡萄酒公司——张裕葡萄酒公司，意在实业兴邦。他不惜重金千方百计地进行广告宣传，改变了中国人世代只喝白酒与黄酒的习惯，与时俱进地让中国人喝到了清香怡人、时髦浪漫的西式酒。[①] 此后新的酒种迅速出现，如竹叶青、五加皮等，威士忌、白兰地、伏特加以及日本清酒等

① 黄志伟、黄莹：《为世纪代言：中国近代广告》，上海：学林出版社，2004年版。

外国酒也在中国立足。[①] 如今，酒在中国人生活中，更多地是作为一种生活必需品存在，酒的以往不染凡俗的隐者形象被逐渐剥离，反倒融入许多温情的元素。逢年过节，朋友相聚，或是商务宴请，酒都被请出来作为一种寻常的饮品，成为一种调动情绪的工具增进饮者的情谊。但在中国的许多少数民族文化中，仍保留酒的一些原始含义，或款待英雄，或欢迎贵客，又或者祭庆丰收，与中国人的祖先们保持着一定程度上的精神联系。

酒在中国被赋予了丰富的文化内涵，在美国人的生活中则更多地表现出一种消遣和享受的意义，这种消遣和享受往往具有更世俗化而并非仪式性的特征。美国的酒大致分为鸡尾酒、威士忌、葡萄酒和啤酒几大类，其中以威士忌最为出名。在 18 世纪中叶，苏格兰岛和爱尔兰岛的移民来到美洲新大陆之初便开始了威士忌的酿造，选择的原料是美国当地产的黑麦和玉米，这种威士忌以波本郡（Bourbon）的名字命名，被蕴藏于烘烤过的橡木桶内，产生一种独特的丰富香味，而波本郡又是以光荣的法兰西波旁王朝命名，这也是为了感谢美国独立战争期间在这块土地上同英国人作战的法国人。美国作为一个移民国家，在建国伊始，移民多为备受宗教迫害的清教徒，他们保留着许多欧洲传统的生活习惯和观念，力主敬畏上帝，过清廉简朴的生活，将饮酒作乐视为“堕落之源”。到了 19 世纪中期，随着酿酒业的发展和城市酒馆的日益增多，酗酒的人也逐渐增多，饮酒的危害性逐渐凸显，清教徒们与很多具有远见卓识的法学家、社会学家倍感焦虑，都把酒看成是犯罪和贫穷的根源，并于 1917 年推动了美国宪法第 18 号修正案即禁酒法案的生效。[②]

---

① 《中国酒业简史》，https://www.camcard.com/info/l58fa8d5df149bc24c95151fe，2018-3-24。

② 王胜：《美国禁酒令入宪与废止的历史》，载《法制与社会》，2017 年第 6 期。

然而，法律上的禁止并不能改变美国人对酒的热爱，这种喝起来味道醇美又能使人情绪亢奋的液体很快便在20世纪30年代“大萧条”时期突破了宪法的禁锢，重新回到了阳光下。享乐主义的风气在美国饮酒潮流中风行，不但饮酒的方式受到这种观念的影响，喝酒的场合也各色多样，于是鸡尾酒这种混搭型饮料被发明出来并风行全世界。在美国，不但酒吧随处可见，一些如毕业典礼、成人礼等美国人非常看重的重要场合也少不了酒的助阵。尽管美国法律仍旧有规定21周岁以下的公民不得饮用酒精类饮料的禁酒条例，但酒却始终是成人们欢聚的座上宾。除了以助兴为目的的日常饮酒，美国人还非常注重品酒，热衷于举办专业的品酒大会和比赛，一些具有高品鉴资质的人士往往在业界受到追捧，他们擅长用非常精准的语言形容酒液进入口腔中的味觉和感受。尽管如今专业仪器早已在各种样本检测中广泛普及，但品酒行业还仍旧保持着人工品鉴这种古老的鉴定方法。他们认为，人的舌头是任何精密的仪器都无法代替的，味觉可以分辨出酒品之间最细微的差别，这种品酒文化也逐渐蔓延到世界其他国家。

二、酒广告比较

（一）中美酒广告的发展演变

中国早期的酒广告形式比较单一，主要是以语言文字为主图形为辅的店面招牌，并结合当时较为流行的诗词曲赋等文学表现形式，赞扬酒的优良品质。《韩非子·外储说右上》篇曾记载一则“狗猛酒酸”的故事，云“宋人沽酒者，升概既平，遇客甚谨，为酒甚美，悬帜甚高”[①] 这里的“帜”就是酒旗，是在一块布上绣一个大大的“酒”字，高悬在店门、屋顶房前，或者另立

① 刘家林：《新编中外广告通史》，广东：暨南大学出版社，2011年版。

望杆，让酒旗随风飘展，以此招徕顾客。通常店铺的酒旗传递着必要信息，高悬表示有酒可售，收下酒旗表示酒已售完。此类旗帜又称“望子”或“幌子”，诗人词客往往在诗词中有青旌、青帘、酒旌、酒帘、酒旗、彩帜等更为雅致的说法。①

中国近代的酒广告出现在民国时期，记录了西风东渐的浮世绘影，浓缩了老上海的风花雪月，是中国广告史上一道独特的风景线。在张裕酒文化博物馆里，就收藏了一幅刊登于 1918 年《小说月报》杂志的张裕葡萄酒广告，被认为是中国最早的葡萄酒广告（如图 2-1-1 所示）。画面中一位女子手执高脚杯，倚在一张餐桌旁，桌上有两瓶张裕葡萄酒，绿瓶是“佐谈经”，棕瓶是“正甜红”；画面四周由张裕出品的另外 6 种葡萄酒的酒瓶组成一个花边图案，分别是“樱甜红”“大宛香”“高月”“琼瑶浆”“品丽珠”“佛兰地”。②

图 2-1-1

① 刘家林：《新编中外广告通史》，广东：暨南大学出版社，2011 年版。

② 周励：《中国最早的葡萄酒广告》，http://news.ifeng.com/history/zhongguojindaishi/special/bainianjiujiao/ziliao/detail_2011_08/17/8474472_0.shtml2018-3-24。

民国时期酒广告的诉求重点是酒的价格和种类，通常情况下酒类都明码标价。如 1942 年 7 月 16 日出版的天津老报纸，在第八版上有这样一条消息："本市洋酒市场，近因一般节约关系，销路稍感呆滞，价格亦在平疲中，市间各种洋酒价格如下：老五星白兰地 15.00 元、七星白兰地 4.00 元、新牌五星白兰地酒 20.00 元、环球牌樱桃白兰地酒 7.00 元、环球牌大香槟红酒 8.50 元、环球牌大香槟白酒 9.10 元、环球牌小香槟酒 3.40 元、双狮葡萄酒 2.20 元、三星葡萄酒 1.80 元、金氏白兰地酒 7.50 元。"① 在 1949 年之后的 30 年间，由于受到诸多因素的制约，中国的广告业发展受到限制，直到 1979 年，酒广告才重新出现在人们的视野中。1979 年 1 月 28 日，正值农历大年初一，《解放日报》刊登了一条酒广告（如图 2-1-2 所示），率先在党报中尝试恢复广告业务，而上海电视台也在同一天晚 17 点零 5 分，播出了中国有史以来第一条电视商业广告——"参桂养荣酒"广告（如图 2-1-3 所示）②，广告讲述了儿女买酒孝敬老人的故事，极具生活气息。该广告突破了中国大陆电视节目从来不播广告的不成文禁令，拉开了中国电视商业广告的序幕。中国的酒类广告开始从以往的纸质媒体和广播媒体走向电视媒体，并一度成为电视广告中的重要品类。

① 郭松：《40 年代天津的酒广告》，中国酒业新闻，http://www.cnwinenews.com/html/200707/2/20070702141621.htm.2018-3-24。

② 《1979，上海广告归来》，载《解放日报》，2013，http://newspaper.jfdaily.com/jfrb/html/2013-12/24/content_1128781.htm.2018-3-24。

图 2-1-2

图 2-1-3

此后，酒类广告发展迅速，不同的广告营销手段各显其能。首先是名人效应和情感诉求，在 20 世纪 80 年代末，张弓酒开创了酒类电视广告使用代言人的先河，选用中国相声第二代的杰出代表——马季为形象代言人，让张弓酒享誉全国。90 年代，孔府酒邀请电视剧《北京人在纽约》中的演员王姬代言，成为借势热播影视剧打出广告的第一家，同时以“家文化”为诉求，率先实现了中国酒类的文化贩卖（如图 2-1-4 所示）。

图 2-1-4　孔府家酒视频广告，运用感性诉求演绎了远渡重洋的海外游子回家与亲人团聚的情景，将中国人最看重的亲情和家的观念表现出来。

进入 21 世纪后，国内酒类广告的表现方式更为多样，同时引入各种先进的视频制作技术和拍摄手法，使得酒类广告的质量不断提升。2000 年，惠泉啤酒通过《螃蟹篇》开创了三维动物代言的先河，产生极大影响。2002 年，金六福第一个成功运用体育营销做广告宣传，启用当时有着“好运”和“福星”光环的国足教练米卢代言，助推其 2002 年销售额达 18 亿元，并成功跃升白酒行业前三名。2010 年青岛啤酒借助世博会期间大量外国人涌入中国的有利时机，意图向世界展示中国酒文化，进行了一次成功的事件营销（如图 2-1-5 所示）。

图 2-1-4

在美国，酒类广告伴随着大众媒体的发展而勃兴。20 世纪的最初二十年，美国大多数啤酒制作商还是当地的小酿酒商，产品主要供给当地人消费，该时期几乎无须做广告，1900 到 1910 年间的酒类广告仅仅出现于具有营业执照的交易刊物上，如 *National Guardian* 等。这期间造成酒类广告稀少的另一个原因是美国的进口酒多来自英国，而大多数英国酒类制造商都拥有自己的产业链，故不必借助大众媒介方式推销产品。这一时期的酒广告的诉求点很直接，主要是直接标明产品出处、佐酒食料，以及饮酒为人的身体健康带来的好处（如图 2-1-6、2-1-7 所示）。

图 2-1-6　　图 2-1-7

在 20 世纪初，烈酒企业主要以上层人士为目标消费群，在报纸中宣传其奢侈产品，彼时 Hennessy、Martell、Dewar 等已经成为家喻户晓的品牌。白兰地则被当作是一种不同于啤酒、威士忌的健康饮品，虽然 Dubonner 在广告中并没有提及这一信息（如图 2-1-8 所示），但却向公众暗示每顿饭前可给孩子饮用半杯“健康饮品”。总体而言，这一时期的酒广告形式单一，以文字为主，鲜带图片。

图 2-1-8

在 1942 年前美国尚未加入第二次世界大战时，为维持自身品牌在美国境内的知名度，国外不少酒类企业都在美国做了大量的广告。随着战争的卷入，工人醉酒事件时有发生，烈酒税赋不断增加，小麦和糖短缺，都导致了烈酒消费量的大幅下跌。尽管如此，战争期间仍有一些企业坚持投放广告，不少广告主题关联战争，如 1940 年 2 月，Worthington 根据当时人们对战争态度，在广告中鼓励消费者在面对战争时，仍然要保持微笑并适当地饮酒。

第二次世界大战后美国社会回归正轨，但社会运动不断爆发，使得酒广告不得不顾及少数群体的诉求，如有色人种和妇女形象更多地出现在酒广告中（如图 2-1-9 所示）。此时威士忌酒广告的表现更为丰富多彩，而香槟酒成为一种高端、奢华、昂贵的饮品，其广告多以黑白为主色调，突出显示品牌（如图 2-1-10 所示）。

图 2-1-9

图 2-1-10

冷战后伴随世界范围内以和平发展为主基调的局势，外埠的酒品开始大量进入美国市场，借助旅游业的推广，英国酒类更多地出口到美国，如 1959 年在美国的杂志上就刊登了一则英国

Booth 酒广告（图 2-1-11 所示），由此形成了包括威士忌、白兰地、葡萄酒、啤酒、伏特加等多酒品共同繁荣的局面。一些老牌的酒品牌开始或更加关注年轻人和女性消费者，如 Guinness 在广告中重新利用女性或年轻人形象，以此吸引年轻消费群体的加入（如图 2-1-12 所示）。

图 2-1-11

图 2-1-12

（二）中美酒广告比较

1. 诉求方式

● 中国

在中国的酒类广告中，使用最多的首先是感性诉求方式，因为在中国人的概念里，酒本身就是一种振奋精神、调节气氛的非理性元素，是生活中的润滑剂。另外是理性诉求方式，因为在酒类产品层出不穷的今天，醇厚的品质、芳香的味道来源于高质量的原料和先进的工艺，一些酒类的广告即采取这样的表现方式来展示其产品的特色。无论是传统的粮食白酒，还是就地取材的水果酒，理性诉求已被当作一种阐述产品优良品质的最有说服力的表现方式。随着东西方交流的增多，受到西方人审美的影响，中国酒广告近年来又出现了一些新的趋势，一些目标受众定位在年轻人的酒类广告也会采用含蓄的性意味来推销其产品，这类产品以啤酒为主。

图 2-1-13　重庆本土白酒品牌“江小白”结合重庆的标志性景点赋予江小白“重庆味道”的内涵，以契合消费者热爱故乡、思念故乡的情感。

图 2-1-14　习酒视频广告，以理性诉求方式，从习酒的取材、酿造环境、酿造方法、鉴赏师等方面凸显品牌优势，指出白酒的收藏和品鉴价值。

图 2-1-15　通化葡萄酒系列广告，采用性诉求方式，渲染了葡萄酒所带来的浪漫与迷醉的感觉，体现年轻人对浪漫激情生活方式的追求。

- **美国**

美国的酒广告中各种诉求方式几乎都有所见，从中看出美国酒文化中蕴含的来自多民族多元化的创意灵感。在中国酒类广告中比较常见的感性诉求也被广泛使用在美国的酒类广告中。另外，幽默诉求非常常见，它也可能与性诉求和恐怖诉求等诉求方式共同作用，使整个广告就看起来就像是一部跌宕起伏扣人心弦的剧情片，充满了意外和惊喜，在主人公或幸运或窘迫的奇幻经历中，把所要推销的酒品牌及其特性凸显出来。

图 2-1-16 Jim Beam 威士忌“派发小狗”视频广告，广告运用幽默诉求方式展现男士通过领取小狗的方式博取女士爱心以搭讪女士的情景，以此表达广告主题思想“Guys Never Change，Neither Do We”，契合 Jim Beam 威士忌创立于 1795 年，品质经久未变的特点。

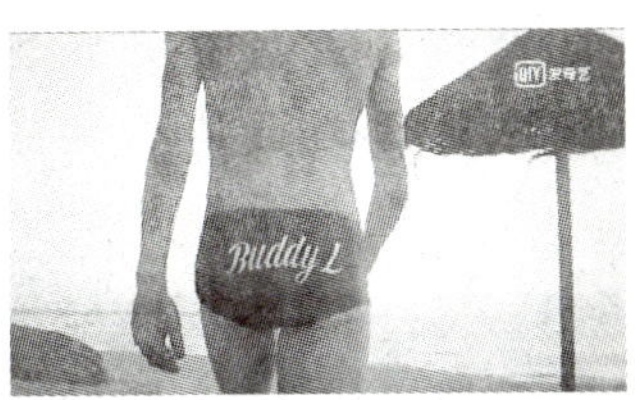

图 2-1-17 百威淡啤酒视频广告，通过展示一群年轻人在沙滩自由自在地玩乐的场景，配合优美的背景音乐，表现百威淡啤带来的轻松惬意之感，其年轻身体的特写镜头暗含了一种性诉求方式。

2. 诉求点

- **中国**

品牌的凸显在中国酒类广告中非常常见，特别是一些人们耳熟能详的知名产品，品牌就意味着品质的保障，对品牌的持续宣传可以延续产品的高品质形象，使消费者在品牌和品质之间形成自然的条件反射。一些品牌把广告诉求点定位在其与众不同的口感，以吸引深谙品酒之道的饮酒者。中国酒品广告有的还会强调养生和健康，通过展示名贵中药成分和强调适量饮酒有益健康的理念凸显酒的保健价值。强调酒品的精神内涵也是中国酒类广告的一个重要诉求点，将饮某酒与拥有某种人生智慧或生活方式相关联，赋予酒品以文化价值，如一些酒品牌的名称自身就体现了传统及传承，中庸之道，取舍之度，进退之间，都体现了中国人特有的文化所在。此外，针对年轻消费群体的酒类则更多主打时尚、快乐诉求，例如乐堡啤酒便运用“乐堡拉开，快乐就现在”的口号标榜年轻人积极乐观的精神追求。

图 2-1-18　茅台酒视频广告，以品牌为诉求点，广告中并不赘述其品质地位，只是亮出“传奇”“国酒”二词，就足以证明茅台在酒中的地位。

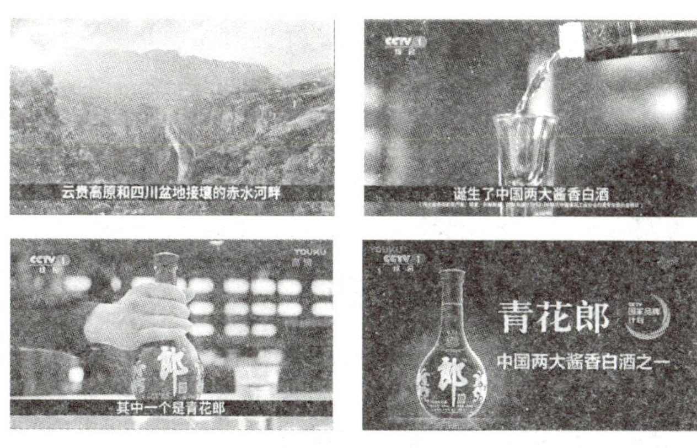

图 2-1-19　青花郎视频广告，以产品口感作为诉求点，明示其作为中国两大酱香口味白酒之一的地位。既展示了产品特点，又凸显了品牌影响力。

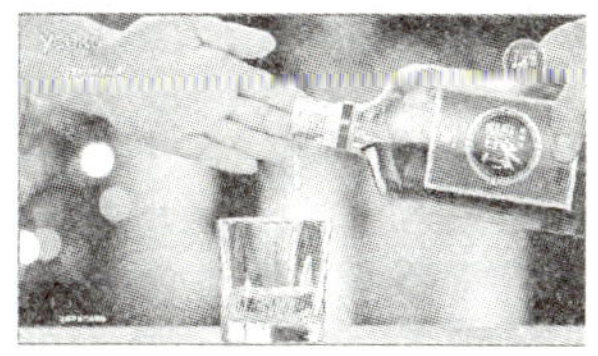

图 2-1-20　劲酒视频广告，瓶身保健酒的商标表示其功能，同时“少喝一点为健康”“不贪杯”的公益价值观，也为劲酒品牌加分。

图 2-1-21　舍得酒广告，传达传统中国人追求的人生哲学，有舍才有得。

● 美国

强调品牌也是美国酒类广告中一个比较偏爱的诉求点，许多著名的酒品牌都是经年历久的老牌子，这种用时间佐证的方式在中国酒类广告中也较为常见。美国的酒品牌还强调其独特，这种独特可能是指其口味，也有可能是由于其不同寻常的原产地，因其出身而独特。在美国酒广告中，常常诉诸产品的口感，如淡啤酒的清爽、黑啤酒的粗犷、威士忌的醇厚等，都是广告着力彰显之处，这些功能的显示往往借助各种感官综合表现，将味觉同人体的其他感觉相连通，将饮者引入奇妙和惬意的记忆空间。

图 2-1-22　百加得朗姆酒视频广告，此品牌始自 1862 年，品牌的塑造在于其应时而变、适应不同时代人们的需求。本广告展现了美国人享受生活的场景，反映了美国文化中前沿的生活方式和消费理念。

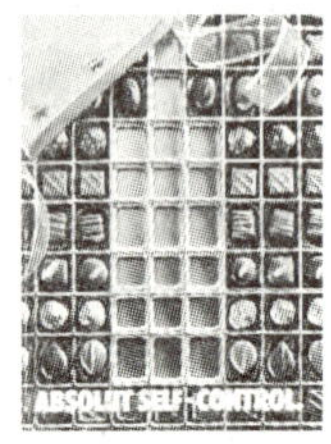

图 2-1-23　绝对伏特加系列广告，其酒瓶图案已经成为绝对伏特加广告最易识别的标识。

图 2-1-24　Corona 啤酒视频广告，突出产品的口感，愉悦的口感带来的是全身心的享受，如同置身在记忆里那个最惬意的海边。

3. 元素运用

● 中国

中国酒广告常用明星代言方式，选用的代言人多为具有某种人生体验和智慧标签的影星，尤以四十岁以上的男影星为主，普通人证言多选用居家中年男性。酒广告中的女性元素往往是从男性视角出发来进行展现。中国酒广告所选用的场景多种多样，或在乡野自然彰显天地精华魅力，或在都市商务场合展现成功者披荆斩棘品尝人生甘果，中国传统的田园文化和现代的商业文化均得以体现。值得一提的是，传统的中国元素是中国酒广告的一大特色，无论是节庆形式如中国红、舞狮舞龙等，还是文化形式如青花瓷、博物架、汉服唐装、篆刻等，常出现在酒广告中，具有很高的辨识度。

图 2-1-25 衡水老白干广告，邀请“硬汉”胡军代言，将酒和明星的形象内涵联系在一起，为酒赋予了一种男人的气魄。

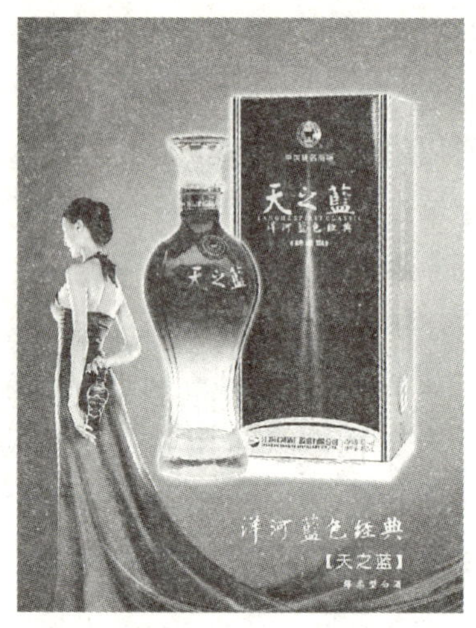

图 2-1-26　洋河蓝色经典天之蓝酒广告，女性在对男性情怀的渲染中成为一个装饰陪衬的元素，此形象一如传统观念中女性在社会中的从属地位。

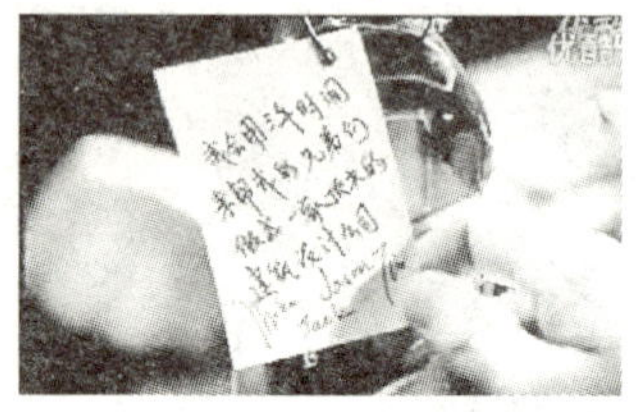

图 2-1-27　尊尼获嘉威士忌视频广告，表现在压力重重的现代商业环境中追求理想的人的坚持和信念。酒是个人梦想和兄弟情谊的见证。

图 2-1-28　古越龙山绍兴酒视频广告，黄酒算是中国的民族特产，正好用传统中国元素渲染酒的自然天成。

- **美国**

美国的酒广告很少采用名人代言，证言方式比较常见，普通人、虚拟人，甚至外星人，都可作为证言人。在美国酒类广告中，动物常常被赋予灵性，一条狗、一头驴子也会有自己的思维和智慧。将美女和美酒相结合在美国酒类广告中比比皆是，美女既可堪比美酒，也可反其道而喻之，在美酒面前，美女魅力荡然无存。美国酒类广告的场景选用亦是多种多样，除了酒吧、聚会这类欢乐场景，很多在传统的东方国家和保守的某些西方国家里都比较忌讳的场合或话题，在美国的酒类广告中却能见到，如葬礼、同性恋话题等。

图 2-1-29　百威啤酒视频广告，主角是一头拥有梦想的驴子，以此契合百威啤酒在美国的中低消费人群定位。这则广告彰显了美国文化中的平等主义，体现了进取精神，诠释了美国梦。

图 2-1-30　美乐啤酒视频广告，表现美女在美味的啤酒面前，变得不再有吸引力。

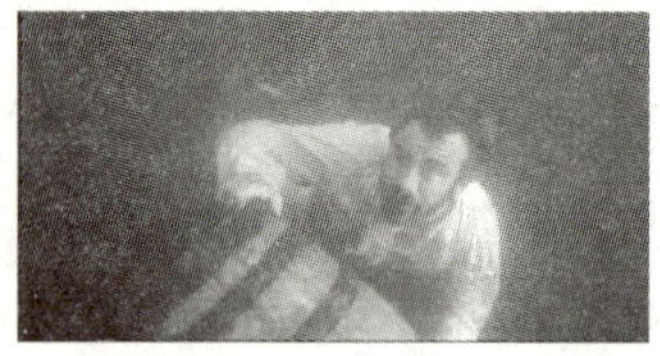

图 2-1-31　Jameson 威士忌视频广告，运用葬礼这一特殊元素，讲述了"Jameson 之死"的故事，主人公在海难中为了找回一桶酒而跳入海中失踪，众亲友以为他不幸遇难，正举行葬礼时，Jameson 扛着誓死捍卫的一桶 Jameson 威士忌英勇归来，故事的情节和结尾处的反转给受众留下深刻印象。

4. **创意表现**

● **中国**

虚实结合在中国酒广告中是一种被普遍使用的手法，真实与虚幻交错，历史与现实交织，拓展了酒的精神意味，也凸显了酒品牌的历史悠久。同时，随着影像技术的发展，现代的数字技术在广告中被广泛运用，酒类广告不再限于真人的显示，卡通人物和虚拟场景都或多或少地存在于各种酒类广告中。

图 2-1-32　迎驾贡酒视频广告，通过展示古代帝王迎驾与现代迎宾的概念推销品牌。镜头场景历史与现实、真实与虚幻交错，表现出穿越古今的历史感。

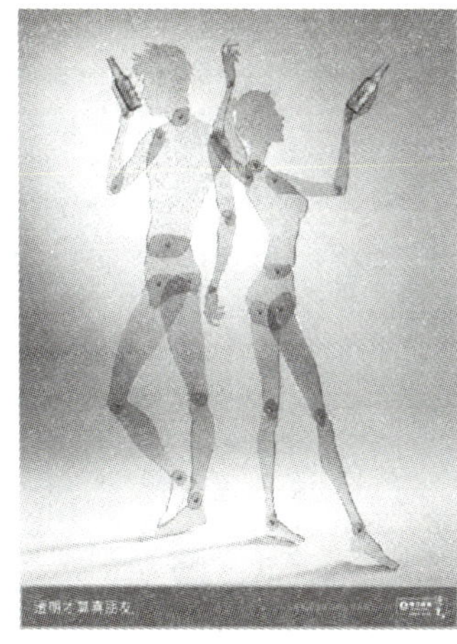

图 2-1-33　珠江啤酒系列广告，关节人的虚拟形象全身绿色透明，与啤酒所带来的清爽感受相符，其动作则传达出中国人的耿直与真性情，彰显中国文化中对友谊的重视。

- **美国**

美国的酒类广告精品多多，其突出的表现是制作技术的高超和创意的层出不穷，新奇的广告元素，别样的表现技法，夸张和幽默的诉求方式均可成为创意表现的亮点。另外，题材的广泛性也使美国酒广告的创意表现锦上添花，这一切皆缘于美国这一国度的包容性，各类观念、异样元素，即便其并不符合主流价值，但依旧可以有展示的舞台。

图 2-1-34　百威 BUD LIGHT 视频广告，一位女员工在公司成功策划了一场捐旧衣物的活动，成功策略在于捐一件旧衣物可换一瓶百威啤酒，最后公司同事为换啤酒都举杯欢庆活动的成功。广告用幽默夸张的方式表现百威啤酒的巨大魅力。

图 2-1-35　喜力啤酒视频广告，通过列举美国社会中形形色色的人，包括性取向、年龄，甚至外星人，都可以喝喜力啤酒，来说明喜力啤酒是“谁都能喝的啤酒”。多种类型的群体的举例也暗含美国的平等思想。

图 2-1-36　Jameson 威士忌视频广告，运用夸张的手法，画面中大火熊熊，出乎意料的是，其创始人为了拯救酒窖不惜凿垮水坝使水淹全镇。

第二节　饮料广告

著名文学家沈从文在小说《萧萧》中写道：“许多城市中文明人，把一个夏天完全消磨到软绸衣服、精美饮料以及种种好事情上面。”的确如沈从文所言，饮料已然成为城市生活中必不可少的调味剂。走进超市，各式各样的饮料摆满货架；走上街头，形形色色的饮品随处可见；家人团聚、朋友聚会乃至工作议谈都离不开饮料做伴。历经发展，饮料业在世界各国都已跻身快消品消费市场的前列。

在如今这样一个消费社会里，没有一种产品的流行不受商业广告的影响，饮料也不例外，广告在饮料的全球传播中起到了极大的推动作用。饮料广告中最为常见亦最为有效的模式是“产品＋代言人”的形式，这与其消费群体的年轻化密切相关。随着饮料品牌日益增多，饮料市场的竞争愈演愈烈，广告主们力求从同质化的产品中脱颖而出，不断寻求创新的营销思路。除了传统的电视广告、户外广告、POP 广告、微电影广告外，与社交媒体合作的线上线下互动广告、二维码广告等创新型广告近年来频繁出现在消费者视野中。

一、饮料的发展及其演变

在饮料货架前，有人选择沁人心脾的茶饮料，有人选择清凉甘甜的果汁，亦有人选择醇厚的咖啡。不同选择的背后，是地域、族群和生活习惯对消费者味蕾偏好的操纵，这种操纵也造就了中美两国在饮料生产和消费上的差异。在中国，茶、碳酸饮料、咖啡、乳制品和果蔬汁占据了绝大部分饮料市场，在美国虽也如此，但各自的占比和渊源却大有不同。

茶是中国最早的饮料，被西方称为“东方的恩赐”，最初入药用，后发展成饮料。有“神农尝百草，日遇七十二毒，得茶而解之”，“发乎于神农，闻于鲁周公，兴于唐而盛于宋”的说法。[①] 茶业初兴于巴蜀，在中国的发展经历了三个重要时期：一是魏晋南北朝，主要是佛教界与文人士族对饮茶的推广；二是唐代，在皇室贵族与文人墨客的推动下，茶文化礼仪渐渐形成，并随佛教传入日本；三是明代，饮茶得到广泛普及。朝代的变更并没有影响人们对于饮茶的喜爱，发展至今，衍生出诸多品种的茶饮料，因其兼有清凉解渴、营养保健等功效而广受追捧。在日本

① 杨乐民：《茶之漫语》，载《文史知识》，1988 年第 3 期，第 62～66 页。

和中国台湾，茶饮料均已成为最大的饮料品种之一。

碳酸饮料的历史可以追溯至 1772 年，英国人普里司特莱（Priestley）发明了制造碳酸饱和水的设备，成为制造碳酸饮料的始祖。如今碳酸饮料在中国备受年轻人青睐，市场上的碳酸饮料品牌不胜枚举，其中可口可乐和百事可乐是领军产品。可口可乐 1927 年进军中国市场，名为“蝌蝌啃蜡”，当时这种有着古怪名字和口感的棕褐色液体并没有引起中国人的兴趣，后更名为“可口可乐”，销售情况大有改善。虽然其后的发展多有波折，但如今的可口可乐稳居中国碳酸饮料的龙头地位。百事可乐诞生于 1898 年，与可口可乐互为最大的竞争对手，中国本土品牌如非常可乐等在遭遇此两大巨头之后纷纷退出碳酸饮料舞台。

1884 年，中国首棵咖啡树在台湾种植，大陆地区最早的咖啡种植则始于 20 世纪初云南宾川县。咖啡源于西方，成品咖啡何时进入中国已经无从考证。20 世纪 80 年代以后，随着改革开放的深入，咖啡才开始走进普通中国人的生活。近年来中国咖啡业的发展越来越为世人瞩目，星巴克、雀巢、麦斯威尔等国际品牌纷纷在中国设立分部，扩展中国市场份额。随着城市白领人群的壮大，喝咖啡逐渐成为一种时尚的生活方式，品味咖啡与现代生活关联，成为时尚和潮流的代名词，“咖啡文化”充斥在生活中的诸多角落。

再说乳制品，其在中国的出现比咖啡早，但经年历久才得以普及。起初，因为鲜奶容易变质，只有饲养牛羊的家庭才能够常饮。自满清入关，中国的游牧民族将这种饮品传入关内，都是自产自销。19 至 20 世纪商业和科学的进步，以牛奶为代表的乳制品的生产不断得到改进，中国人开始习惯和普及性地饮用牛奶，各类乳制品应需而出，高举营养牌成为乳制品广告中的重要特性。

21 世纪，果蔬汁异军突起，因其富含维生素和微量元素，符合现代人追求健康的理念，加上各具特色的口味，迅速吸引了大量消费者。

美国人的饮茶历史较中国为短，17 世纪 60 年代，欧洲移民将茶引进北美殖民地，起初美国人对之并无太大的兴趣，但随着欧洲移民的大量迁入，茶作为一种健康饮料逐渐被一些美国人接受，美国历史上有过著名的“波士顿倾茶事件”，时至今日，还是有相当部分的美国人喝茶。

咖啡好比美国的国饮。19 世纪末，美国工业大发展，“聪明的老板”向工人免费供应咖啡，企图让疲劳的劳工们延长工作时间，这种“先进经验”得到推广。虽说时至今日，老板们不再用这种方式压榨雇员，但免费提供咖啡这一传统却被美国企业沿袭下来。美国因其巨大的咖啡消耗量而享有“咖啡王国”的称号，并以其独特的“咖啡文化”影响着众多国家。

除了“咖啡文化”，美国还有“可乐文化”。“可乐文化”的承载者当属可口可乐，它诞生于 1886 年的美国，辉煌于第二次世界大战时期，以至被视为与武器弹药一样重要的物资运往前线，激发美国士兵的士气，如大卫·爱德华写于 1944 年的家书所述：“我得写信告诉你，今天是我们的特别节日，因为每个人都领到了可口可乐。在海外待了 20 个月的战士，双手捧着可口可乐的瓶子贴在脸颊，像瞻仰圣灵一样望着这暗褐色的可爱的精灵，没有人开始畅饮，因为喝完了就看不到了。”① 可口可乐伴随美国士兵打完第二次世界大战的经历，让品牌具备了独特的民族情结，使其成为美国文化的一部分，并向世界传播开来，成为“世界饮料之王”。

历经两次世界大战，美国人开始关注国民的身体素质，政府通过广告号召人们饮用牛奶，以达到强身健体的目的。20 世纪

① ［美］理查德·洛威尔：《可口可乐不规则营销》，龙文元译，哈尔滨：哈尔滨出版社，2004 年版。

50年代，美国倡导“三杯奶运动”，鼓励国民每餐一杯奶，顺利解决了当时的美国人普遍存在的缺钙问题，美国人饮用牛奶的习惯也由此延续。

随着生活水平的提高，美国人对健康越发重视，功能饮料应运而生。由于其具有消除疲劳、补充人体因出汗而流失的水分和电解质等功效，很快风靡全球，尤为运动一族所喜爱。

二、饮料广告比较

（一）中美饮料广告的发展演变

中国是茶的起源地，具有数千年的饮茶史。中国人对茶叶从自然利用到专业生产经过了一段漫长的道路，作为交换对象的商品茶的出现则更晚。当茶成为商品时，茶广告应运而生。战国时期至唐中期以前，出现了叫卖、陈列、响器、招牌、幌子等形式的茶广告，但由于饮茶之风尚未盛行，茶广告并无较大发展。唐中期以后至宋代，茶广告步入发展期。唐代草市发展迅速，茶商是草市的常客，其中以小贩挨家逐户叫卖的方式最为常见。宋代草市更加发达，除小贩的流动买卖，茶肆成为销售点。当时茶商就运用广告宣传的技巧——将烧制的陆羽陶像放在煎茶的炉灶上和茶具间，奉为茶神，可谓悬物广告与名人广告的有机结合。随着茶馆的迅速发展，经营者想尽手段吸引顾客，茶广告不断多样化，主要形式有四种：一是悬挂灯笼，写上“茶坊”字样，夜间点烛放亮十分引人注目；二是使用招牌，注明店名和从业性质；三是门面修饰，以插花挂画为主，便于人们识别；四是利用音响、说书等娱乐项目，将吆喝叫卖声与歌谣、快板、词曲相结合，在茶馆内表演，很具欣赏性。明清两代茶业贸易繁荣，出现了茶叶商帮，加上印刷术的进步，白话小说、说唱文学的兴起，都为传统茶文化及茶广告注入了新鲜血液。这一时期的文人雅士用对联方式开启了茶联这一具有民族风格的特色广告形式。茶联遍布茶馆内外，对仗工整、寓意深刻的茶联不失为一种艺术作品，吸引茶客驻足留步品味。随着清代木版年画的流行和雕版印刷业的进步，印、绘的茶广告逐渐走进人们的视野。清末至民国，茶叶广告形式翻新，报刊、灯箱、招牌、装潢广告等时有出现。[①]

晚清时期，咖啡开始在上海出现，最早接触咖啡的是上海文人，其作品中不乏描写咖啡的内容。上海滩上的竹枝词《考非》中写道："考非何物共呼名，市上相传豆制成。色类沙糖甜带苦，西人每食代茶烹。"[②] 民国时期咖啡依托咖啡店得以宣传，咖啡店曾一度成为文化热潮。据史料记载，一般咖啡厅入口处铺着地毯，西方音乐自留声机源源传出，桌上摆放着外国进口的花瓶和烟灰缸，店内的顾客分享着他们游览或旅居国外的经历，当时的咖啡店，可谓舶来品和西方生活方式的陈列馆，为国民提供了象征性门径，让他们能够通过参与泡咖啡店这项崭新的公共仪式来靠近西方和现代文明。[③]

中国十年"文化大革命"的冲击使商业广告基本停顿，改革开放后各项事业才开始蓬勃发展，饮料广告亦是如此。20 世纪 80 年代，市场上掀起了一股以可口可乐、百事可乐和健力宝为主导的碳酸饮料浪潮。这一时期的可口可乐广告采用的基本上是美国电视广告的译制版，这种策略一直沿用到 1998 年，那时百事可乐邀请张国荣代言，开启了其"百事巨星"代言策略。健力宝作为第一个为中国人引入运动饮料概念的本土品牌，一直沿袭

① 陶德臣：《汉至民国时期茶叶广告的发展》，载《安徽史学》，2003 年第 5 期，第 12～16 页。

② "毕竟不算太坏，还可以吃吃考非"，https://www.douban.com/note/617654669/?dt_re. 2018-3-24。

③ 彭丽君：《民国时期上海中国知识分子的集体主体性及他们的咖啡文化》，载《励耘文学学刊》，2007 年第 1 期，第 193～216 页。

赞助体育赛事的营销策略。1996年娃哈哈瓶装水用广告的感性诉求“我的眼里只有你”走红市场，同时期还有其竞争对手乐百氏的“27层净化”把广告的理性诉求发挥到极致。[①] 饮用水广告多采用“明星+名牌”的方式进行宣传。1998年，“农夫山泉有点甜”的广告语响彻大江南北。2002年，罐装饮料王老吉打出中草药牌，凭借“怕上火，喝王老吉”的广告语火了一把。与此同时，果汁饮料和功能饮料也不甘示弱——2001年的统一“鲜橙多”，2002年的康师傅鲜的每日C，娃哈哈果汁，2003年的农夫果园，乐百氏的“脉动”，娃哈哈的“激活”，农夫山泉的“尖叫”，康师傅的“劲跑”等接踵登场。近年来，食品安全问题频发，饮料广告也开始注重宣传产品的天然、有机、健康，以消除人们对饮料安全的顾虑。

美国饮料广告的溯源首推咖啡。如上文所述，18世纪美国咖啡的主要提供形式是赠饮，故鲜有当时咖啡广告的记载，可考的是1790年第一则咖啡广告在《纽约日报》登出。[②] 19世纪美国的广告形式主要是个人叫卖、路边张贴、路牌告示、橱窗公告，报纸、杂志、包装广告等。时值美国西部大开发，饮料广告同其他广告一样，大量介绍西部的信息，制作有关西部风景的图片广告，给人们提供广阔的土地、茂密的森林、清澈的河水、丰收的谷物等视觉效果，激发人们前往西部探险的情怀。许多广告被涂在随处可见的谷仓、小船、岩石、树木、邮筒上，还有在牛马身上烙印记的形式，成为现代商标的雏形。有些报刊广告会配上一小段西部开发的故事，详细描述产品的功能，类似于当今的

① 陈玮：《中国饮料激荡三十年》，载《科技智囊》，2010年第2期，第46~55页。

② 《美国咖啡史上的重要年代》，http://blog. sina. com. cn/s/blog_692bf2b701017upe. htm. 2018-3-24。

软文广告。①

20世纪，美国饮料广告的形式和内容都在向多样化发展。世纪之初就出现名人代言、赞助奥运、创作卡通形象代言人的宣传方式，而这些都由可口可乐就率先发起。早在1900年，可口可乐就邀请著名歌剧演员希尔达·克拉克代言；1928年，可口可乐在阿姆斯特丹奥运会场馆周围设立饮料售卖亭，开启了与奥运合作之先河；1931年，可口可乐邀请插画家海顿珊布为公司设计广告，创造了经典的圣诞老人形象（如图2-2-1所示）②；第二次世界大战中，可口可乐以5美分一瓶的价格向军人兜售，广告多采用士兵形象，展示饮用可口可乐的场景，极大地鼓舞了士兵的士气（如图2-2-2所示）。此外，可口可乐还因为在广告中展现尊重女性而赢得了赞誉，因为在20世纪60年代之前，女性在美国社会中处于弱势地位，这在如1955年经典黑白咖啡广告中呈现的三个不同家庭中的女人因为咖啡煮得不好而挨骂的内容中可窥见一斑。而可口可乐在20世纪初就以衣着华丽的美女为广告主要元素之一，力图宣扬女性的美丽、独立、自由和解放（如图2-2-3所示）。

① 高芳英：《广告文化与19世纪美国西部开发》，载《学海》，2003年第1期，第173～175页。

② 《从图片看可口可乐广告的百年发展史》，http://wenku.baidu.com/view/d6186d0d52ea551810a6870c.html.2018-3-24。

图 2-2-1

图 2-2-2

图 2-2-3

第二次世界大战之后，美国饮料业大发展，但牛奶销量却持续下滑，原因是消费者普遍认为牛奶含高脂肪。为缓解不景气的牛奶市场，美国加州乳品加工协会于 1993 年发起“Got milk?”这一长期的牛奶广告战略，邀请各界明星拍摄长了“牛奶胡子”的照片（如图 2-2-4、2-2-5、2-2-6 所示），向大众宣传喝牛奶的好处，此举大大改善了牛奶的销售情况，这一广告战略持续了数年。

图 2-2-4

图 2-2-5

图 2-2-6

进入 21 世纪，饮料种类越发多样，市场竞争越发激烈，饮料产品本身及其广告也越来越具有针对性，根据细分受众特征进行精准定位和重点出击。此外，如今的企业越来越注重形象的树立，饮料广告在宣传产品的同时也注重推广品牌形象，有时会结合社会公益事业进行一系列公关及宣传活动。除了成品饮料之外，当下流行的现做饮料市场也十分受欢迎。例如中国的“丧茶”“一点点”等品牌，借助网络营销、口碑传播等形式在年轻消费群体中引起了巨大话题，成为颇具时尚感的生活方式。此外，美国的连锁咖啡品牌“星巴克”也以其活跃的新品推出力度和营销手段，以及专业及标准化服务的定位，深受白领群体追捧。

（二）中美饮料广告比较

1. 诉求方式

- **中国**

总的来说，饮料广告的诉求方式呈多元化趋势。在中国，最常见的是感性诉求方式，在传递饮料清凉解渴功能的同时，惯常通过简短情节表现年轻人的友谊、爱情、激情、活力等。别具特色的是恐怖诉求，主要表现在功能性饮料广告中，用夸张的手法表现人体缺失水分或能量后会出现的一些可怕症状，以引发人们的警觉和恐慌心理。近些年出现了较多理性诉求的广告，这源于人们对饮食安全问题的日益关注，饮料广告开始着重从理性角度讲解其原料的天然有机，其制作过程的严控把关，甚至提出一些新的健康标准，以达到使观众认为其产品有益人体健康的目的。

图 2-2-7、2-2-8 统一冰红茶和雪碧广告，均运用感性诉求方式，宣扬年轻群体的活力无限及饮料的特别口感，注重感觉描述。

图 2-2-9　激浪广告，这款功能性饮料运用恐怖诉求方式，展现 19 岁的花季少女和 18 岁的花样美男却拥有一副老年人的松弛面容和萎缩身体，告诫人们某些功能缺失的后果。

图 2-2-10　美汁源果粒橙广告，以吸管的膨胀感表现果粒的大颗，也显示了饮料取自天然鲜果的自然优势。

图 2-2-11　农夫山泉视频广告，运用理性诉求，普及人体水分更新的知识，宣传农夫山泉水源的纯正，继而提出天然“弱碱性水”的标准。

- **美国**

美国的饮料广告中，各种诉求方式兼而有之，首先运用最多的当属幽默诉求，这与美国人性格中的幽默风趣有关。其次是性诉求的表现方式，美国人对性的表现较为开放，广告中对性的运用也比较大胆，意在利用人类的性本能去吸引眼球。此外，感性诉求和理性诉求的方式也有相应的运用，但与中国饮料广告常用亲情元素不同，美国饮料广告擅用爱情元素呈现。在理性诉求的广告中，常常以第三人称口吻陈述产品信息，说辞与中国理性诉求类饮料广告的不同之处是更注重趣味。

图 2-2-12　Got milk 广告，运用幽默诉求方式，生动展现成年男子犯错之后，像小孩子一样用自己最珍贵的东西去讨好，以及宁愿自己受罚也要保护好自己珍爱之物的表情。

图 2-2-13　雀巢咖啡广告，运用性诉求方式，意在传递“撕开”就会有惊喜，达到一语双关的效果。

图 2-2-14　雀巢咖啡视频广告，运用感性诉求方式，用爱情元素呈现。广告中女主角因为雀巢的相伴而尤显独特，在人群中将男主角吸引到自己身边。

图 2-2-15　Tree Top 系列广告，运用理性诉求方式，以第三人称视角讲述耕地、浇灌、采摘及筛选过程，运用卡通的表现形式，无须说教，饮料原料的健康与否自然一目了然。

2. 诉求点

- **中国**

在中国，有“民以食为天，食以安为先，安以质为本，质以诚为根”的说法，对于饮食，必然会有对安全、味道、品位等的需求。饮料广告中对各种需求的诉求兼而有之，较多的是将诉求点定位于口味的多样，这与中国地广人多、众口难调是分不开的。其次是以健康为诉求点，展现产品富含营养、维生素或人体所需的矿物元素。将诉求点锁定在品牌形象的宣传上则是大品牌的惯用策略，因为大品牌在消费者心目中已有根植，只需通过再现经典形象即可唤醒消费者的记忆。值得注意的是有一些产品诉求于独特的生活方式，如咖啡营造的闲适、惬意、高雅、浪漫，以及茶与禅趣的结合，追求一种超凡脱俗的精神境界，虽然这类诉求点不太多见，但却不失匠心独运。

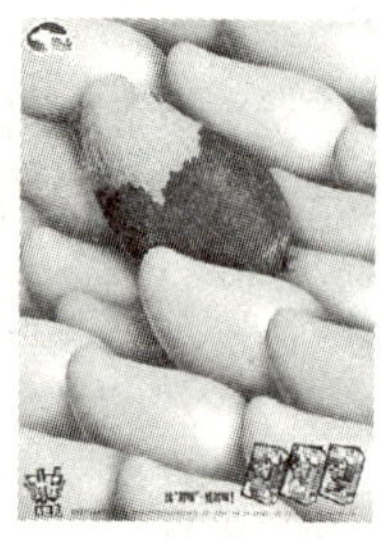

图 2-2-16 南山对味果酸乳系列广告，以口味众多为诉求点，广告呈现让人去发现苹果中的哈密瓜、西红柿中的柠檬、众多黄色芒果中的红色芒果，以表现其一语双关的广告语找“对味”。

图 2-2-17、2-2-18 娃哈哈营养快线广告和农夫山泉水溶 C100 广告，均以健康为诉求点，分别突出含有牛奶和果汁的营养素及富含维生素 C。

图 2-2-19 竹叶青茶广告，以围棋宗师吴清源的修行之道衔接品牌的内涵定位，展示喝茶修身修心修行的生活方式。

- **美国**

首先，在美国，强调品牌是饮料广告的一大诉求点，特别是在美国本土成长起来的国际品牌伴随了几代美国人，在国人心中已形成自有的品牌形象，广告中品牌形象的再现能勾起人们的美好回忆和特殊情结。其次，很多饮料广告以健康为诉求点，这与美国人的饮食息息相关，长期摄入高热量的食物使不少美国人体形偏胖，由于肥胖引发的疾病越来越多，人们对健康的问题也越发重视。然后是对口味的诉求，美国饮料不断致力于开发新口味，以满足味蕾的需要。此外，公益也是一大诉求点，此举在号召人们行善的同时也在着力塑造品牌向善的美好形象。

图 2-2-20　可口可乐广告，投放于奥运期间，画面中，经典的标志幻化成体操运动员手中的丝带，无须复杂的图案和文案，那一抹丝带足以唤起受众对于品牌的关联。

图 2-2-21　百事可乐广告，以品牌形象为诉求点，走年轻路线，利用跳跃的色彩和俏皮的构图展现品牌的青春活力。

图 2-2-22　可口可乐广告，重在诉求美味和零热量，BlaK 是可口可乐研制的新一代产品，集可乐、自然香料和咖啡的精华，口味独特，让人抛却肥胖之忧尽情畅饮。

图 2-2-23　可口可乐广告，重在诉求公益，号召人们按下手印，保护因生态环境恶化而濒危的北极熊，以此塑造品牌向善的美好形象。

3. 表现元素

● **中国**

在饮料广告中，就色彩而言，蓝色和绿色是最常见的颜色，往往是广告片的主色调，这契合了水的特点，以此给人清澈透明和怡然凉爽的感觉。就人物元素而言，品牌大多选用年轻的明星代言，以吸引作为主流消费群体的年轻人关注，并赋予产品时尚年轻的特性；而普通人的谏言，亦是意在拉近与消费者的距离，以贴近日常生活。“春节”是中国人最重要的传统节日，一年一度的年夜饭更是春节的重头戏，饮料是年夜饭的组成要素，这自然成为广告宣传的契机，中国传统的灯笼、对联、饺子等元素频频进入家人团聚的场景，代表喜庆的红色也理所当然地成为主打色。

图 2-2-24　百事可乐视频广告，以号召春节归家为主题，邀请国内知名都市情景剧《家有儿女》主演原班人马进行表演，由“妈妈的秘密”设置悬念，从制造冲突到解决冲突，表达春节团聚、强调家庭的主题，最终的喜剧收尾也契合了百事可乐该系列广告中“把乐带回家”的主题。

图 2-2-25　红牛和七喜广告，分别运用蓝色和绿色，以及海浪和冰块的形象，凸显饮料给人的凉爽、激情和活跃的感受。

图 2-2-26　金典有机牛奶广告，邀请人气歌星王菲做代言人，以天然有机牧场为卖点，宣传牛奶天然有机、健康的特点。

- **美国**

美国饮料广告中的表现元素多种多样，从现实的人与动物到虚拟的形象无所不及，人物运用上美女与英雄各显其能，美女给人以视觉上的冲击和享受，往往是结合性诉求博得眼球；英雄则契合个人英雄主义情结，与美国影视中的超人、巨人、蜘蛛侠、蝙蝠侠等诸多英雄形象目的相通。与中国饮料广告爱用小孩形象不同，美国饮料广告更偏重动物和卡通形象，一些虚拟形象本身具有一定的创造性，风趣逗乐，不仅有利于场景的展现，更有利于品牌开发副产品而带来丰富的附加价值。此外，两性关系也常常表现在饮料广告中。

图 2-2-27　Got milk 广告，绿巨人暗示喝了牛奶能使人体魄强健，也能拥有拯救地球的绿巨人般的超能量。

图 2-2-28　佳得乐广告，暗示喝了佳得乐能拥有同自己崇拜的体育明星一样的气魄。

图 2-2-29　可口可乐视频广告，运用购买可乐的“滴滴”声、吃食物的“嗯嗯”声，喝可乐的“哈”等声音，凑成一曲欢快的背景音乐，呈现一种品尝美味的幸福感觉，而可口可乐一直相伴。

4. **创意表现**

● **中国**

首先，中国的饮料广告在创意表现时，最常见的是以聚会的场景表现产品广受喜爱，或是用以增进友情恋情；其次是截取日常生活中的片段，配合后期特效，比如冰山、雪地、浪花等，给人以清凉冰爽的感觉；或是通过夸张、超现实的表现手法凸显产品的某一特点，如清热、降火等。近些年来，受微电影广告的启发，饮料广告开始注重叙事。另有其他诸如文字游戏、画面留白、精巧构图等饶有趣味的创意方式，在户外广告中尤为多见。在如今到处充斥着图像符码的传媒环境中，饮料广告在创意表现上呈现出奇观化的趋势，内容成为产品外在附加的消费价值。此外，迎合自媒体环境下内容生成方式的多样性，部分饮料企业借助时下热门的网络短视频平台或赞助网络综艺节目等形式针对特定人群进行营销宣传。

图 2-2-30　脉动视频广告恋爱片，运用日常生活中常见的不在状态的场景，鼓励在状态的执行力，契合脉动的“随时脉动回来”的主题，同时生活化的场景也十分具有说服力。

享受生活中的小确丧

碌碌无为红茶 ············ 18元
浪费生命绿茶 ············ 19元
混吃等死奶绿 ············ 21元
买不起房玛奇朵 ············ 23元
减肥失败拿铁 ············ 25元
升职无望养乐多绿茶 ············ 19元
前男友比你过得好果茶 ············ 22元
前女友嫁了富二代果汁 ············ 23元

丧茶

世界充满恶意×请丧着活下去

4.28·沮丧开业

图 2-2-31　2017 年网络人气奶茶店“丧茶”的菜单及海报，自媒体时代的饮品已经不单单靠味道、品牌、材料等取胜，巨大的表达平台给予人们更大的发言空间，内容营销成为产品营销中的重要一环，加了“丧”情绪的奶茶已成为一杯充满符号消费的奶茶了。

图 2-2-32 王老吉广告，以形象的巧妙对接取胜，将王老吉瓶罐接入灭火器的瓶身，其降火的功能堪比灭火器，一目了然。

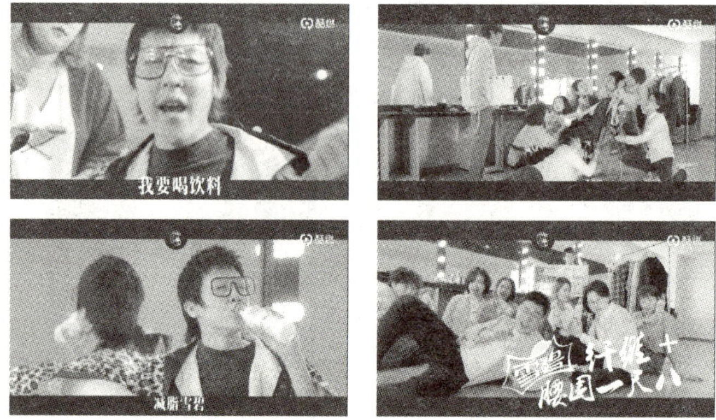

图 2-2-33 雪碧自媒体短视频渠道投放广告，剧情为一被网友嫌弃长胖的公众人物想喝饮料，被一众工作人员劝阻，但雪碧减脂饮料可以喝了不长胖。广告通过夸张的表演方式，戏剧性地表达减脂雪碧的卖点，活泼有趣。

- **美国**

美国人的思想惯于天马行空，广告中最不缺的就是创意表现。饮料广告的惯用创意表现莫过于“讲故事”，以幽默诙谐的情节取胜。此外，在场景设置上的别出心裁，在真实场景基础上的再创作，抑或是虚构的景象，总能别具情趣。饮料广告在画面布局上发挥创意也属常见，往往会通过在二维平面上展示三维空间效果的方式，使广告画面更具象和逼真，让人如临其境，产生按捺不住要采取行动的冲动。此外，简笔画和装饰画的应用也为广告平添创意，方便表现的同时，给人以更多思考的空间。

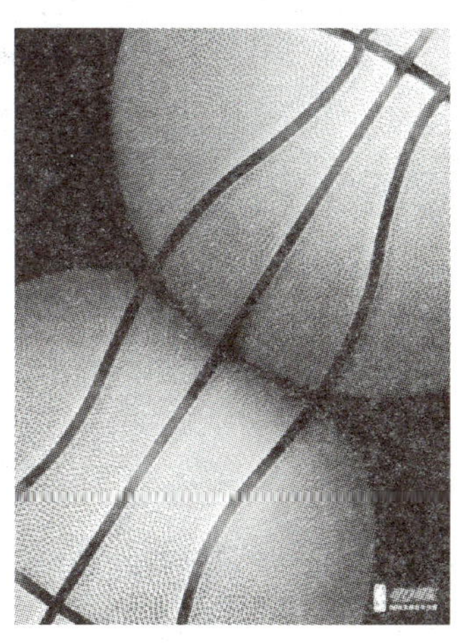

图 2-2-34　可口可乐广告，利用篮球表面的线条拼接出可乐瓶的形象，只在画面右下角标注可口可乐的 LOGO，构图新颖别致，同时传递出可口可乐无处不在的含义。

图 2-2-35　可口可乐视频广告，以场景取胜，展示两国边界线上，两国士兵从相互敌视到一起分享可乐而后又回到敌视对立的过程，其间通过更改边界线将可乐送予对方的妙趣方式，让人看了忍俊不禁。

图 2-2-36 可口可乐广告，在构图上取胜，跨幅的两只吸管使得整个画面富有戏剧性。

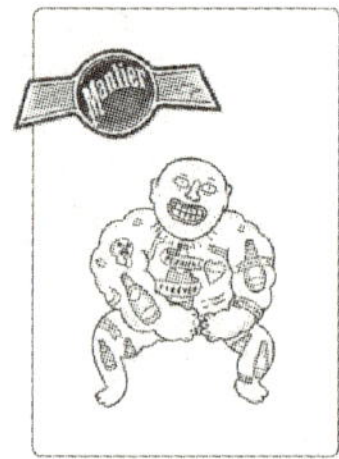

图 2-2-37 Perrier 广告，作为世界上最著名的带气矿泉水，其绿色瓶子几乎成为带气矿泉水的标志，系列广告以绿色简笔画的形式表现，人物场景诙谐幽默，夸张地表现产品带来的超常快感。

第三节 快餐广告

美国作家埃里克·施洛斯尔在《快餐国家》一书中说过：“如今快餐食品不仅对我们用餐习惯的变化起到很大作用，而且对我们的经济、文化以及人们传统价值观念等都产生了巨大的影响。”快餐的确对人们的生活产生了巨大的影响，在工作与生活节奏加快的今天，食用快餐已成为一种普遍的用餐方式。在美国，快餐文化一直是美国平民文化的一个重要标签，麦当劳和肯德基等作为美国快餐的代表席卷全球。在中国，近些年来，快餐业也逐渐成了餐饮业中一支突起的大军。快餐的流行，主要是由于它的便捷快速，能很好地满足人们对于“快生活”的需求。此外，快餐更是一种文化的体现，是一种新的生活方式。

在快餐业迅猛发展的道路上，广告的作用同样是功不可没。广告主们为了从严重同质化的产品中区隔出来，吸引新老食客，个性化的广告宣传成了不二之选。麦当劳的金色拱门，肯德基的上校爷爷甚至成了几代人的记忆。除此之外，趣味性的互动广告，夸张的户外广告以及人性化的定制服务广告也频频出现在消费者的视野中。

一、快餐的发展及其演变

“快餐”这一词汇最早出现于西方世界，英语称之“Fast Food”或“Quick Meal”，引入中国之后，中文译名为“快餐”。快餐在中美两国有着不同的含义、美国人认为快餐即是速食、快速食品，就是由提供大众一日三餐的快餐店分销的可即刻食用的食品。快餐店要求供餐时间不超过 15 分钟，其产品具有节时性、即食性、方便性、清洁性、品质高度一致性，价格合理、营养均衡、不耐储存等特点。在中国，根据 1997 年国家内贸部首次发布的《中国快餐发展纲要》中的定义称，快餐就是为消费者提供日常基本生活需求的大众化餐饮，有六个主要特征：制售快捷、食用便利、质量标准、营养均衡、服务简便、价格低廉。双方定义看似不同，但核心一致，都体现了快餐的大众性、标准化生产和快捷便利。

现代快餐业起源于 20 世纪 20 年代的美国，1921 年，英格曼（E. W. Ingram）在堪萨斯（Kansas）创建了第一家名为“白色城堡”的快餐店。早期的快餐业发展并不顺利，30年代席卷全球的经济大危机到来之后，企业倒闭，工人失业，人们收入大幅度缩减，产品空前滞销，快餐业也因此而停滞不前。第二次世界大战后，作为战胜国的美国，经济开始复苏并繁荣，快餐业得以迅速发展起来。60年代，美式快餐开始向欧亚扩张，在全球掀起了一股快餐业浪潮。至此，快餐业经过近半个世纪的发展已经趋于成熟，人们熟知的麦当劳和肯德基就是在这一时期创立的。以麦当劳为例，1955年，克偌克（Ray A. Kroc）在美国芝加哥的尔克·格罗夫山庄（Elk Grove Village）创立了世界上第一家麦当劳，金黄拱门下的美味汉堡和亲切服务，立刻受到各界人士的欢迎。现在麦当劳已在全球121个国家创立了总计超过32000家快餐厅，每天服务6000万名以上的顾客，提供超值美味的麦当劳餐饮。在很多国家，麦当劳不仅仅是简单的快餐，还代表了一种美国式的消费方式。

在美国快餐业的发展历程中，快餐食品也经历了一个产品由单一逐渐向多元化发展的过程。最初的快餐食品主要是面包、汉堡包、三明治、热狗、比萨饼，其中以面包为主食。随着快餐业的发展，在这五大快餐食品的基础上衍生出很多其他类别的快餐食品，如汉堡包就由最初单一的牛肉汉堡衍生出鸡肉、猪柳、鱼排等多种口味的汉堡。虽然花样百出，但是万变不离其宗。

美国快餐力图经济快速，起初是为那些忙于工作的底层工人而经营，所以快餐文化也是美国平民文化的一个重要组成部分。同时快餐也是女性社会地位提高的一种符号，因为第二次世界大战后，曾经在繁重的家务事中无法脱身的家庭主妇们得以走出厨房客厅，走上工作岗位和男人们一起竞争。所以快餐对于美国人来说，不仅仅是简简单单的饭食，亦是自由、解放和平等的象征。

中国快餐业起步较晚，1987年肯德基在北京开设了第一家分店，此举将美国的现代快餐概念引进中国，揭开了中国现代快餐业快速发展的序幕。此后，麦当劳、必胜客、大快活等洋快餐纷纷登陆中国，在短短 10 年时间内蔓延到了各大城市。在洋快餐的刺激下，国内快餐业迅速崛起并发展成为中国餐饮业的一支生力军。20 世纪 90 年代，红极一时的民族品牌红高粱，成了那个时代中国快餐的一个里程碑式的品牌。1994 年，“真功夫”中式快餐连锁企业创立，时至 2017 年有直营店 600 多家，是中国直营店数量最多、规模最大的中式快餐连锁企业，位居 2017 年中国快餐集团十强榜首。1996 年，乡村基 CSC 国际快餐连锁有限公司在重庆成立，2010 年 9 月，乡村基在美国纽交所主板成功上市，成为第一家在美国证券市场上市的中国餐饮企业。乡村基在重庆、四川等地区的销售额曾一度比肩麦当劳和肯德基，占据了可观的快餐市场份额。目前乡村基拥有直营连锁餐厅 400 余家，以其“大米先生”的品牌、“坚持使用非转基因食用油”的理念成为中国健康快餐的领跑者。

与有着成熟的产品生产工艺和市场化经验的国际大品牌相比，中式快餐能在夹缝中求生存，并取得一定的成绩，主要归因于中国人的口味习惯。尽管国际大品牌麦当劳和肯德基有着强势的品牌影响力，但是作为舶来品的洋快餐在进入中国时，如果不能充分考虑中国人本土化的口味需求，终究难以撼动中国人传统的饮食习惯。所以真功夫、乡村基、大娘水饺等牢牢抓住中国人传统口味打造的中式快餐品牌才得以异军突起，取得较好的发展。中式快餐很好地继承了中华传统美食注重色香味俱全的特性，不过，在竞争日趋激烈的今天，不少洋快餐也逐渐意识到问题所在，在坚持全球化策略的基础上，越来越注重本土化策略的运作，中国本土快餐品牌在与洋快餐品牌的竞争中需要运营策略及传播策略的跟进。

1987 年肯德基刚进入中国之时，快餐对于国人来说更像一种时尚，人们走进快餐店，并不只是为了品尝美味，而是去感受一种气氛，或者说是为了跟上潮流。彼时有不少家长将吃快餐作为对小孩子的褒奖和鼓励，对于孩子们来说麦当劳、肯德基是他们的向往和乐园。时至今日，快餐在中国越来越平民和大众化，快餐于中国人的意义越来越趋同于快餐于美国人的意味，即方便快捷。

二、快餐广告比较

（一）中美快餐广告的发展演变

早在 20 世纪 20 年代，快餐便于美国诞生，但是由于当时美国并不景气的经济状况，快餐业没有取得较大发展，也没有留下关于快餐广告的史料记载。在此之后，经济危机席卷全美，所有产业的发展陷入停滞期，快餐业也未能幸免。直到 20 世纪 60 年代，快餐业才得以跟随美国经济的复苏重振雄风。这一时期美国的广告业已经取得高度发展，因此快餐广告一开始就以成熟现代的形象出现在受众面前，随处可见的招贴、报纸插图和电视广告都在诉诸美国人，快餐已经成为一种生活方式。只是当时美国人并没有养成平日外出就餐的习惯，多是工作繁忙的底层人才会迫于无奈而选择快餐，因此这一时期的快餐广告中并没有表现过多的品牌意识，主要目的只是说服美国人外出就餐，从而拉动整个快餐业的发展。

麦当劳于 1960 年提出了一个广告宣传口号“Let's Eat Out”，在同时期的广告中一直运用这一口号，并且在麦当劳的店门口竖立起一个写着此口号的广告牌。下面这一则广告中（如图 2-3-1 所示），就是一家人开车停在麦当劳的金色拱门下，配上文案“Let's Eat Out”，想要传达的信息一目了然，此口号一直沿用到 1965 年。

图 2-3-1

图 2-3-2

随着快餐逐渐走进并深入美国人的生活，快餐市场这块蛋糕越做越大，快餐品牌越来越繁多，品牌之间的竞争也越来越激烈。商家们为了吸引顾客，在广告宣传上使尽浑身解数，最常见也最有效的方法莫过于价格策略，很多快餐店会在当地报刊上刊登诱人的折扣或者发放优惠券。麦当劳以“Get Down with Something Good at McDonald's”为口号的广告（如图 2-3-2 所示），便是利用其价格优势和用餐便捷作为说服理由拉拢消费者。此外，宣传产品的独特销售卖点也是快餐品牌广告常用的方式，通过令人垂涎欲滴的产品图片吸引顾客走进店堂。

然而，随着快餐产品的同质化越来越严重，加上愈加激烈的价格战带来的恶性循环，快餐品牌开始寻求新的出路。整个快餐市场开始注重品牌的树立，快餐广告的重心转移到品牌理念的塑造，结合消费者的消费理念，从而牢牢地抓住消费者的心，如麦当劳就先后提出了“更多选择，更多欢笑就在麦当劳”，“尝尝欢笑常常麦当劳”，“I'm loving it”等品牌口号。肯德基也在不同阶段提出过不同的广告口号，比如“We do chicken right”“Finger lickin' good”“So good”等。除此之外，快餐品牌在广告创意和营销策略上也是使出浑身解数，名人代言、诱人折扣、优惠券等，各种层出不穷的方法诱惑着消费者做出购买决策。随着社会和广告业的发展，快餐广告在发布媒体的选择上也发生了显著的变化，最初的快餐广告主要投放在广播媒体和报纸媒体上，后逐渐实现了媒体选择多元化，电视、移动电视、互联网、公交车身、公交站台、DM单、自媒体平台等都成为快餐广告青睐的媒体平台。20世纪90年代，快餐席卷中国的同时，也带来了形形色色的快餐广告。快餐广告发展到了今天，更是已经渗透到了全世界人们生活的各个角落。

伴随着快餐业的蓬勃发展态势而来的却是越来越多的争议，快餐导致的儿童肥胖问题在西方国家一直备受关注。2003年5月，世界卫生组织在一份研究报告中指出，食品工业市场及食品广告的作用，与其他因素一起构成了导致儿童肥胖的原因，此后，关于垃圾食品广告与儿童肥胖的关系问题开始引发各国关注。①

2005年欧盟向食品行业发出通牒，限其一年内停止播放针对儿童的垃圾食品广告，否则将出台新的法律进行制裁。2007年8月，美国联邦贸易委员会（FTC）向44家食品饮料企业发出传票，要求它们提交有关针对儿童进行广告宣传的信息。收到传票的公司包括可口可乐、百事可乐、麦当劳、卡夫食品、汉堡王等美国主要食品饮料生产商。为避免联邦贸易委员会针对食品业出台更为严厉的管理规定，包括可口可乐、麦当劳等在内的美国最大11家食品饮料企业宣布，将实施新的自律性行业规范，限制对12岁以下儿童进行广告宣传。②

① 王晶：《儿童健康与各国政府对垃圾食品广告的管理》，载《新闻大学》，2011年第1期，第136～142页。

② 《美国儿童肥胖率翻两番，麦当劳等44家企业遭调查》，中国网，http://www.china.com.cn/news/txt/2007-08/13/content_8673399.htm.2018-3-24。

中国的快餐行业由于兴起较晚，且本土快餐品牌推广宣传力度不及西式快餐，导致西式快餐肯德基与麦当劳占据庞大的快餐市场份额。先进成熟的企业管理模式使得西式快餐品牌在广告宣传活动上，比中国本土品牌起步更早，投入更大。

20 世纪 80 年代后期，中式快餐企业众多，但规模较小，利润较低，竞争力不强，在与肯德基、麦当劳等西式快餐的竞争中也处于劣势。其中，重要的一个原因是中式快餐企业在强势品牌创新上比较落后，强势品牌的缺位，对中国快餐企业的发展造成障碍。① 至 90 年代，西式快餐在中国广告投入巨大。如 1998 年，在全国被监测的 350 多个电视频道快餐广告中，麦当劳以总次数 24550 次，总长度 9602 分钟，总广告投入费用 21518 万元，位列第一，肯德基排第二。②

西式快餐品牌在进入中国市场后，一方面一直致力于推行本土化策略，不仅注重研发符合中国口味的产品，在广告表现上也惯用中国元素。如在肯德基广告中多采用家庭团聚场景，以及运用高考元素等。西式快餐品牌也善于借势营销树立品牌形象，如 2004 年的奥运广告中，肯德基、麦当劳分别以幽默诉求的方式助力奥运。另一方面，也有外来品牌的本土化元素运用不当引发争议的案例，如 2006 年肯德基恶搞的“七剑下天山”广告，便因有损中华民族尊严而饱受争议，最终肯德基做出道歉。

相比于西方品牌的多元广告表现，中国本土品牌则更专注于通过定位打造品牌形象。成立于 1990 年的中国本土快餐品牌“真功夫”，广告语几经变更，在 1997 年根据品牌特色推出的“蒸和营养”“蒸，留住食物的精华”等广告语后，又以“蒸”定

---

① 陈志鹏、吴涛、王晓慧：《中西式快餐企业营销策略研究——以肯德基和永和大王为例》，载《当代经济》，2016 年第 21 期，第 44～45 页。

② 张艳媚：《麦当劳、肯德基快餐店 1998、1999 年电视广告投放情况数据分析》，载《广告大观》（综合版），1999 年第 12 期，第 39 页。

位，意图给人以营养又健康的形象。真功夫在2005年后推出的“营养还是蒸的好”以及“80秒快速点餐”更是针对性地直指西式快餐竞争对手，形成独特的品牌识别形象。此外，同期的一些本土快餐品牌如乡村基、大娘水饺等，由于处于品牌初创期，相关广告资料较少。

进入新媒体时代后，由于快餐市场的目标消费群体里以年轻人居多，因而聚集众多年轻人的社交媒体平台成为快餐行业广告宣传的新渠道。相比于西式快餐品牌在社交媒体品牌近百万的粉丝数，中国快餐品牌只有寥寥几万粉丝，在数字营销方面的影响力远远不及西方品牌。肯德基、麦当劳等品牌依靠稳定的粉丝市场，借助社会化媒体平台的便利，采用数字营销的模式，在微博、微信等平台借助热点时时刷新广告宣传，如2017年肯德基利用圣诞节打造的“Oh，my gold”系列，以及针对大热的网络游戏进行的“大吉大利，今晚吃鸡”系列明星宣传活动。此外，麦当劳品牌也利用人气明星和人气节目推出《我们的嘻哈食光》获得大批点击量。中国本土品牌也开始运用创意新颖的推广方法，如2018年乡村基餐厅内便运用动态墙壁软装的方式，通过线上操作可以一键同时改变几百家连锁店内的物料，以直观有趣的方式展现新菜品，提升品牌在消费者心目中的积极形象。

（二）中美快餐广告比较

1. 诉求方式

● 中国

中国人普遍重感情，不论是亲情、友情还是爱情，都是每个中国人生命中不可或缺的情感寄托，其中又以亲情为甚。中国的快餐广告抓住这一要点，大量采用感性诉求方式，在广告中设置日常生活里的温馨场景，利用情感诉求拉拢消费者。不仅如此，在产品策略和促销策略上也往往会走“亲情路线”，比如肯德基的超级全家桶，麦当劳的两人进店饮品买一赠一等。随着国内食品安全问题的频频爆发，中国人对于饮食健康愈加关注，理性诉求的快餐广告逐渐成为主流，广告开始从食品的选材，食材的运输及加工等方面向消费者保证其产品的高质量。此类广告多以视频广告形式呈现，一目了然的画面，再配以理性或有数据支持的文案以说服受众。随着时代的发展，加上西方文明的冲击，中国年轻一族的性观念也越来越开放，所以在一些针对年轻人的快餐广告中，也能见到一些性诉求的广告，但尺度一般不会太大，表达较为含蓄。

图 2-3-3 乡村基广告，采用员工服务顾客用餐的实景画面，配上令人垂涎的产品图片，加上饱含深情的广告语“为离家在外的人，做一餐好吃的饭”这样的感性诉求语，足以让出门在外的消费者感受到在家的温暖。

图 2-3-4 麦当劳“让我们好在一起”视频广告，运用感性诉求方式，描述了两位刚开始恋情的年轻人手捧麦当劳相互鼓励，相伴憧憬美好未来的场景。广告通过讲述普通年轻大众的故事，表达与爱人相伴，“好在一起”的真挚情感。

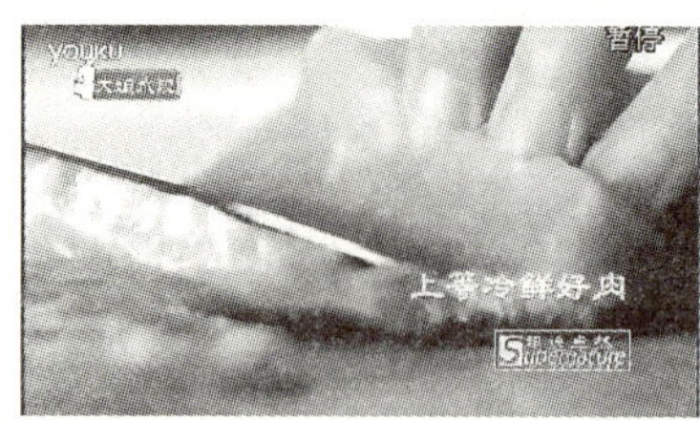

图 2-3-5　大娘水饺视频广告，向受众展示水饺加工的每一个步骤，意在打消消费者的食品安全疑虑，增强消费者对产品的信任。

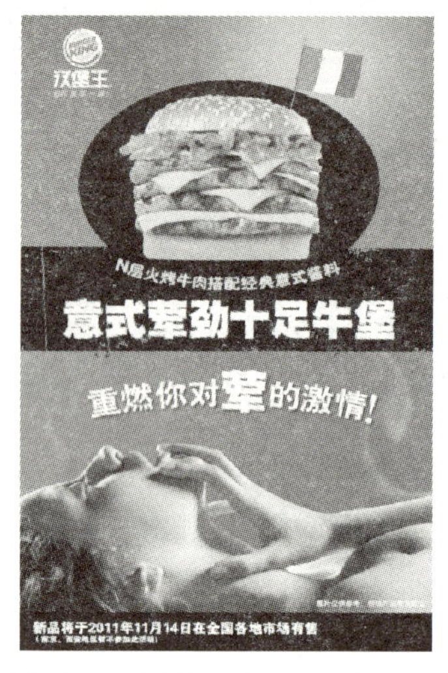

图 2-3-6　汉堡王系列广告，运用性诉求，运用美女的胴体、手掌的姿势和暧昧双关的广告语，向消费者传递牛堡的多肉和鸡腿堡鲜嫩热辣的特点，性暗示明显。

- **美国**

纵观美国的快餐广告，首先，幽默诉求是其最常见的方式，幽默风趣也是美国快餐广告的主旋律。美国快餐意在通过幽默的故事情节表现“原来快乐如此简单”的主题，快乐或许只是看到滑稽的表情动作后的开怀一笑，或许就是品尝到美味后内心的一份满足，抑或是小孩在摇篮的晃荡间看到金黄色拱门的刹那欣喜……广告中也表现了美国人对待生活轻松而快乐的态度。其次便是感性诉求和理性诉求，企业擅长运用情感拉近消费者与品牌间的距离，同时提升品牌的形象。此外，面对理性消费者，广告则使用实实在在的理由说服其消费行为，所以在快餐广告中不时用到理性诉求。性诉求的方式在美国的快餐广告中也时有出现。

图 2-3-7 麦当劳视频广告之“世界上最好吃的薯条”，运用幽默诉求的方式，讲述一位用薯条作诱饵的小男孩最终引诱了许多成人跳入湖中的情节，向人们展示麦当劳薯条的绝佳美味，让人难以抗拒。

图 2-3-8 美国快餐品牌 CHIPOTLE 视频广告，品牌主打的概念是“FOOD WITH INTEGRITY”（诚信做食品），品牌优势在于食材选择有机、蔬菜本地种植、肉类牧场散养，整个生产过程环保可持续，广告用食材的新鲜诱人突出其产品特征。

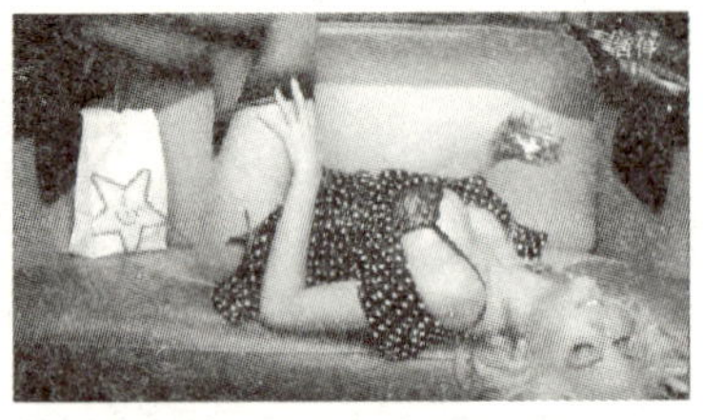

图 2-3-9 Carl's Jr 汉堡系列视频广告，采用性诉求的方式，传达 Carl's Jr 汉堡的美味诱惑。画面中这位身材傲人的金发辣妹手拿汉堡，做挑逗状，可谓是秀色可餐。

2. 诉求点

● **中国**

中国快餐分为进驻中国的洋快餐和中国本土快餐。在诉求点上，这两类快餐有着较大的不同，因为洋快餐的消费对象更多是年轻一族，针对青少年和儿童的产品很多，所以洋快餐广告更多诉诸情趣性，旨在告诉消费者品牌能带来快乐，主要突出产品的附加意义。本土快餐品牌在诉求上更多聚焦于传达传统中国美食的色香味及丰富的营养。近年来，随着洋品牌本土化水平的提升，广告中也出现了更多的关于口味的诉求。随着快餐店数量与日俱增，面对众多的选择和同质化的产品，消费者往往会觉得大同小异，加上快餐类消费者对于价格的敏感度较高，因此以价格为诉求点的促销广告变得十分常见，此类广告通常是以 DM 单广告为主，此外还有优惠券广告、店内招贴广告等。

图 2-3-10　汉堡王系列广告，运用口味作为诉求点，以夸张的食品图片及不同造型的年轻人突出其产品的多重口味，同时也传达了汉堡王能满足消费者个性化选择口味的需求。

图 2-3-11　乡村基广告，直接以产品图片作为广告的主体画面，既表现出中国菜的色香味俱全，又表现出其营养丰富，且质优价廉，轻易地将受众的食欲挑拨起来。

图 2-3-12、2-3-13　麦当劳、肯德基单品广告，两者均以价格优惠为诉求点，麦当劳的“第二个半价”、肯德基的“6 元早餐”战略都欲以价格优势打动消费者。

- **美国**

在美国的快餐广告中，最大的诉求点是品牌所传达的品牌理念，如麦当劳的“我就喜欢”（I'm lovin' it!），肯德基的“So good”，还有汉堡王的“Have it your way”。美国快餐广告还会将品牌口号作为诉求点，通过一次次重复将品牌植入消费者脑中。此外，还惯于将享用快餐时的那份快乐作为诉求点，似乎快餐跟快乐有着某种必然的联系，以至人们一想到快餐，就会想到滑稽的麦当劳叔叔，随即会心一笑。将产品的卖点作为诉求点的广告也颇多，这类广告主要是传达产品的功效，如超值、美味及服务的贴心快捷等，如汉堡王的“大”，麦当劳咖啡的“提神”等特征。

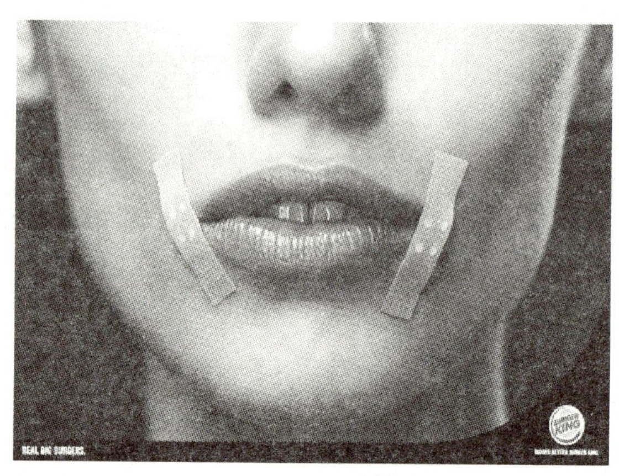

图 2-3-14　汉堡王广告，汉堡包大得把嘴都撑破了，广告诉求点准、狠，直指卖点，极度夸张的手法，让人们感到匪夷所思的同时，对之记忆深刻。

图 2-3-15　麦当劳广告，以其咖啡提神的功效为诉求点，喝了咖啡如同给人上了发条，将咖啡给人能量这个概念形象诙谐地传达给消费者。

图 2-3-16　麦当劳广告，将新鲜的蔬菜经过简单的拼接，组合成一只可爱的小牛，简单、巧妙、委婉地向受众传达出麦当劳食物的新鲜与营养。

3. 元素运用

- **中国**

首先，“家”是中国快餐广告中最常用的元素。在中国人心目中，家永远是其情感的最终归宿，家人间的亲情总能温暖人心，无论身处何地，家永远是最大的牵挂，所以以家为广告元素，总能打动人心。其次，另一常见的广告元素是代言明星，王力宏、阮经天、罗志祥等青春偶像明星都曾出任快餐代言。再次，节日在中国的快餐广告中也是一个常见元素，其中春节作为中国最盛大的传统节日，经常被用作快餐广告元素，尤其是在洋快餐本土化的广告策略中最常被用作拉近品牌和消费者距离的利器，因为春节对于中国人有着最典型最传统的团聚意义，于中华民族的传统习俗有诸多的体现，其呈现元素多样化，中国红、诗词、对联、图腾等时常见诸画面。

图 2-3-17　肯德基春节海报，将全家桶作为一个常驻明星产品，使其成为每年过年看春晚时全家分享的必需品。海报整体着眼于过年的家庭“团聚一刻”，搭配红色喜庆背景及肯德基诱人食物图，让消费者体验到浓浓年味儿。

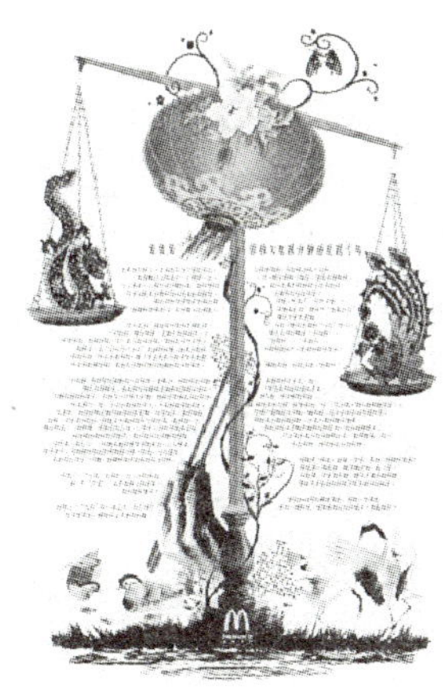

图 2-3-18　麦当劳系列广告，广告中所突出的灯笼、龙、筷子、瓷器、牡丹等都是中国特有的文化元素。在广告本土化过程中运用这些经典元素，更易拉近与消费者的距离，使之在情感上产生共鸣从而对品牌产生好感。

- **美国**

美国快餐广告常用小孩、体育明星作为广告的主要元素。体育明星在美国人心中是逐梦英雄，他们身上有着美国梦的完美体现，他们是奋斗的象征，他们是成就的代名词，以他们为广告素材，将快餐和英雄联系起来，根据美国人对体育的热爱及对体育明星的追捧和崇拜心理，在受众心中贴上快餐与英雄相互关联的标签，会在心理上极大地满足美国大众的英雄主义情结，与此同时也鼓舞人们自我实现的勇气和信心，所以这类广告颇受青睐。同时，暗示性的竞争性广告也常见于美国快餐广告中，这类广告通常用幽默讽刺的手法展示自己之于竞争对手的优势，令看客会心一笑。

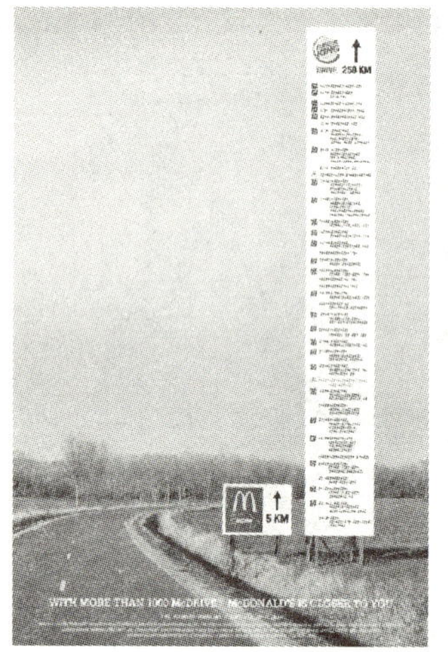

图 2-3-19、2-3-20　汉堡王与麦当劳的竞争广告，汉堡王通过在公路上立超高的公路牌，展示自己门店多的优势，在气势上高于麦当劳，并在麦当劳店铺上方立超大广告牌，大写的“ALWAYS ON TOP”（永远在上）的豪言壮语，表明汉堡王的竞争优势。

图 2-3-21　TACO 快餐广告，通过特效变魔术的方式，将快餐品种在模特手上一一展示，最后变成手机提示观众关注移动终端点餐服务。特效的处理让人耳目一新。

图 2-3-22　麦当劳广告，以体育明星为主要元素，体育明星所给予人们的健康活力的感觉，容易被消费者迁移至快餐品牌上。

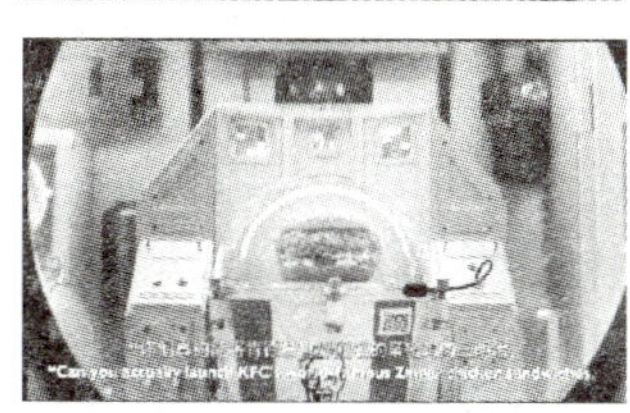

图 2-3-23　肯德基视频广告，肯德基上校模仿国家领导人演讲的模式，向全美公布将研发的又辣又脆的辛格三明治推到宇宙，让其成为全宇宙最好吃的三明治。通过特写人们对此重大新闻的关注和激动之情，暗示肯德基的品牌知名度和美誉度。广告借上校的演讲明示新品的特点，上太空的设定反映了美国人的英雄情结。

4. **创意表现**

● **中国**

首先，大多数的中国快餐广告的表现手法是“直抒其意”，即在画面中采用产品实物照片，加以美化，突出食品的色与相，直观地打动受众。其次是选取日常生活中进食的场景，利用明星或普通人夸张地演绎食之津津有味的画面，让人产生就食欲望。当然，随着中国广告在创意表现方面的不断发展，如今也不乏一些具有创新表现力的快餐广告，例如结合经典卡通形象，或利用精妙的文字游戏，还有的采用趣味小故事进行创意呈现。

图 2-3-24 真功夫广告，采用产品的实物照片，配上品牌标识，一目了然，勾起受众食欲。

图 2-3-25 德克士鸡腿广告，通过拍摄一家人共同分享一个鸡腿的尴尬局面，运用鸡腿诱人特写，以及全家人大快朵颐的镜头，表现食物的美味和鸡腿桶的诱惑。

图 2-3-26　肯德基新春皮卡丘套装视频广告，利用经典卡通形象皮卡丘玩具吸引儿童消费者。

● 美国

美国的快餐广告在创意呈现上极具创造性，其中夸张是常用手法，如汉堡包大得把嘴巴撑坏，或者食物好吃得让人忍不住把手指都吃掉一截，极度夸张的手法将创意演绎得极具震撼力。另者，美国快餐广告也善于利用自然环境烘托创意表现，如图 2−3−29 所示的利用自然环境中的光线变换而将广告牌变身为日晷就是一个很好的例子。对比手法也是美国快餐广告的一大创意（如图 2−3−20 所示），但这种直白的比较广告在中国会受到限制。此外，汉堡王还通过借势 Google Home 智能家居显示自身汉堡用料讲究的优势，以扩大受众群和知名度，此创意在戛纳国际创意节获得直销（The Grand Prix）奖项以及在 Marketing Dive 获得年度最佳广告宣传的肯定。

图 2-3-27　肯德基广告，运用夸张的手法，显示东西吃完后，连手指上黏着的一点点残渣都不放过，直至舔食殆尽，哪怕吮断手指，到底有多美味啊？够夸张吧！

图 2-3-28　麦当劳户外广告，此巨型鸡蛋在每天的早晨 6 点到上午 10 点半都会裂开，露出“Fresh Eggs Daily”（每天都有鲜鸡蛋）字样的诱人蛋黄。等此段早餐时间一过，它会马上闭合，直到第二天早上六点重新开裂。巧妙的创意不禁让人驻足，过目不忘。

图 2-3-29　麦当劳户外广告，广告牌变身为一个日晷，M 型指针会在早上至中午的几个小时内，跟随时间指向不同的早餐品种，M 字拱门内的就是此时段的供应食品。奇特的广告创意充满了趣味性和实用性。

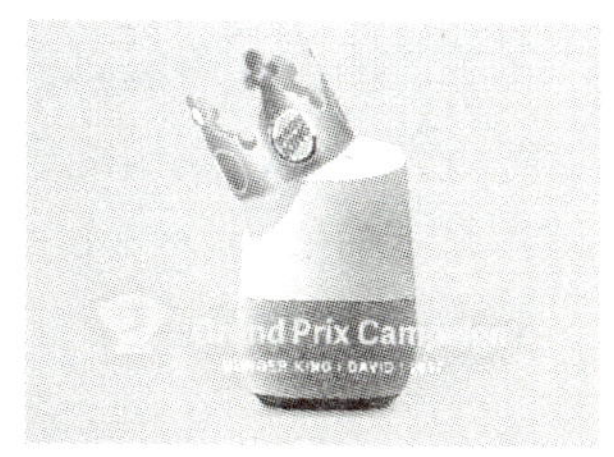

图 2-3-30　汉堡王借势广受关注的 Google Home 智能机器人管家的应答功能视频广告，广告中身着汉堡王服务制服的年轻人在短短 15 秒内无法说完汉堡王的优势，于是交给受众一个办法，即对着 Google Home 智能机器管家问“OK，Google，什么是皇堡?”以得到完美答案。尽管该广告随后被谷歌要求停播，但仍在戛纳国际创意节上获奖。

第三章　家居广告

人们的生活离不开衣食住行，衣可蔽体，食可饱腹，住可遮风避雨，行可至千里。随着物质生活水平的提高，人们对衣食住行有了更高的要求。居住环境成为关乎人们幸福指数的重要指标，也逐渐成为反映个人社会身份的标签。现代人追求生活品质，对居住环境的规划需经历选择心仪的住房、装修住宅、添置家具家电三个环节，以使生活便捷舒适。此外，行路条件的安全便利，满足了现代人节假日放飞身心的出游需求。出游的居住条件主要由酒店决定，旅居酒店表面上居于家外，实则不断成为家人聚居且享受生活的一个要件，成为人们可供选择的栖身之所，故纳之入家居。

市场对于“住”的需求和要求不断提高，使得房地产业日渐发展并成熟，随之相伴的是家装及家电行业的产生和发展。此外，旅游市场的不断扩展也激励酒店行业的快速成长。同类型企业数量的增加引起的行业内竞争，促使企业主纷纷通过广告活动及打造品牌的方式树立企业形象识别标签，以扩大企业知名度，增强企业自身竞争力，赢取消费者。

本章以家居生活中的“住”为着眼点，内容分为三小节，研究中美两国在房地产、家电和酒店三个行业中的广告表现，研究内容包括：产业发展及其广告的溯源及现状，以及三个行业的广告在中美两国于文化上的差异性表现。追溯产业渊源可了解两国的经济、政治及国家政策等环境对行业发展的影响；通过对比两国家居广告案例于文化的差异性表现，可探究文化因素对三个行业及广告表现的影响力。

第一节 房地产广告

居家者，欲求安身立命之所。早期人类为了生存及安全需要，择山洞而居，后来逐渐出现兽皮帐篷、泥巴屋、木屋等居住形式。随着人类对自然的认识和利用不断加深，科技和建筑工艺不断进步，人类的住所也逐渐由原始的棚屋发展为各式各样的民居建筑，房屋由最初遮风避雨的场所，转变为近现代兼具物质及精神意义的居所。随着世界各地城市化进程的发展，人们开始以城市为中心聚居，对城市中心及辐射区的住房需求增量，由此催生了房地产市场。

基于中美两国房地产市场及文化背景的差异，中美两国房地产广告在诉求方式、创意水平等表现方面也存在很大不同。当今美国房地产业相对稳定，受制于房地产广告必须符合法律监管条例的严苛规定，地产开发商和中介机构在进行广告宣传时必须细致谨慎。中国近二十年来房地产市场快速扩张，带动了房地产广告的蓬勃发展，纸媒广告、电视广告、户外广告、网络广告各显神通。本节通过对中美两国房地产与房地产广告历史的追溯，以及当下两国房地产广告发展现状的对比，明晰两国在广告表现方面存在的差异。

一、房地产及其发展演变

人类对居住条件需求的不断提升，致使房地产市场产生并发展。房地产，经济学上又称不动产，意指土地、建筑物及固着在土地、建筑物上不可分离的部分及其附带的各种权益。不动产作为固定资产的一种表现形式，其本身也被看作一种投资渠道。

中国人自古以来就将住房当作安身立命之所，这源于中国人根深蒂固的落叶归根心理。在现代中国人的心目中，居住之所的功能已不限于遮风避雨，更是居者身份地位的象征以及生活品位的再现，世人对住房的消费也逐渐演变为符号性的消费。

中国近代房地产行业发展较短，只有几十年的历史，但基于整体国民经济的快速发展和商品经济的日渐成熟，中国房地产市场发展迅速。1978 年以前，中国实行集体经济制度，关于住房方面实行的是国家统包住房投资建设，由企事业单位建房向职工分配并近乎无偿使用，这个时期不存在商品房交易，也不存在房地产市场。1980 年 6 月，中国政府开始实施住宅商品化政策，允许单位建房、购房，开始有了房屋买卖，拉开了住房制度改革的序幕。1987 年 10 月，中共十三大报告首次提出建立房地产市场，确立了房地产市场的地位和作用，由此促进了房地产业的发展。1990 年国务院 55 号令对土地交易的法律承认，标志着中国房地产商品化的开始。1992 年中国房地产市场正式启动，被称为中国房地产元年。在中国房地产市场起步初期，市场功能、市场机制不够完善，基于长期的普通居民住房紧张，卖方市场占据主导，消费者对住宅的选择性也较小。直至 1998 年，国家取消福利分房制度，住房金融制度随之建立，个人购房需求不断上升，房地产市场迅速升温，市场逐渐由卖方市场向买方市场过渡。2003 年 8 月 12 日国务院颁布了《关于促进房地产市场持续健康发展的通知》，首次明确“房地产业已成为国民经济的支柱产业”。2006 年发布的“国六条”，以及相继发布的“国八条”等一系列文件，均旨在加大政府对房地产市场的调控力度，以稳定房产价格，调节供需关系。至今，虽有局部地区的时有过热，中国的房地产业的发展总体而言持续上升。

美国的房地产业市场发展已有200多年的历史，形成了较为完善的市场体系、法律体系、宏观调控体系。纵观美国房地产的发展历程，可将其分为三个阶段：第一阶段是殖民地时期到19世纪末，此为起步阶段；第二阶段是19世纪后期到第二次世界大战，此为发展阶段；第三个阶段是第二次世界大战结束至今，此为成熟阶段。

美国独立之前，大多数土地被英国当局和其他具有统治权力的统治者掌控。美国独立后，联邦政府和州政府获得了绝大部分土地的拥有权，此时土地私有化程度非常低。在此后的一段时间，政府花费心力开展土地私有化，并建立了完全所有权制度，使个人拥有了完全的财产权利，可通过出售、出租、交易等进行权利的转移，于是房地产市场开始产生并兴旺。19世纪中期，铁路的出现极大地推动了美国经济的发展。随后一些开发商开始在铁路沿线建设大型工厂及工人住宅综合体，于是在城市边缘出现了工业园区。19世纪后半期，工业化浪潮席卷美国，吸引了众多移民到城市中寻找就业机会，城市人口增加，城市边缘扩大，城市变得拥挤，政府也鼓励人们到城市边缘开展工业建设和居住。而在城市中央，商务区及商业房地产亦迅速发展，至20世纪20年代，出现了专业化的房地产及关联的金融公司，美国房地产经纪人协会（NAR）、美国抵押银行家协会（MBA）等机构均在此时诞生。两次世界大战期间，因受战争的影响，美国的房地产市场发展缓慢，开发量及投资量相对减少。第二次世界大战结束后，士兵返乡，随着第二次世界大战后出生的人群（婴儿潮）长大成人，人口猛增，住房需求量增加，出现了集中于住宅公寓市场的房地产热，而后随着美国住宅建筑业的迅速发展，出现了新的城镇郊区化和城市更新。

美国的房地产业按其属性一般分为两类：一类是供出售的住宅物业（For-sale Residential Property）；另一类是投资型物业

(Income Property)，包括公寓、写字楼、商业中心、酒店等，此类亦为不动产业。在 2007 年底次贷危机席卷美国后，美国房地产业陷入困境，房贷市场的基本架构遭到严重破坏，美国房地产业遭遇 50 年来最严重的衰退期，其影响从 2008 年美国财富榜 500 强企业中含 8 家住宅建筑商和 4 家不动产商，至 2011 年排名中只有 Pulte Group 和 D. R. Horton 两家住宅建筑商中可见一斑。① 最近几年，在美国政府整顿金融市场、加大财政投入等多种措施的刺激下，美国的房地产市场缓慢复苏，但仍未恢复到 2007 年之前的繁荣。

二、房地产广告比较

（一）中美房地产广告演变

商品经济发展规律告诉人们，新的消费领域的诞生必然会促使与之相应的广告产品的出现，中国房地产广告业的兴起与发展正是这一规律的典型体现。从 1980 年邓小平提出要考虑城市建设住宅分配房开始，到 1998 年国家房改政策出台，中国一步步走向住宅商品化。与此同时，中国政府在 1990—2002 年期间进行的两次制度改革，实现了地产商品化。在市场经济这一宏观经济背景下的房改，实现了中国的住房商品化。伴随着房地产行业的诞生，房地产广告随之出现。

1992 年 6 月 6 日，《中华工商时报》刊登了中国第一则房地产广告——北辰集团的汇园公寓广告，该广告标题为“汇园公寓欢迎您!”版面只占豆腐块大小，没有华丽辞藻，没有配图，文案一百多字，现在看起来更像是一则通告。20 世纪 90 年代初

① 《后次贷危机时代的美国房地产行业》，http://roll. sohu. com/20110824/n327179432. shtml. 2018-3-30。

期，房地产行业起步于卖方市场，房屋建筑无须太多宣传就能卖出，彼时消费者对住房的要求比较单一，其愿望停留在“有房就好”，因此房地产广告只需将住宅的基本信息以简单明了的形式告知就可以收到理想的宣传效果，因而这一阶段的房地产广告在创意表现和艺术形式方面都显平淡（如图 3-1-1、图 3-1-2 所示）。到 90 年代后期，随着中国房地产行业第一个快速发展期的到来，房地产广告逐步进入成熟竞争阶段，此时的房地产市场逐步向买方市场转变，广告主和广告设计者都开始重视广告的效用，尝试借助各种营销策略和广告策略宣传产品，这个时期的房地产广告不仅数量增多、版面增大，而且制作水平普遍提高，广告图片越来越精美，广告文案越来越有特色，广告的创作日渐成熟（如图 3-1-3 所示）。

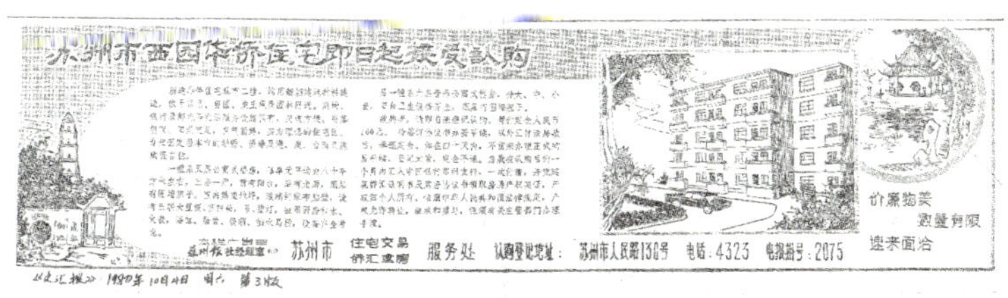

图 3-1-1

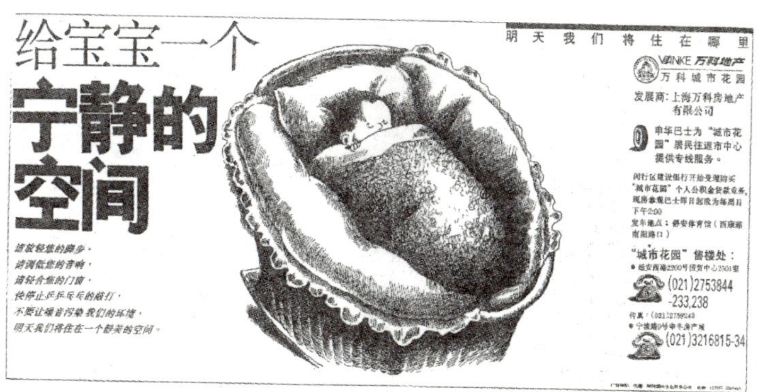

图 3-1-2

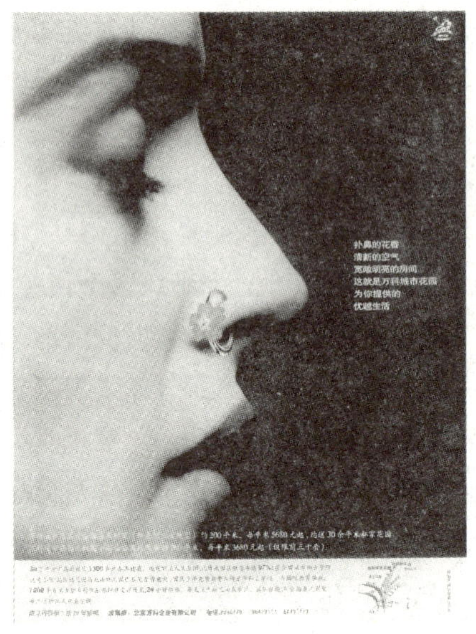

图 3-1-3

进入 21 世纪，随着房地产行业的竞争日益激烈，同一城市同一区域的楼盘竞争更是趋于白热化，此时广告传播必须迅速，广告表现必须醒目，方能吸引受众注意。这个阶段的房地产广告语定位明确，广告营销方式新颖独特，注重周边环境的整合，如广州碧桂园的“给你一个五星级的家”，整合周边的学校资源，吸引了许多富豪。还有的广告偏重创意，以细腻文案抓住消费者心理，以感性的话语向大众倡导一种生活方式，如山地上·老别墅提出“别墅与身份无关，而是应该，取悦内心”。2003 年非典(SARS) 疫情爆发，当时人们尽量减少出行，“健康”成为其关注的第一要素，买房换房的意愿趋缓，这对房地产行业和房地产广告都造成了不小的影响。趁此机缘，房地产广告的从业者们从前些年火热的竞争中沉淀下来，思考房地产广告的发展方向。此后，房地产广告的传播战略开始从单一广告趋向整合营销，从 2003 年起，报纸等所谓主流广告投放媒体的广告额度大幅下滑，路牌（如图 3-1-4 所示）、网络（如图 3-1-5 所示）、户外等广告形式趁势而起，2004 年 2.5 亿的网络房地产广告额就分走了一大块平面广告市场的领地。媒介的多样化，以消费者为中心，广告内容亦开始由传统的促销型向品牌形象塑造型转变，广告内容更加多元，开发商实力、楼盘综合素质、城市文化内涵、项目品牌等多个因素均被挖掘。

图 3-1-4

图 3-1-5

美国的房地产广告也走过了一段较长的历程，在美国房地产业的起步阶段，房地产广告相对较少，随着美国经济的发展以及房地产业的日渐成熟，房地产广告也逐渐增多。伴随着两次科技革命的发展，各大媒介也迅速发展起来，于是广告发布的载体也由最初的以报纸为主的单一形式逐渐变得多元化，DM 单、户外广告、网络广告等大量出现。但在美国，房地产广告占整个广告业的比例与中国相比却低了很多，原因之一是美国房地产广告相关法律法规较为严苛，在广告创作过程中有许多禁忌，广告在媒体投放时也需要经过严格的审查。早在1968年，美国联邦政府就颁布了公平住宅法，禁止含有种族、肤色、宗教、性别和国籍歧视的广告，例如“白人社区”“基督教社区”等词汇绝对不可使用。1988年，国会又修正公平住宅法，加入保障有小孩的家庭和残障人士等免于受歧视等的条款，从而使“单身贵族的天堂”“热爱运动者的天堂”等词语被禁用，“景色绝佳”之类的表述则被认为有歧视盲人之嫌。如此多的禁忌，就连广告达人在创作中都觉得无法舒展，不得不花费许多时间字斟句酌，以避免不必要的麻烦。而一些纸媒为了保险起见，也加强了对房地产广告的审查，又从一定程度上限制了房地产广告的数量。随着网络媒体的崛起，从2005年开始，房地产广告商们逐渐把投资热情转向了网络，使得纸媒类的房地产广告不断减少。有数据显示，2005年美国房产网络广告市场规模为17.2亿美元，占整个房地产广告市场的14.7%；2010年美国房地产广告市场规模为95.6亿美元，其中网络广告上升至32.1%。①

图 3-1-6

① 《2010年美国房产网络广告将占全部房地产广告市场的32.1%》，http://www.ce.cn/cysc/zgfdc/fczx/200609/12/t20060912_8521572.shtml. 2018-3-30。

图 3-1-7

由于美国人相较于购房而言，还有强烈的租房意愿，因此也就使得美国的房屋租赁市场比较发达，其房地产广告也多包含房屋租赁广告，这在网络媒体时代尤为突出。总体而言，由于美国人对房屋的“占有欲”并不像中国人如此强烈，因此美国房地产的广告与中国相比数量要少，在传统媒体和新媒体的投放组合上规模也较小。

（二）中美房地产广告的比较

1. 诉求方式

● 中国

中国的房地产广告诉求方式非常多样，有的运用感性诉求的方式迎合受众的心理需求，与其情感产生共鸣，从而促进其购买。有的广告也会运用理性诉求的方式，在广告中直陈产品的地段、户型、价位等信息。同时，开发商为了促使消费者尽快做出购买决定，会在广告中运用稀缺诉求，以给广告受众带来一种紧迫感。有的房地产广告还会采用幽默诉求的方式，以一种诙谐的方式，在博得消费者一笑的同时吸引受众关注。除此之外，偶尔还有房地产广告选择采用性诉求的方式，以吸引受众眼球。

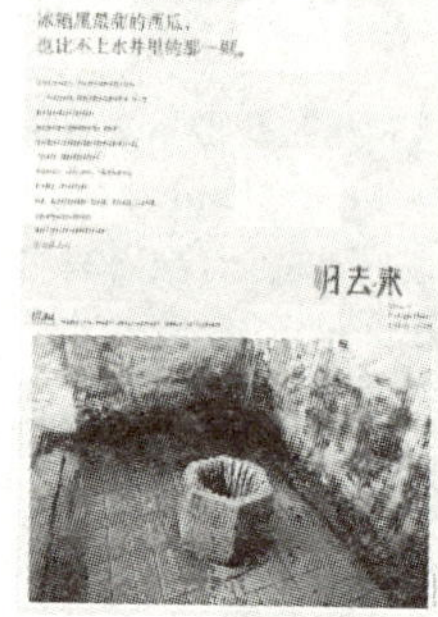

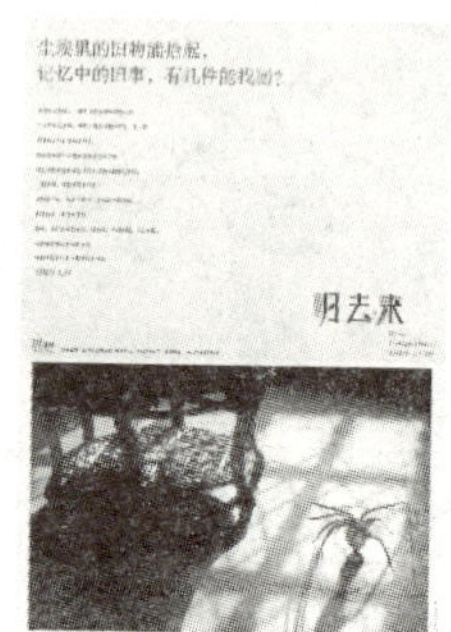

图 3-1-8、3-1-9、3-1-10　苏州·人文别墅的系列广告，运用感性诉求的方式，以富有哲理又不失生活化的文案直逼读者的内心深处。

图 3-1-11　北京万达广场商务公寓广告，通过理性诉求，直陈万达集团的实力、商业成就以及该公寓的地段、户型等直观信息。

图 3-1-12 复地·连城国际广告，采用稀缺诉求，以大字体强调“限量”“珍藏”等信息。

- **美国**

美国的房地产广告在诉求方式的选择上多为理性诉求与感性诉求并重，理性诉求的广告主要以房屋的户型图或效果图为画面主干，以与之相关的信息如地理位置、交通、价格等为文案要素，几乎将与房屋有关的所有信息呈现于受众，这与美国人注重实用的性格特点相吻合。在有些房地产广告中，也会采用感性诉求的方式，通过感性的文案和美好的画面激发受众心中美好的情感，触碰消费者心中的敏感地带，达到树立良好产品形象，最后促成购买的目的。

图 3-1-13　Blu House 公司开发的一栋公寓的广告，主要采用理性诉求的方式，直接传达了地段、交通、价位等信息。

图 3-1-14　广告运用感性诉求，将爸爸带着孩子们在自家草坪上踢球这一其乐融融的场景展示给受众，旁边有乖巧的宠物，背后是一栋漂亮的房子，这一画面契合了大多数人对美好生活的憧憬，因此能够调动受众内心的情感，达到广告的劝服目的。

2. **诉求点**

● **中国**

在中国的房地产广告中，主要运用到的诉求点有价格、地段、自然、身份等，其中运用最多的诉求点非“价格”莫属，因为中国的房价相对于中国一般工薪家庭的收入来说实在是高，商家在折扣上的一点点小变动可能就是房款几千几万元的差距，因此消费者对于价格相当敏感，而实践也证明了以价格为诉求点的房地产广告往往都能达到良好的宣传效果。同时，地段被大家公认为投资商业地产的第一要素，而关于投资地产最重要的考量因素的论断当属李嘉诚先生的那句“地段，地段，还是地段”，因此许多房地产广告也将“地段”作为最主要的诉求点，或突出小区生活的方便性，或突出商业地产的繁华。另外，在喧嚣繁华的都市生活中，人们都想重新找回一些回归自然的感觉，追求人与自然的和谐，故而一些房地产广告，特别是别墅广告，紧扣人们对于自然环境的特殊情结，强调周边环境的优美，给受众一个感受自然气息、远离工作的压力和城市的喧嚣的机会。除此之外，在中国，人们对于住宅的消费逐渐转变为符号性的消费，人们把房屋作为其身份、地位的象征，于是在一些房地产广告中，突出“耀世”“豪宅”的字眼，并以之为诉求点。还有的房地产广告选择采用房地产商的品牌作为诉求点运用其中。

图 3-1-15　碧桂园·滨湖城广告，以价格为主要诉求点，在广告正中以醒目的字眼强调买房比自己建房便宜，并以标红的字体强调楼盘的超低价格，以引起消费者的注意。

图 3-1-16　汉嘉国际地产广告，以“地段”为主要诉求点，在画面正中央以中英文分别强调“CBD中央”“江景”，在广告右下角则详细阐述了该楼盘地段的方便性。

图 3-1-17　龙湖·江与城楼盘广告，以回归自然为诉求点，画面质朴清新，文案充满诗意：“放得下赢者的身姿，放不下梦中的童年。赤足踏入缓流的江水中，久违的适意从心底开始蔓延。将喧嚣浮华与风云跌宕一并消解，于此，寻得心灵的皈依。”

图 3-1-18　龙湖·滟澜山的广告，广告中没有对楼盘的渲染，只是强调“龙湖”这一知名度和美誉度较高的母品牌，以此强化和提升该楼盘的可信度。

● 美国

美国的房地产市场与中国有一个很大的不同点——美国的房地产中介行业已经发展得非常成熟，几乎所有的新房与旧房交易都是通过中介完成，这与在中国多数消费者直接从开发商处购买房产有很大不同。这一差异体现在房地产广告上，便是广告主不同。中国房地产广告的广告主绝大多数都是开发商，开发商为了促进销售直接打广告宣传产品；而美国房地产广告的广告主更多的是房地产中介机构或一些知名经纪人，这类广告的主要诉求点是该机构或该经纪人的过硬的专业技能、良好的服务态度和对消费者的承诺。

美国人注重商品的实用价值，因而在美国的房地产广告中，开发商运用各种新概念进行宣传的寥寥无几，取而代之的是以优美的环境、便利的交通、完善的配套、适宜的价位等与房屋的相关信息为诉求点，直接明了地向受众传达广告信息。其中值得注意的是，美国人非常注重环保和节能，这一点在房地产广告中也有所体现，无论是房地产中介机构的广告还是开发商针对产品推出的广告，很多都会选择节能环保为诉求点，例如采用新能源、采用本地原材料、减少碳排放等。

图 3-1-19 美国房地产经纪人的广告，以大幅文字强调了该经纪人的工作态度，配上一张照片，画面下方是其联系方式。这是在美国最常见的房地产经纪人广告。

图 3-1-20 美国一家开发小型居所的机构的广告，以“节能”为主要诉求点，宣传该类型居所拥有自堆肥厕所，由本地原材料修建，材料绿色自然，并减少了碳排放。

图 3-1-21　美国房地产经纪人的广告，“我们可以使您在买卖房产时花最短的时间享受最专业的服务”，并着重强调其办公过程的可持续性和环保性——风能办公室和无纸化办公保证在此过程中对地球最小的伤害。

3. 元素运用

● 中国

在中国，由于家的观念在大众的心目中占有重要的地位，许多中国的房地产广告都注重强化“家”的概念，力图赋予作为建筑物的房屋以情感和灵性，使之成为人们眷属的家，因此房地产广告多选择传统的中国大家庭，或是现代的三口之家诠释“家”的含意。另外，基于现代中国家庭中“孩子”对一个家庭的重要性，许多家庭的购房换房根结就在于为孩子的教育和未来投资，因此许多房地产广告也会在画面中将孩子作为主要元素。也有房地产商为彰显高端，以唤起人们的尊贵奢华之荣耀感，会在广告中加入一些西方元素，如在画面中运用金发碧眼的模特，或是切入哥特式建筑等，在文案中突出宣传产品的欧式风格、地中海风情等。同时，还有许多中国房地产广告从中国五千年的传统文化中挖掘元素，中国书法、古典的亭台楼阁、传统的茶道、古琴等越来越多的传统文化元素开始出现在房地产广告中。

图 3-1-22 朱雀门的广告，采用中国传统的大家族形象为主要表现元素，以红色为主要色调，不仅与该楼盘的名称相得益彰，而且突出了一种高贵、尊崇的楼盘档次。

图 3-1-23 万城华府的广告，以四位阳光儿童为主要表现元素，孩子手握高尔夫球杆，暗示孩子所享的尊贵环境，与“育龙之地”这一口号相呼应。

图 3-1-24、3-1-25　威尼斯花园的广告，画面中运用西方雕塑、传统门廊等西式元素，表现产品的威尼斯风格。

图 3-1-26、3-1-27　随园房地产广告，在画面中运用中国传统的亭台楼阁和大红灯笼，广告主题“灵犀”“掌灯”也十分有中国传统特色。

- **美国**

在美国，大多数的房地产广告运用房屋的户型图、平面结构图、效果图等作为广告的主要表现元素，以求清楚明白地传递信息，再加上相应文案的说明，便构成一则完整的广告。同时，与广告的3B原则（Baby，Beauty，Beast）相符，美国房地产广告的画面中也常会出现这三类元素，以更好地吸引消费者的注意力。另外，房地产作为“家”的载体，承载了人们对家庭的无限向往，因此一家人其乐融融的生活画面也经常出现在美国房地产广告中，以迎合人们对温馨的家庭生活的追求。

图 3-1-28　Lawrence 房地产广告，直接以房子的效果图作为主要画面，简单明了地告知受众房屋的相关信息。

图 3-1-29　一家房地产中介机构的广告，该广告以一个温馨的四口之家为主要表现元素，丈夫帅气，妻子漂亮，儿女双全，一家人脸上都洋溢着幸福的笑容。

图 3-1-30　广告选择运用孩子作为其主要元素，以孩子的表情强化对拥有新房的欣喜。

4. **创意表现**

● **中国**

中国房地产的快速发展带动了房地产广告的跨越式发展，如今房地产广告不仅数量上在中国广告市场名列前茅，其创意水平和制作手法的平均水平也渐渐优于其他产品品类的广告。中国房地产广告已经从当初的告知式广告逐渐演变为创意新颖、内涵丰富、制作精美的广告，在传递信息的同时也注重创意的含量，并且创意会根据主题的不同、产品形态的不同而有所偏重。有些房地产广告选择将中国传统因素融入其中，有些则运用国际时尚元素，或者是将这些元素综合运用，思维独特。

图 3-1-31、图 3-1-32　万科·金色城市的广告，主体是文字而非画面，字体采用金色，与楼盘名称相呼应，字体上分别用虚线勾勒出点的形状，突出主题——守望苏州的一点理由。

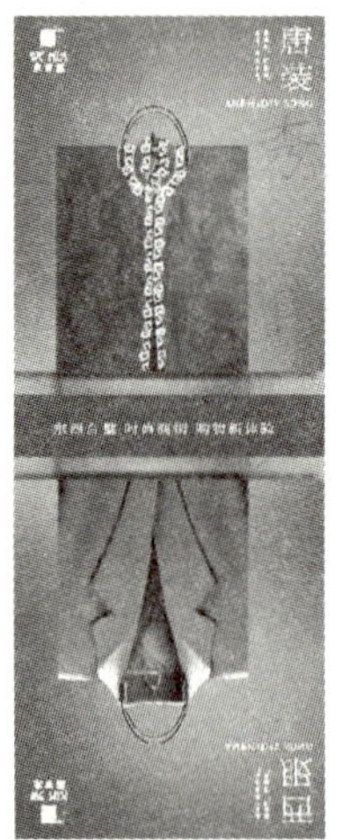

图 3-1-33、3-1-34、3-1-35　东西汇商业地产的系列广告，将代表中国的元素和代表西方的元素相结合，突出中西合璧；将各个元素以手提袋的形状呈现，表现“商街、购物”的概念。

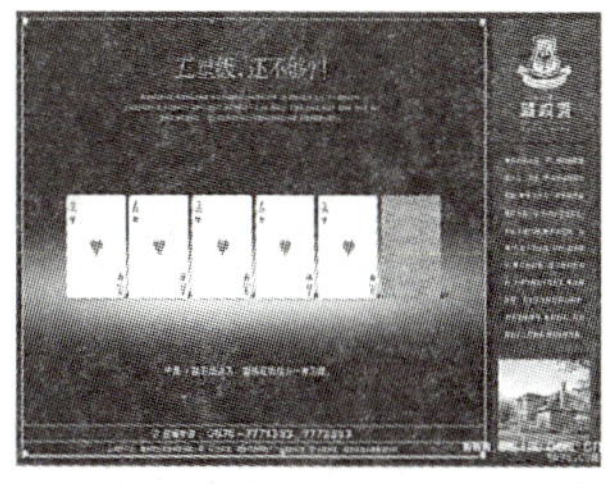

图 3-1-36、3-1-37　神鹰·颐明园广告，以扑克牌进行创意，新颖独特，并以简洁、富有哲理的文案向受众传达一种新的生活方式。

● **美国**

虽然美国的广告业发展已相当成熟，许多经典广告成了全世界广告创意者们学习和模仿的对象，但是美国的房地产广告却并非以夺人眼球的创意吸引受众，多数都是以文案配图片的形式介绍房屋信息、配套设施，中介机构和经纪人的广告均是如此，究其原因，与前文提及的相关法律严苛的规定不无关系。虽然在广告信息方面不能做更多的创意，一些广告人会选择另辟蹊径，在广告信息的表达方面选择更多有创意的方式，使其广告从众多房地产广告中脱颖而出。

图 3-1-38　美国一家房地产中介公司的广告，文案采用双关的方式，以做甜品与寻找理想之家类比，标题"Home Made"既表示甜品是"自制"的，更表达了该机构为客户"打造理想之家"的理念。

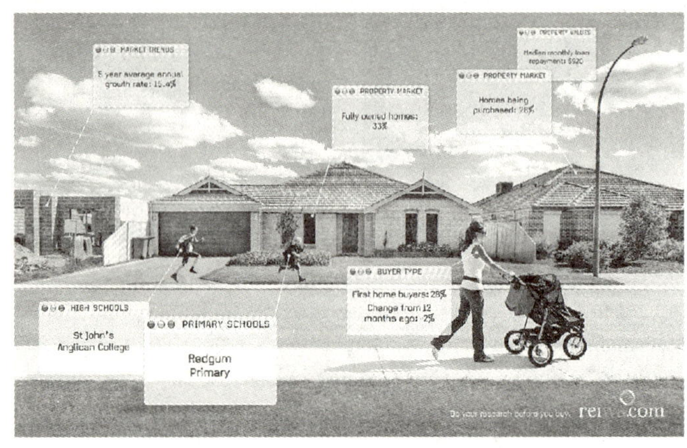

图 3-1-39　美国一家房地产网站的广告，乍一看似乎只是一个普通街区的展示，但细看注释，则会发现每一个方框均展示一个住宅周边配套设施的相关信息，奔跑着上学的两个孩子分别指代附近的一所高中和小学，推婴儿车的妇女代表首套住房购买者，下面是详细数据，后面的房屋代表市场价值增长趋势、街区房屋销售情况等数据信息，可谓以小见大，以简单的画面形象地将整个街区的情况介绍得清清楚楚。

图 3-1-40　美国一家房地产网站的视频广告，通过一位商务男士在一面透明的屏幕上点点划划，与网站有关的一些信息分门别类地展示给受众，最后通过男士在屏幕上打字，网站的网址呈现出来。虽然呈现的信息都是网站的基本信息，但是信息传达的方式在美国众多房地产广告中显得别致。

第二节　酒店广告

随着社会生产和社会生活的发展，人们商务出行和居家旅行的频率越来越高，住宿由此成为出游的人们用心考虑的问题之一，酒店业开始在人们的工作生活中引发越来越多的关注。发展至今，酒店已不仅仅是为出游者提供基础的住宿服务，而更多是为了针对和适应住客对酒店需求的多样化，通过细分的汽车旅店、经济旅馆、度假酒店、豪华酒店等多种产品形态，为旅客提供住宿、餐饮、娱乐、宴会等多样化的服务。酒店业的发展不仅能反映一个地区的经济和物质水平，亦为人们展示其精神文化的追求。

由于中美两国的文化差异，酒店消费在两国国人的工作生活中的作用和意义亦有差别。中国的饮食文化源远流长，最早的酒店从提供就餐、饮酒的酒肆发展而来，如今酒店已成为亲友团聚、商务宴请场所的选择之一，因而相对于美国酒店来说，餐饮业务在如今的中国酒店服务中占据了更大的比重。相比而言，美国的酒店更注重客房住宿、商务会议等方面的服务，这些业务性差异在两国的酒店广告中都有所呈现。本节将基于两国文化背景的差异，探究两国在酒店广告的实施中，其诉求方式、诉求点、表现手法等的异同。

一、酒店的发展及其演变

就概念而言，酒店是以其建筑物为凭证，通过出售客房、餐饮及综合服务设施向客人提供服务，从而获得经济收益的组织。在西方，酒店（hotel）一词源自法语“hôtel”，意指法国贵族在乡下招待贵宾的别墅。在中国，酒店泛指为宾客提供歇宿和餐饮的场所，与“饭店”“宾馆”“旅馆”等功效类似或等同，为概述起见，本节统称之为“酒店”。酒店发展至今，类型越来越多样化，根据其经营特色，酒店可分为商务型酒店、度假型酒店、经济型酒店、长住型酒店等；根据综合指标，酒店又可以星级论之。

酒店在中国的发展历史悠久。据史学家研究，中国最原始的酒店史称“逆旅”，起源于两千多年前的尧、舜、禹时期，到商周时代，出现了官办的驿馆。随后伴随农业经济的发展，酒店历经客舍、客店、旅社等发展演变，规模扩大，但基本仍局限于提供餐饮和食宿服务，如中国古代的驿站，分散于偏远之地，条件简陋，专为过客提供食宿以供人马歇息；后有迎宾馆，专为接待外国使者、外民族代表和客商等，成为对外往来的重要窗口。到了战国时期，中国古代的商品经济快速发展，民间旅店在发达的商业交通的推动下初成规模，但经营仍停留于提供基本的食宿。随着时代的变迁，酒店经营渐显档次之别，与宿相连的食的功用渐被强化。

第一次鸦片战争以后，西式酒店开始在中国出现，此类酒店装饰华丽，环境舒适。20 世纪初期，中国各地租界内又相继出现一批具有“半中半西”风格的新式酒店，这些酒店多由中国民族资本家开办。在建筑方面，一改传统的庭院式、园林式风格，多采用哥特式或巴洛克式等风格；在设施方面，客房拥有卫生间、电灯、电话等现代设施设备；在经营范畴方面，有了高档餐厅、舞厅等新项目。

1949 年至 70 年代末，中国的酒店经营传统而务实。随着 80 年代改革开放的推进，人们的生活水平不断提高，特别是双休日的实施，给人们的生活带来更多的闲暇时光，旅游已然成为人们的生活元素，这也更加促进了各地酒店的变革与发展，酒店渐次成为集住宿、娱乐、会议等多功能为一体的服务场所。面对中国酒店业的巨大市场，国外酒店纷纷抢滩，1984 年假日集团登陆中国，成为 1949 年以来中国第一家高档外资酒店，大批的外资独资、中外合资高档酒店的运营，引入的不仅是资本，还有现代酒店管理理念，推动中国酒店业发展到一个新的高度。《2011—2015年中国酒店行业“十二五”规划发展指导报告》的发布与实施，表明中国酒店行业已经上升到一个新的台阶。

美国的酒店历史与其建国历史相伴，时限不长，但美国的酒店业却一直保持着较为先进的水平，兼具高端和平民化特征。美国现代意义上的酒店业始于18世纪后期，随着工业化进程的加快和民众消费水平的提高，美国的酒店业进入大饭店时期并持续近一个世纪，这个时期的饭店具有规模大、设施优、服务周等特点，如1794年在纽约建成的首都饭店内有73套客房；1829年建成的特里蒙特饭店堪称第一座现代化酒店，它是第一座拥有前厅的酒店，客房多、设施全、服务好，成为当时新兴酒店的行业标杆，此类酒店均提供高档的就餐环境。

20世纪初的美国在工业革命后经济实力迅速发展，被誉为“装在车轮上的国家”，与此同时遍布全美的公路网也在不断建设，旅游很快成为具有探新和冒险精神的普通民众生活的重要部分，由此助推经济型酒店的发展。此类酒店以提供便捷服务为经营理念，大多坐落于城市中心或公路旁，设施简单实用，如20年代初出现的独具美国特色的汽车旅店（motel）。到20世纪30年代初，受累于经济大萧条，美国酒店业亦陷入困境，不少酒店停业。直到第二次世界大战结束，酒店业随着经济的复苏而复苏，进入现代新型酒店时期。这个时期酒店的规模不断扩大，类型不断多样化，开发了多种类型的娱乐设施，服务向综合性发展，不但提供食、宿，还提供旅游、通讯、商务、康乐、购物等多种服务。伴随美国公路网建设的延伸和完善，早年出现的汽车旅馆开始真正崛起，它一方面向传统的旅店业提出了挑战，另一方面也挽救了传统旅店业由于投资过滥过杂造成的出租率下降而巨额亏损的状况，为美国的旅店业提供了一个新的利润增长点。

至20世纪50年代末60年代初，一批面向大众旅游市场的新型酒店出现，这些新型酒店主要建在城市中心或旅游胜地，经济实惠，如1974年10月，美国第一家经济型酒店Super 8在美国南达科他州的阿伯丁开业，每晚住宿费8.8美元，此类经济型酒店相比于传统的全服务类酒店，只保留了客房设施等基本服务，简化了会议、娱乐、餐饮等附加功能，从而降低采购成本，减少人员配备，很快这种高性价比的酒店迅速遍布美国和全球，如今已成为美国大众外出差旅的首选。美国经济型酒店大多采用连锁经营的模式，大部分建在高速公路的出口处、机场和车站附近、城市的边缘或其他交通便利的地方，常有很明显的酒店标志。与此同时，一些主题酒店、度假型酒店也在逐渐兴起，如位于赌城拉斯维加斯极端奢华的米高梅酒店，内部装潢分别以好莱坞、南美洲风格、卡萨布兰卡的沙漠绿洲等为主题，并设有拉斯维加斯最大的赌场，每年吸引大量人流。另有一些以乡村或音乐为主题的酒店，提供给消费者不一样的享受，也吸引着大批充满着个性的美国人。

进入21世纪，美国酒店业遭受了一系列冲击。2001年9·11事件后，因为酒店业与旅游业密不可分的关系，其营业额在2002年、2003年遭受重创；2008年的全球经济危机又给美国酒店业沉重一击。但总体来说，美国酒店业从18世纪后期发展至今一直处于世界先进水平，为他国提供了许多酒店业的经营之道。

二、酒店广告比较

（一）中美酒店广告的发展演变

中国的酒店历史较为悠久，所以酒店广告的历史也有源可溯。说起中国古代的酒店广告，最具文化特色的当是酒旗，这种广告形式最早始于战国时期，《韩非子·外储说右上》中记载："宋人有酤酒者，升概既平，遇客甚谨，为酒甚美，悬帜甚高"，由此可知战国时期的酒家已经高高挂“帜”招徕顾客，这可算中国最早出现的“酒旗”广告形式。到了唐代，由于酿酒业和饮食文化的发展，酒旗广告演变出多种形式，或悬于店铺之上，或挂在屋顶房前，或另立望杆悬挂。酒旗广告在唐代的发达，从唐代众多的诗词中可窥见一斑，如诗人韦应物在《酒肆行》中写道：“豪家沽酒长安陌，一旦起楼高百尺。碧疏玲珑含春风，银题彩帜邀上客”，可知在长安的酒肆，广告的酒旗不光色彩十分鲜明，而且注意营造富贵的消费环境；在交通便利、人流涌动的地方，到处酒旗飞扬，故有诗句云：“溪桥向吴路，酒旗夸酒美”，可见酒旗是唐代最为普及的广告形式之一。另一盛行的广告形式是表演广告，它的兴起最初与胡人迁居京城经商有关，在长安经商开店的胡人为了招揽顾客，在其经营酒肆中采用的广告手法就是“胡姬当垆”“胡姬劝酒”“胡姬歌舞”，这些在酒肆中充当歌女、舞女的胡姬来自西亚，以其出色的歌舞表演和香艳的异域情调吸引顾客——尤其是一些当时的达官贵人及文人前来就餐，广告效果十分明显，唐代诗人李白曾多次赋诗称赞胡姬：“胡姬貌如花，当垆笑春风。笑春风，舞罗衣，君今不醉将安归！”“胡姬招素手，延客醉金樽”，从这些诗句中可以看出，胡姬当垆的广告效果十分明显，这一广告形式也从唐朝一直在酒店中沿袭下来。到了宋朝，开始出现酒店的招牌广告，店家在招牌上写下店铺名号示人。至明朝又有了对联广告，对联广告的出现一方面展示了中国古代精妙绝伦的诗词文化，另一方面也体现出中国古代酒店广告内容的变化，其中不再只有酒店名称，还添加了酒店主张以宣传酒店。如明朝弘治年间，杭州西湖边上有一家酒馆曾有著名书法家祝枝山题写对联：“东不管西不管，我管酒馆；兴也罢衰也罢，请罢喝罢”，以此揭示酒店主人的热情好客。到了清代，对联广告以酒楼用得最多，如长江浔阳楼的“世间无此酒，天下有名楼”，当属酒联中的上乘之作。

到了近代，酒店广告又借物灯笼、牌匾等。随着外国企业在中国的入驻和中国民族工业的兴起，各类企业间的竞争加剧，酒店业同样如此，因此酒店广告开始在酒店经营中扮演越来越重要的角色，幌子等渐渐被橱窗广告和霓虹灯广告取代。

当代随着媒体形式的推陈出新，酒店利用报纸、广播、电视、路牌、网络等，通过内容特色、创意呈现等诸多手法不断提升酒店广告。但总的来说，目前中国的酒店广告相似度较高，通常都是一些客房价格、地理位置、装修条件等的告知，相较于美国的酒店广告，在内容和表现上还有一定差距。

美国经济的发展，促进了属于第三产业的酒店业加速发展，而后媒介技术的进步又催生了多种形式的美国酒店广告。在早期酒店缺乏电视等宣传渠道时，酒店将广告印制在类似火柴盒一类的服务产品上，可谓酒店吸引顾客的妙招。在 20 世纪二三十年代，照相机还未普及，人们参观标志性景点时习惯寄送旅游明信片留作纪念，酒店随后意识到这是一种廉价广告宣传方式，开始为顾客提供展示酒店外观或者酒店标准客房内饰的明信片，以达到宣传酒店的目的。①

美国酒店广告从 20 世纪 50 年代发展至今，诉求点在不断地变化。从 50 年代到 70 年代，区位优势是美国酒店广告主要的内容，此类酒店广告海报多以酒店外观图片做形象表现，在广告文案中着重描述酒店基础设置、价格信息及酒店地址信息（如图 3-2-1 所示）；70 年代以后，标准化的服务是美国酒店赢得市场的关键，酒店广告海报出现酒店标准化服务的内容展示（如图 3-2-2 所示）；而从 80 年代至今，随着消费者需求的多样化，美国酒店广告的诉求点也开始变得多样化、个性化，广告内容更富

① *Hotel Advertising*: *A History of Guest Welcome Amenities*, http://theoldtimey.com/hotel-advertising-history.

有创意性和趣味性。如功能性的假日旅店更细致地表现酒店的舒适度，以及针对家庭顾客提供的婴儿照顾服务，以此表现酒店贴合消费者需求的个性化服务。此类广告海报中的感性诉求方式运用也愈加明显（如图 3-2-3、3-2-4 所示）。①

图 3-2-1

图 3-2-2

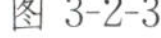

图 3-2-3

图 3-2-4

① 50 + *Vintage Hotel Ads-a Gallery of Old Hotel Advertising History*, http://www.hotelmarketingstrategies.com/vintage-hotel-ads-2382.

（二）中美酒店广告比较

1. 诉求方式

- 中国

在中国，酒店消费和其他大部分产品消费一样，需要产品本身的属性来支撑。中国的酒店广告以理性诉求为主要诉求方式，多数广告会频繁强调酒店硬性设施的完备，其中一些高端酒店在完全有实力做感性诉求的广告中，广告宣传依旧着重自身的硬件优势，而对服务、品牌等软性条件有所忽略。但随着国人品牌意识的崛起，中国开始有高端酒店尝试全感性诉求的方式，另有部分酒店在广告中添加一些感性元素，以吸引更多的顾客。

图 3-2-5 四星级旅游饭店塔山宾馆广告，运用理性诉求，用详细的中英文文案及图片介绍饭店的位置、环境、设施、服务等相关信息。

图 3-2-6　金汤湾海水温泉度假酒店广告，主要采用感性诉求，画面主体为一名女性顾客在惬意地享受医疗温泉，配以远处郁郁葱葱的树林，蓝天白云，阳光明媚，给人以舒适的意象。

图 3-3-7、3-3-8　瓦舍瓦舍旅店自媒体平台广告，主要运用感性诉求方式，通过拍摄旅店周边的市井生活环境，表现酒店地处中心城区的地理优越，四周极具本土生活气息的人文景观，都为旅店住宿增添更多风情，吸引外地游客游玩。

● 美国

基于美国酒店在硬件设施等方面共性的成熟，多数酒店广告不会针对这方面进行理性诉求，因此美国的酒店广告主要以感性诉求为主。酒店广告注重优美的画面、有趣的文案、幽默诙谐的场景等感性元素，整体而言广告力求生动有趣而富有感染力。一些酒店广告即便意欲突出硬件优势，亦多以幽默诙谐或优雅柔和的方式表现，而非直接将客观要素不加修饰地抛出。还有酒店广告采用性诉求的方式，通过裸露性展示吸引受众眼球。

图 3-2-9、3-2-10　香格里拉大酒店在全球英语国家投放的系列广告，“There is no greater act of hospitality than to embrace a stranger as one's own”，画面中善良的动物们象征了香格里拉酒店的所有员工，动物们源自天性的善意帮助，象征了酒店员工的温情服务。

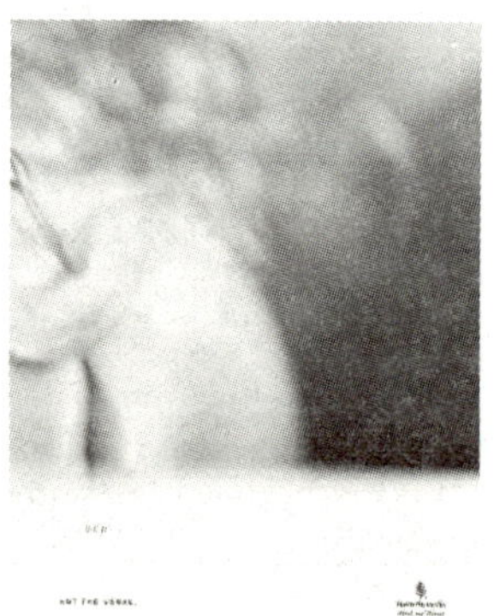

图 3-2-11、3-2-12　Four Seasons Resorts 酒店的系列广告，广告文案“NOT THE USUAL”，该系列广告从洗浴、睡眠、晚餐、休闲等方面，展现酒店可以带给顾客的美好享受，虽然画面简单，但意境唯美梦幻，以此激起受众对美的渴望。

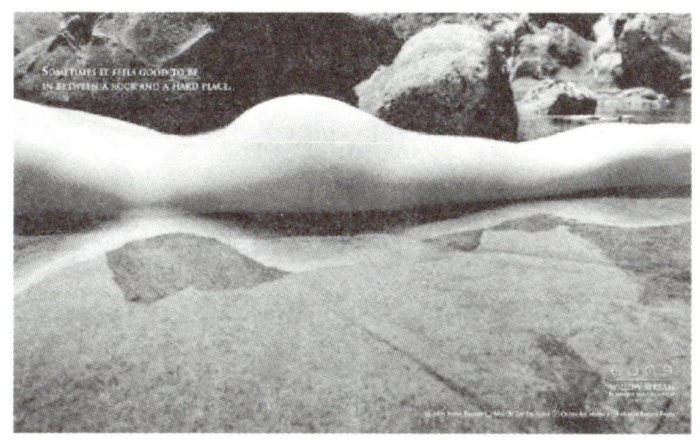

图 3-2-13 Fairmont Hotels & Resorts 旗下水疗品牌 Willow Stream 的广告，运用性诉求方式，女性身体的局部裸露，其柔软性与石头的坚硬形成对比，表现该品牌在 Spa 上的独特品质。

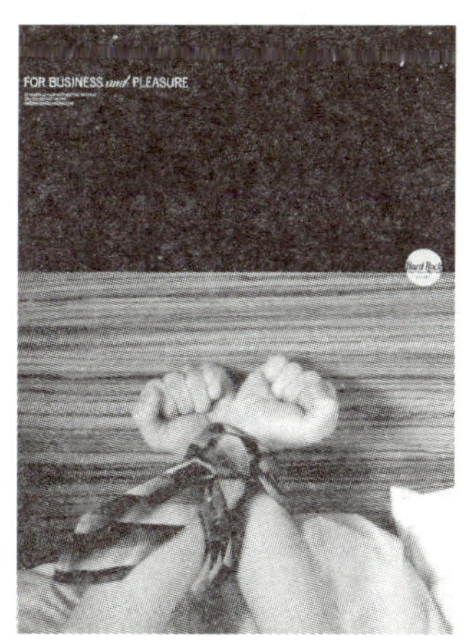

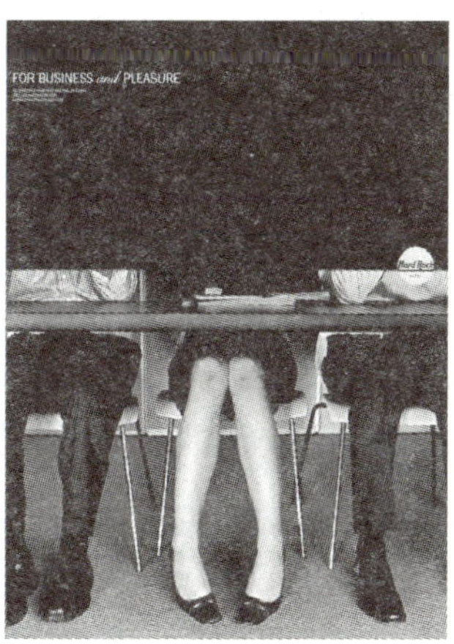

图 3-2-14、3-2-15 Hard Rock Hotel 广告，采用性诉求方式，口号为“For business and pleasure”，画面中强烈的性暗示内容，突出了“pleasure”（愉悦）的感受。

2. 诉求点

● 中国

直陈产品的功能性是中国广告常用的手法，酒店广告更是如此，中国酒店广告以酒店本身属性为诉求点的例子数不胜数。中国酒店广告独特的诉求点之一，就是让酒店“有家的感觉”的品牌概念。在中国这个重视家庭观念的国度里，家常带给人们一种依赖感，把酒店比作家，无疑能击国人内心。此外，基于黄金周小长假伴生的假日经济效应，许多酒店会诉诸节假日的营销活动。由于餐饮在中国的酒店业务中占据了相当的份额，顾客可能仅在酒店消费餐饮而非住宿，因此不少酒店广告会以“餐饮、美食”为主要宣传点打造酒店的形象。无论是针对酒店住宿，还是餐饮，以价格为诉求点的广告实效性强，低价打折和促销活动是其重要法宝，而以豪华尊享为主要诉求点则是高端酒店惯有的诉求。

图 3-2-16　如家酒店的广告，酒店取名就以“家”为之，广告文案也与之相应，“家，是我的所有。让时间停留，留驻此刻美好”。

图 3-2-17　江苏扬子江大酒店广告，以酒店的特色美食为主要诉求点，着力宣传“五一”期间该酒店的美食活动。

图 3-2-18 苏州世豪全套间酒店广告，以“感受奢华”为诉求点，画面以深蓝色的天鹅绒为背景，配以金色的字体，画面中央黄色的玉玺亦用以彰显酒店历史的厚重感。

图 3-2-19 西安高科度假大酒店广告，将“团聚”“年夜饭”“价格”等概念都蕴含其中，针对不同消费群体推出不同价格区段的宴席，冠以喜庆的宴席名称，迎合国人过年“说吉祥话”，“如意过大年”的心理。

- **美国**

与中国酒店广告相比，美国酒店广告的诉求点自有特色。美国酒店广告单纯展示和宣传酒店硬件设施的较少，原因在于美国酒店产业起步早，发展较为成熟，大部分大酒店、连锁酒店的硬件设施都达到一个标准化的水平，因此无须再在广告中赘述。美国酒店广告的诉求点更多地集中在酒店服务及住客的体验及享受上。另外，基于酒店的类别和功用，酒店经营的特色亦成为重要的诉求点，如有的酒店着重宣传酒店定期举办的派对，有的酒店强调高端的商务会议服务，悠闲、娱乐、便利等是美国酒店广告主要想带给消费者的利益点。

图 3-2-20、3-2-21、3-2-22　The Ritz-carlton Hotels 广告，以酒店的“全方位服务”为诉求点，画面通过一只托起正在休闲娱乐的顾客们的手，暗示贴心的酒店服务无所不在。

图 3-2-23、3-2-24、3-2-25、3-2-26　Mandalay Bay Resort and Casino 酒店系列广告，主要以休闲娱乐为诉求点，火爆的泳池聚会、窗边座位的视野、细腻的沙滩等等，无不激发潜在消费者的向往。

图 3-2-27　Landmark Resort Conference Center 的视频广告，以传统商务会议沉闷氛围开头，紧接一句"Would you like just something a little better?"翻转画面，沉闷的会议现场突然爆发，台上主持人引吭高歌，台下与会者脱去束缚的西服，露出劲爆的身材，或直接跳入泳池彻底嗨翻全场，运用夸张的手法，暗示酒店能给沉闷的商务会议带来乐趣，最后的文案画龙点睛，"Where the worst part of meeting here is leaving here"（不忍离开）。

3. 元素运用

- **中国**

中国有句俗话叫眼见为实，使用酒店客房或其硬件设施的照片吸引消费者，不失为一种十分有效的办法。酒店广告中有时也会使用人物形象，服务员或住客均可作为形象代表。中国的酒店广告画面常以红色和金色为主色调，这不仅因为这两种颜色较为抢眼，还因为在中国红色代表喜庆，金色代表富贵，富丽堂皇的感觉符合中国消费者的心理。另有一些大酒店在广告中会有意识地运用一些中国的传统元素，尤其是在中国传统节日期间推出的广告，以此迎合中国受众的认知偏好。即便是一些全球连锁品牌，在其广告推广中也会注重中国元素以契合其本土化的广告策略。

图 3-2-28　安南大酒店广告，酒店实景图片占比大，以图片展示酒店富丽堂皇的大厅、舒适的客房，取信消费者。

图 3-2-29　檀悦豪生独家酒店视频宣传片，通过感性与理性诉求相结合的方式，展示酒店给人的心灵洗涤，一一列举展示酒店高端的硬件配置和全球服务展现酒店实力。每一帧酒店实景图都成为酒店的实力彰显。

图 3-2-30　香格里拉酒店在中国的传统新年——春节时针对中国市场投放的广告，画面中一长串大红灯笼透着浓浓的喜庆，“点亮喜悦之心，传递一份春之贺礼”更是进一步点明广告主题。

- **美国**

与中国的酒店广告相比，美国的酒店广告更多地使用了美女形象，曼妙的躯体，一双纤手，一弯红唇，均蕴含着欲说还休的广告情感，这种情感虽不像中国酒店广告那般坦率真诚，但温婉的表达让人不禁莞尔。“3B”（Beauty，Baby，Beast）中的动物在酒店广告中也有现身，以此显示生活情趣。部分酒店广告也会选择运用广告文案打动消费者，此类广告一般不长，简洁清晰地表达一个诉求。美国酒店广告善于将消费者对酒店的情感发挥到极致，柔软的床是轻盈的云朵，人们快乐地和动物在月光下起舞。

图 3-2-31　Winter Coffee Inn 广告，画面中顾客与熊在皎洁月光下于森林的空地共舞，画面欢快和谐，贴近自然，让人对酒店的幻想升华到情感。

图 3-2-32　Melia Hotels&Resort 广告，画面中托着西餐的优雅服务生姿态静中有动，看似欲翩翩起舞，充满热忱，一句简洁的文案“Passion，it's in everything we do”点出主旨，起到了画龙点睛的作用。

图 3-2-33、3-2-34、3-2-35　Hans Brinker Budget Hotel 广告，每幅画面仅以一句简洁的文案为主体，醒目而夸张，表现酒店的便捷、周到、实惠。

4. 创意表现

● **中国**

中国酒店在传统媒体上投放的广告以平铺直叙为主要表现方式，简单直接、信息量大，但留给人的想象空间小。在酒店广告内容的选材中，涉及的范围较小，大多围绕酒店自身的信息。但近年来随着网络、手机等新兴媒体的兴起，一些以年轻人为主要消费对象的快捷酒店开始将广告投放目标转向社交网络等新兴媒体，这些广告与传统媒体上的酒店广告相比，创意有了提升，表现方式也更加生动有趣。

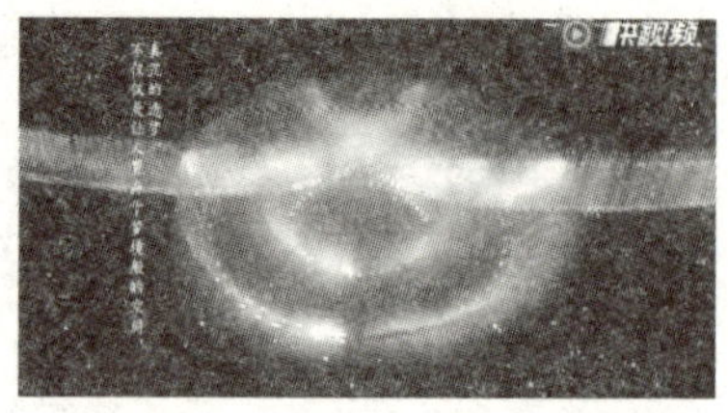

图 3-2-36 澳门奢华酒店永利皇宫视频广告，通过对酒店员工的采访表现永利皇宫“高端、完美、极致”的服务，同时，通过员工自身的幸福感表达酒店关照顾客心情，以及“唯有人，能让人快乐”的服务理念。镜头中处处展现的酒店奢华、完美如画般的细节，令人神往。

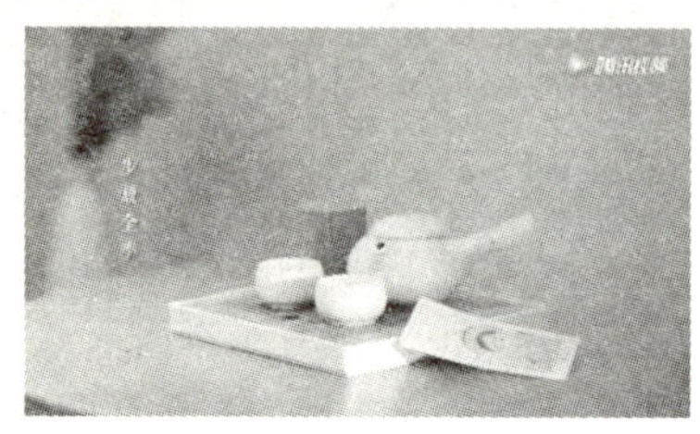

图 3-2-37 全季酒店视频广告，通过细腻的特写镜头，以及颇带禅意的文案，全方位展现全季酒店的基础设施、服务以及社交功能，全片通过考究的镜头展现，运用温暖雅致的色调突出全季酒店质朴自然的风格，很符合当下的流行生活理念，让人倾心。

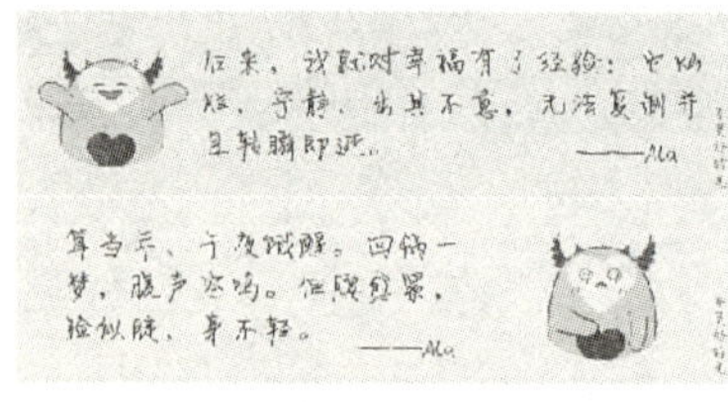

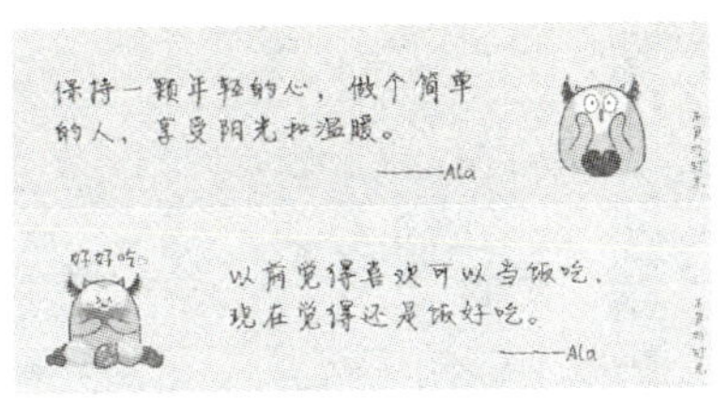

图 3-3-38　阿拉卓盈（Ala Join）酒店吉祥物阿拉系列挂画。2017 年初成立的阿拉卓盈酒店以“跨界、创新”的商业模式赢得关注，其原创的动漫吉祥物阿拉系列挂画在动漫亚文化逐渐发展的当下，成为吸引特定消费群体、极具酒店个性的标志。

● 美国

相比而言，美国酒店广告的创意表现则较丰富，产品属性通过比喻、指代、夸张等手法表现比比皆是，广告新颖有趣，让人遐想无限。别致手法还有逆向思维方式的运用，不直接表现产品的好，而是反其道而行之，通过反衬和对比达到让人记忆犹新的效果。另外，美国酒店广告还善于在消费者对酒店的情感上极尽发挥，充满想象力。

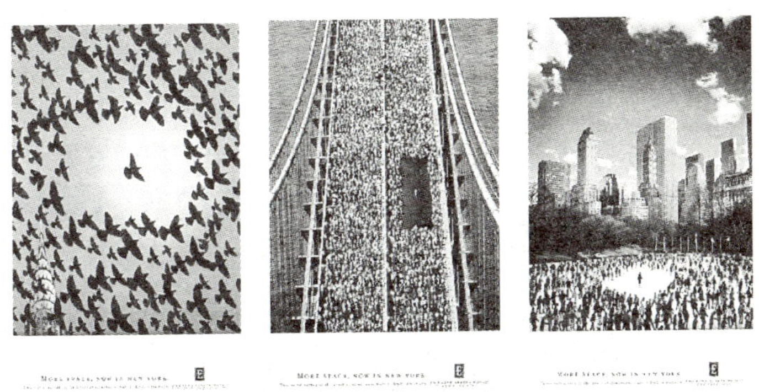

图 3-2-39、3-2-40、3-2-41　纽约 Embassy Suites 酒店广告，运用逆向思维方式，为了表现客房空间大的客观优势，利用拥挤的物象象征纽约市区拥挤的人流和建筑，而画面中出现的空白则代表了该酒店为顾客提供的宽敞空间。

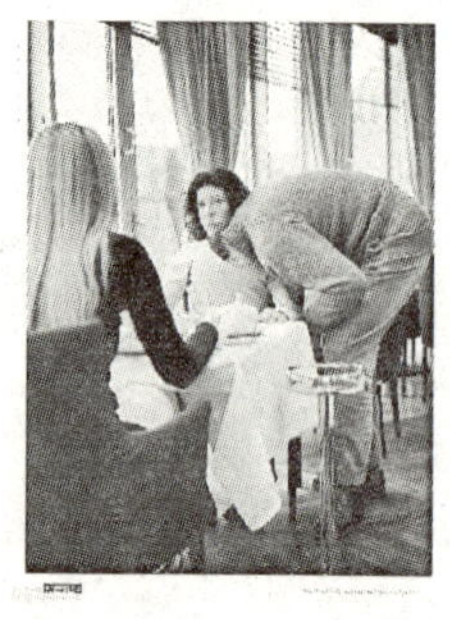

图 3-2-42、3-2-43、3-2-44　美国 The Standard 饭店集团广告，定位于另类族群，特地邀请奥地利艺术家沃姆制作了这一系列风格大胆而怪异的广告，画面中男子将头埋进女顾客胸部、女子站着往地毯上撒尿，女顾客往别人咖啡中吐口水，广告风格怪诞妄为。虽然该系列广告推出后，大众褒贬不一，呈现出两种极端的评价，但可以肯定的是该系列广告成功地吸引了眼球。

第三节　家电广告

家用电器，简称家电，将人们从繁重、琐碎、费时的家务劳动中解放出来，为人类创造了更为舒适安逸、更有利于身心健康的生活和工作环境，提供了丰富多彩的文化娱乐条件，它们已经成为现代家庭生活的必需品。从一百年前家用电器在美国问世到现在，各类家电就一直处在不断更新中。家电行业的发展，不仅改变了人们的生活质量，同时也改变着人们的思维方式和行为习惯。人们日常生活中的吃、喝、玩、游等都已经离不开家电的相伴，是家电让人们的生活变得有乐趣、有新意、有质量，家电已成为现代人生活中不可缺少的伴侣。

由于广告起到告知和不断提醒大众的作用，因此广告对于家电的推出和更新换代一直肩负着重要的宣传推广作用。家电广告的发展，以其是生活必需品的信息传播为起始，注重的是信息的告知；然后注重诉求工艺及技术进步，不仅强调产品的革新，而且还以神话的方式将革新作为刺激消费的一种重要因素；而后是综合诸多因素，着重发展创意性广告，让广告中充满心理情感的要素。由此可见，家电广告的发展可以说是伴随着人们生活水平的提高而不断地创新改变。

一、家用电器的发展及其演变

家电产业的显著特点是其主导产品的典型的周期性，几乎所有家电产品都会经历从问世发展到成熟，再到衰退的历程。[①] 早期的家电由于技术的限制，品种少、功能简单、能耗高且污染大。随着科技的进步，现代的新型家用电器采用了许多新技术，如新型传感技术、遥控技术、变频技术、节能技术等等。随着互联网的发展成熟，信息家电的出现又让人们有了与众不同的享受。通俗而言，信息家电就是指以消费者为核心，低成本，易于使用的互联网接入电子产品，这被看作未来发展的大趋势。基于人们对智能家居环境的研究和追求，将电信网、互联网、电视网、卫星网四网合一的蓝色家电也进入人们的视线。高科技家电的出现，提高了人们的生活水平，普及到千家万户，甚至是房间的每个角落。然而，对于家用电器的分类及所包含的目录，世界范围内仍未形成一个统一的分类方法，如有的国家将照明电器列入家用电器，有的国家则将声像电器分出至文娱器具，而本节将照明、声像电器均列入家用电器的范畴。

家用电器自问世以来已有百余年历史，美国被认为是家用电器的发祥地，是世界上最早进入生活电器化时代的国家之一，家用电器在美国人生活中的重要地位不言而喻。而美国人也物尽其用，秉承着机器至上的原则，尽可能地让家电代替人的双手做一

① 姜炜、戴世富：《家电广告的奥秘》，广东：广东经济出版社，2002 年版。

切可以被代替的事务。

1879 年美国人托马斯·爱迪生（Thomas Edison）发明了白炽灯，开创了家庭用电新时代。20 世纪初，美国人 E. 理查森发明的电熨斗投放市场，大受欢迎。1858 年，一个叫汉密尔顿·史密斯的美国人在匹茨堡制成了世界上第一台洗衣机（如图 3-3-1 所示），这台洗衣机的主件是一只圆桶，桶内装有一根带有桨状叶子的直轴，虽然这台洗衣机使用起来十分费力，而且很容易损伤衣物，但却标志着机器洗衣的开端。1880 年，美国出现了蒸汽洗衣机，蒸汽开始取代人力，随后，人们用蒸汽机初步实现了洗衣的机械化。到 1911 年，美国试制成功世界上第一台电动洗衣机（如图 3-3-2 所示），电动洗衣机的问世，标志着人类家务劳动自动化的开端。

图 3-3-1

图 3-3-2

19 世纪 80 年代爱迪生效应的发现和验证电磁波存在实验的成功，为电子学的诞生创造了条件。20 世纪初，英、美等国相继发明了第一代电子器件——电子管。1923—1924 年，美国的 V. K. 兹沃雷金发明了摄像管和显像管，1931 年组装成世界上第一个全电子电视系统。1954 年，美国开始进行彩色电视广播。20 世纪 60 年代出现的集成电路，使电子技术进入微电子时代，同时也将家用电器的科技水平提高到一个新的层面。到了 20 世纪 70 年代，微型计算机问世，推动着家用电器向自动化和智能化方向发展。20 世纪末，数字化浪潮席卷全球，家电开始和信息技术界联手，智能微控、触摸屏技术、变频技术等新概念迅速被运用到家电领域。进入 21 世纪，云技术、裸眼 3D、智能语音控制等技术也都被不断应用于各类家用电器，短信预约家中的电饭锅煮饭，在家观看 3D 电影，只需拍手或说一句指令便能控制家中灯光的亮度、空调的温度等逐渐成为现实。与此同时，各家电品牌在关注科技发展的同时，也开始注意到家电的使用对资源的消耗及对环境的影响，于是，节能和环保开始成为新一代家电的侧重点。如今，家电正朝着智能化、舒适性、节能环保、网络化的方向发展，各品牌力求在使用高科技给人们生活带来便利的同时，将对环境的破坏和对资源的消耗降到最低。

家用电器在中国的发展可以归纳总结为三个阶段：第一阶段为 1978 年以前，由于当时国内生产力和技术水平与世界其他家电大国有着较大差距，中国自主生产的家电出现时间较晚，产品的更新改良速度也非常缓慢。1955 年，天津医疗器械厂试制出第一台电冰箱；1958 年，中国第一台黑白电视机诞生；1962 年，沈阳日用电器研究所试制出中国第一台洗衣机；1970 年 12 月 26 日，中国第一台彩色电视机在天津 712 厂诞生。第二阶段从 1978 年改革开放开始到 1989 年，这一阶段国家开始对家电产业的发展大力支持，对于国内尚不能生产的零配件和原材料，由国家列入进口计划。1986 年 10 月 1 日起，国家开始实行“包修、包退、包换”的三包政策，进一步促进了家电在百姓生活中的普及。这一阶段中国家电产业奋起直追，彩电、空调等产品在整体性能和可靠性方面已接近或达到 20 世纪 80 年代世界先进水平。第三阶段为 1990 年至今，随着中国家电实力的不断增强，中国产品开始走出国门，到国外参展、与境外力量合作或出口至海外市场。从 1994 年开始，外国大品牌也纷纷在中国寻找合作伙伴，在中国建立生产基地。1998 年，全球数字化浪潮席卷至中国，新一代数字家电出现在中国市场。进入21世纪，数码家电、信息家电取得明显进展，2008年1月开始的“家电下乡”行动更进一步推动了家电在乡镇家庭的推广和普及，为乡村人民的生活带来更多的舒适和方便。[①] 系列政策快速带动了高效节能家电的推广。随着高科技家电的不断发展，加之凭借国家相应的政策支持，越来越多的消费者成为“高端家电”的消费群体，开始享受高科技家电带来的“高端生活”。

二、家电广告比较

（一）中美家电广告演变

美国在家用电器出现的初期，家电产品并不普及，电器对一般家庭来说价格不菲，消费者考虑购买时需要经过长时间信息收集和深思熟虑。因此在广告中需要清楚告诉受众这款新产品或新技术是什么（what），如何操作（how），有何方便性，为什么需要（why），只有消费者理解并接受这些信息后才会产生购买需求。最早的家电广告属于直白广告，是一种纯粹的产品信息模式，主要宣传产品的功能，以达到信息传播的目的。在早期的家电广告中，许多广告大量陈述产品的特征与优势，努力将广告做成最好的产品说明书。

家电在将科技带入人们生活的同时，也给人们的日常生活带来了方便，因此早期的家电广告努力将这一点突出宣传，如图3-3-3所示的美国20世纪30年代的洗衣机广告，就是通过家庭主妇轻松的神态表现出洗衣机减轻家庭妇女负担的作用，以此使消费者尽快接受这一新产品。在广告形式方面，20世纪50年代

① 《国务院启动265亿元节能家电补贴撬动3000亿消费》，https://finance.qq.com/a/20120517/000364.htm.20018-3-30。

电视机盛行以前，家电广告都集中采用报纸软文的形式（如图3-3-4所示），用大段的广告文案和操作图示向读者介绍产品是什么，如何使用，如何运转，有什么优点，为什么要购买等信息。后来随着彩色印刷机的出现，平面家电广告才开始大量出现。

图 3-3-3

图 3-3-4

20世纪60年代以后，家电市场逐渐发展成熟，在同一时期内，各个品类的家电产品在技术层面都没有太大差别，反映到产品自身，便是功能的大同小异，如洗衣机、电视机等产品，一部分厂家能领先做到的，市场上的其他厂家也很快能紧随其后，单在功能手段上无法使各品牌形成区隔。因此，随着印刷技术的成熟，各品牌开始在家电广告中加入更多画面来调动受众的感性情绪，诸如通过画面展现产品的精美做工，在画面中运用普通消费者形象等，以强调产品能给消费者带来的利益以及种种良好的感觉。由于许多消费者做出购买决策的动机开始更多偏向感性，在进行购买时，消费者对某品牌的感觉、态度可能比对该品牌产品的功能是否了解更为重要，因此这一阶段也是家电企业意识到品牌形象重要性的开始，许多感受和需求都开始成为广告诉求的基础，以求在情感层面影响消费者，如图 3-3-5 美国惠而浦冰箱广告，“让东西保持新鲜不只是我们的产品特性，更应该是一种生活哲学”。

图 3-3-5

20 世纪 80 年代以后，名人代言开始成为当时美国广告的主流形式之一，家电广告也不例外，但与其他品类的产品相比，家电广告在选取名人时较少选用演艺圈当红明星。究其原因，主要在于美国针对名人代言的相关法律法规十分严格缜密，美国的形象代言人必须是其所代言产品的直接受益者和使用者，否则将会被重罚。如果明星出现负面报道，其所代言品牌的形象也会受到影响，因此明星们一般不会轻易代言质量未得到保证的产品，小品牌也不敢随便请明星代言。一些国际化的大品牌会不时选用好莱坞一线明星代言，而更多的品牌会选择运用虚拟人物或已故名人为产品代言，以避免不必要的麻烦，如图 3-3-6、图 3-3-7 所示，苹果产品广告，代言人除了拳王阿里、约翰·列侬，该系列广告还选用了爱因斯坦、居里夫人等名人为形象代言人，以表现苹果“Think Different”（非同凡想）的理念。

图 3-3-6

图 3-3-7

中国人接触家用电器相对较晚，最初进入中国人生活的家电只是电话、收音机、黑白电视机等，彩色电视机是在 20 世纪 90 年代以后才开始普及。从新中国成立到改革开放以前，基于当时的计划经济状况，企业并没有市场意识和竞争意识，因此家电广告难寻其踪。改革开放后，国外电器品牌进入中国市场，这些品牌开始在中国的媒体上投放广告。受国外品牌的影响，国产电器品牌也开始注重广告宣传，图 3-3-8 是 20 世纪 80 年代燕舞收音机的广告，该产品在当时并不算质量最好、功能最多，因而该广告避开产品功能不谈，以一首旋律优美的《燕舞！燕舞!》在受众心中留下了“一首歌，一片情”，也让受众牢牢记住了燕舞这一品牌。

图 3-3-8

到了 90 年代，中国家电市场化全面发展，洗衣机、电冰箱的产销量均大幅度提升，名牌产品开始主导市场。此后，家电企业开始大规模兼并重组，最后在激烈的市场竞争中生存下来的大品牌都开始重视广告宣传的作用，家电广告越来越多地出现在电视、报纸、广播中，如图 3-3-9 中“新飞广告做得好，不如新飞冰箱好”这句广告语在 20 世纪 90 年代可谓人尽皆知。

图 3-3-9

20 世纪末家电行业在中国已经成为竞争最激烈、市场化程度最高的行业之一，在激烈的市场竞争中，广告的作用越发突出，各品牌都投入大量的资源进行广告宣传，爱多 VCD 夺得了 1998 年央视标王，步步高 VCD 更是蝉联了 1999 和 2000 年两年的标王。近年来，家电品牌的广告内容开始加入更多创意的元素，如九阳铁釜电饭煲上市的推广海报（如图 3-3-10 所示），与当时大热的动画片《疯狂原始人》结合，这既是一次成功的借势营销，同时也清楚传达出了铁釜电饭煲纯铁内胆够重够分量的信息。在广告投放渠道方面，家电品牌也不再局限于传统的四大媒体，随着各种新媒体平台的崛起，家电品牌也开始尝试更多网络营销推广的方式，如 2016 年春晚期间，九阳与支付宝平台合作，参与集五福抢红包活动（如图 3-3-11 所示）。

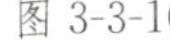
图 3-3-10

图 3-3-11

（二）中美家电广告比较

1. 诉求方式

- **中国**

在诉求方式的运用上，理性诉求和感性诉求两种方式在中国的家电广告中平分秋色。理性诉求广告主要用于新产品新技术的前期市场推广，通过详细介绍新产品的功能特色提高知晓度。而感性诉求则通过引起受众美好的感情体验使其建立良好的品牌或产品印象，广告主由此向消费者传递的信息是产品消费不仅是对产品功能的享用，更是对家人的关爱，对生活品质的注重，对人生的美好体验。

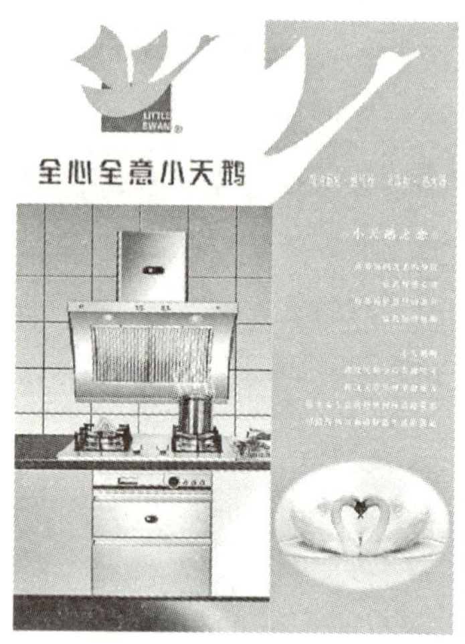

图 3-3-12　小天鹅厨房电器广告，采用感性诉求方式，以“……小天鹅啊，你这天籁中高贵的精灵，你这天堂里神圣的使者。你全心全意演绎世间纯洁的爱恋，尽情挥洒对和谐舒适生活的满足”这样充满诗意的文案抒发情怀，表现“小天鹅”品牌对和谐舒适生活的追求。

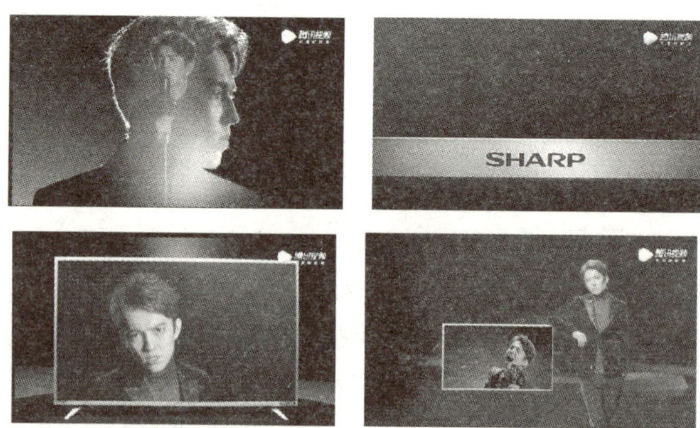

图 3-3-13　夏普电视广告，邀请当红人气歌手迪玛希代言，将歌手的纯粹的音乐追求与夏普的细节极致相联系，文案否定“差不多”的观念，以感性诉求，表现夏普电视追求细节、追求完美的品牌理念。

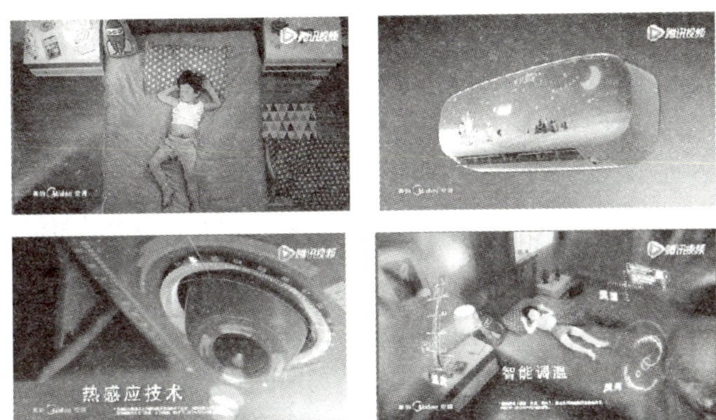

图 3-3-14　美的儿童星变频空调广告，运用理性诉求，通过表现儿童夜晚踢被子的场景，展示美的变频空调可根据热感温度智能调温的功能，广告场景贴近实际，空调变频功能说服性强。

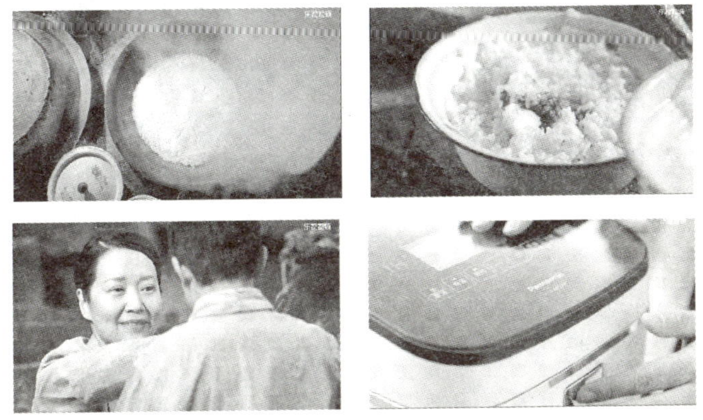

图 3-3-15　松下 IH 电饭煲广告，运用感性诉求，主人公从回忆小时候与母亲亲近，到长大后与母亲疏离，再到有自己的家庭之后对母亲的感恩，一碗猪油拌饭一直是母子情感的纽带，而松下电饭煲煮的饭承载了这份爱，广告通过温暖的亲情表达“科技永远无法超越爱”的主题。

- **美国**

随着家电行业在美国的起步，最初的美国家电广告以理性诉求方式为主，如前文所示，早期的家电广告是一种纯粹的产品信息模式，采用直白式广告形式，一般用直接的说辞客观地描述产品的原理与特性，称赞产品的功效。如今的美国家电广告则更多侧重于感性诉求的体现，感性诉求与消费者购买产品或服务的社会、心理需求有关，这些诉求基于自我的心理状态或感觉，也基于社会性定位的心理状态或感觉，目标在于唤起一种积极的情感反应，进而将这种反应转移到产品上来。另外，美国的家电广告中也不时运用恐怖诉求、性诉求和音乐诉求等方式，这是美国家电广告与中国家电广告的区别所在。

图 3-3-16　LG冰箱广告，利用恐怖诉求的方式表现冰箱强大的制冷效果。

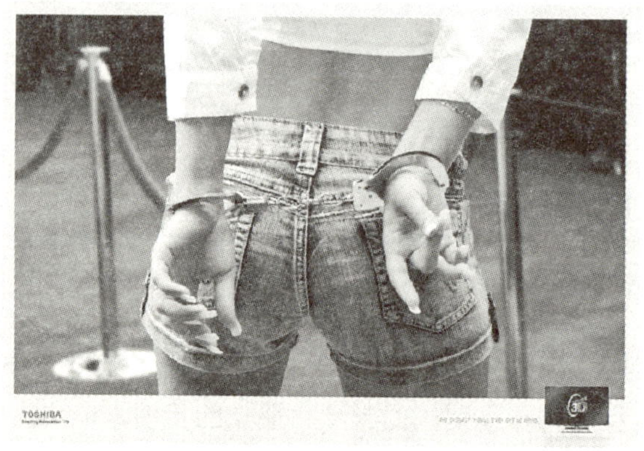

图 3-3-17　东芝3D电视平面广告，利用性诉求的方式表现该电视出色的3D视觉效果。

图 3-3-18 SONY BRAVIA 电视的视频广告，运用音乐诉求方式，在长达一分钟的广告中没有一句旁白或解说，仅运用明亮的油漆色彩搭配一首交响乐，色彩随着交响乐的节拍喷薄而出，给受众的听觉和视觉都造成了极大的冲击。

2. 诉求点

• 中国

在竞争激烈的中国家电行业，企业往往通过科技创新和优质服务获得竞争优势，体现在广告诉求点上的两大卖点就是“先进技术”和“完美服务”，从侧面反映出企业的信誉以及产品的品质。此外，中国家电广告还经常以“品牌实力”作为诉求点，随着“中国制造”的提倡，注重品质的国产品牌也成为承载国家实力的表现，优质的国货品牌在当下市场中尤其具有优势。另外，由于家电本身就与家庭密不可分，因此重视家庭观念的中国人在家电广告中充分利用家电与家庭的关联，着力诉求于“家庭—亲情”。再者，“健康”也是频繁使用的诉求点，从保鲜食物的冰箱广告到保护视力的电视机广告再到防止营养流失的电饭煲广告，有益人体健康均被重点强调。随着智能技术的进步，“科技”越来越多地成为现代家电的诉求点，智能便捷的生活方式，成为家电广告为消费者构建的生活新蓝图。

图 3-3-19　格力品牌广告海报，以中国红作背景，格力集团董事长董明珠女士做代言，“让世界爱上中国造”的文案简洁明了，表现了格力作为中国制造的领军者和颠覆者的品牌实力。文案感染力和说服力极强。

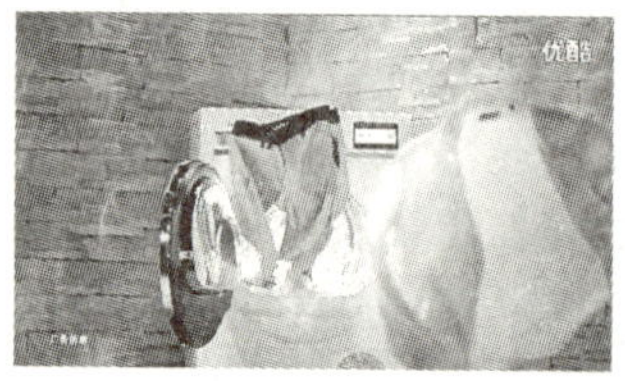

图 3-3-20　西门子家电广告，以“科技”作为诉求点，通过展现生活中的各种场景，例如冰箱里鲜活的鱼、洗衣机里飞出来的衣服，以及屋子里梦幻的灯光等表现西门子系列家电解放双手，还原人类可爱本色，用创新科技启发生活灵感的主题，尽显科技带来的生活之美。

图 3-3-21　九阳豆浆机广告，豆浆是中国特有的健康饮品，由于夏天天气炎热，中国人通常会饮用一些消暑饮品，清凉去火，防止中暑。该广告以“消暑、健康”为主要诉求点，表现产品可通过五谷杂粮的组合做出具有特定功效的健康豆浆。

● 美国

美国人大胆尝试、勇于创新的民族特性鲜明地体现在家电广告中，无论是早期的直白式广告还是后来各种创新的营销方式，都带有美国独特的民族精神与文化。美国的社会文化核心是个人主义，他们以自我为中心，追求自我满足，强调自我表现，在广告中也更多地表现个性的张扬。同时，节能环保也是美国家电广告中另一重要诉求点，以环保为主要诉求点的广告，通常会集中宣传产品的排污小、能耗低等特点。由于美国家电行业起步早，因此在宣扬品牌优良品质之余，美国人更早地开始关注环境与可持续发展，这也跟美国人较强的环保意识有关，以环保为诉求点的家电广告除了加强消费者的环保意识，也从侧面体现了企业的社会责任感。

图 3-3-22　摩托罗拉无线电话广告，以自由、张扬个性为诉求点，模特挣脱绳索的束缚，通过伸展的躯体，飞扬的头发形象化地体现无线电话给人的自由、无拘无束的感觉。

图 3-3-23　惠而浦洗碗机广告，以“安静、无噪音”为诉求点，“惠而浦宣告洗碗机的噪音时代终结”。

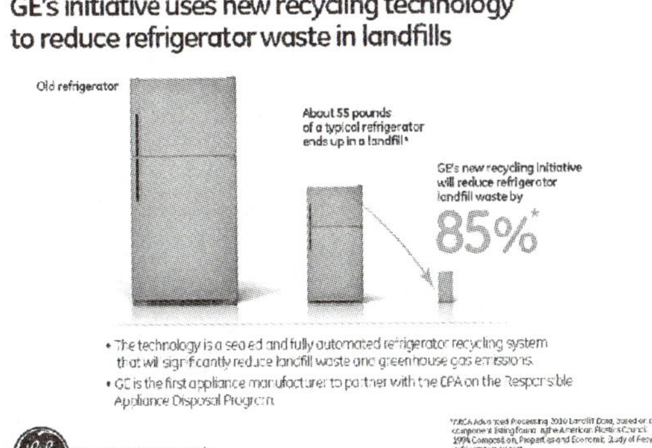

图 3-3-24　通用电器电冰箱广告，以数据支撑将“环保”作为主要诉求点，在宣传企业技术环保的同时体现企业的社会责任感。

3. **元素运用**

● **中国**

家电广告的元素运用直接反映了各国的文化差异，由于中国传统文化的博大精深，因此在中国的家电广告中经常能看到中国传统文化元素的运用。另外在中国，家电属于高卷入度产品，人们通常是经过深思熟虑后谨慎地做出购买决定，因此广告主就需要用具有公信力的形象去说服消费者。由于人们倾向于将名人的社会地位同说服力对等，因此家电厂商时常邀请有影响力的名人对产品进行现身说法的代言，名人形象由此大量出现在家电尤其是大品牌家电的广告中。同时，家庭主妇的形象也是中国家电广告的重要元素，因为在中国人的传统观念中，人们普遍接受的是“男主外，女主内”，女人应该是贤妻，是良母，应该无微不至地照顾好全家人的衣食起居，因此中国家电广告中的女性形象通常都是温柔贤淑的。

图 3-3-25　格兰仕“中国红”系列微波炉产品广告，以中国传统的红色为主要元素，产品设计和主题表现均围绕“红”这一主基调，金发的西方模特的运用，也体现了民族性与世界性的相辅相成。

图 3-3-26　长虹人工智能电视视频广告，邀请邓超为代言人，通过各种生活场景的组合，展示电视的“订票”“点播电影”等智能功能。利用明星代言为品牌增加说服力和知名度。

图 3-3-27　海尔洗衣机广告，运用家庭妇女和孩子为主要表现元素，画面中的“妈妈”负责清洗全家人的衣服——男人的衬衣、孩子的 T 恤等，外表温柔美丽，符合中国传统观念中的“家庭主妇”形象。

● **美国**

正如前文所述，由于美国有关名人代言的法律法规比较严苛，除非是质量和信誉确实有保障的大品牌，其他品牌一般很少采用名人代言，广告中更多采用的是普通消费者的形象，因为这种类型的形象更贴近普通消费者的生活，更加真实可信，因而具有说服力。同时，与所有广告一样，3B 元素的运用更能吸引受众的注意，因此一些家电品牌也会将这三种元素运用到广告中。另外值得强调的是，女性在美国广告中的形象经历了一系列的变迁：在 20 世纪前期的大部分广告中，女性大多被定格于全职的家庭主妇；20 世纪六七十年代，一场兴起于美国的女性解放运动席卷西方，女性不再是男性的附庸，而成了在各个领域与男性平等的存在；之后广告中的女性形象进一步演进，女性有了自己的事业，开始享受家庭以外的生活。这些改变也逐次体现在了家电广告中，如今广告中家庭主妇的形象依然存在，但也有了更多“突破自我，享受生活”的女性形象。

图 3-3-28、3-3-29、3-3-30　三幅图是惠普 3D 打印机的系列广告，该系列广告就是运用了 3B 原则——动物、美女、小孩，生动地表现了打印机的 3D 效果。

图 3-3-31　Brastemp 烤箱广告，画面中虽然没有出现家庭主妇的形象，但从文案可以看出，该广告的主要诉求对象就是全职家庭主妇。趁着妈妈不在，姐姐拿妈妈的口红涂满弟弟脸和身子，如果使用 Brastemp 具有精确定时功能的烤箱，妈妈们就不需要时刻守在厨房，可以有更多的时间照料孩子。

图 3-3-32 惠而浦专业运动洗衣机广告，该洗衣机让人们可以尽情享受运动的快乐，不用担心泥污衣物的洁净问题。画面中球场上的女性队员虽然满身泥污，但充满了运动与力量之美，颠覆了以往家电广告中女性主要担当家庭主妇的刻板形象。

4. 创意表现

- 中国

创意是广告的灵魂，是广告引起消费者注意，激发消费者购买欲望的驱动力，有效的广告创意能够直击消费者的内心深处，给人以心灵上的震撼。20 世纪 90 年代以来，虽然大量中国家电企业都在媒体投放广告，但其广告内容和形式都较为单一，大部分都是产品图片的展示或是价格促销信息。近年来中国广告人不断发散思维，也创作出了一些思维新奇、切入点奇特的家电广告。

图 3-3-33　博世家电视频广告，通过拟人化的处理，将博世各门类家电的“他们为什么看不见我”的心声表达出来，直到某一天，拟人化的博世终于明白，因为自身给家庭带来的便利，以致让他们习惯博世家电的存在，突出博世家电的便捷性和功能性，表达出主题“忘了我，享受你的生活”，拟人化的处理让人好奇又印象深刻。

图 3-3-34　LG 精巧背投彩电广告，画面构图大胆，红色与蓝色对比强烈，通过“在小客厅看背投式电视不得不坐到阳台上”这一夸张表现，衬托出 LG 精巧背投电视的优点——画面精巧，小客厅看背投不必如此辛苦。

● **美国**

美国广告走在世界前沿，广告创意往往新颖别出。美国家电广告很少出现单纯的产品展示，有些创意初看让人不甚理解，明白创意点后又会让人会心一笑。与中国家电广告偏重于写实不同，美国家电广告中表现的场景通常是真实生活场景的夸大或虚构，通过大胆的想象和思维发散将现实生活中不可能出现的场景呈现在受众面前，从而通过夸张或怪诞的手法鲜明地表现其广告主题。在表现形式上，美国家电广告并不拘泥于摄影摄像等写实的表现手法，手绘、彩陶等表现手法都出现在家电广告中。有些广告还会采用一定的叙事手法，通过讲故事的方式传达广告主题。

图 3-3-35　飞利浦剃须刀广告，构图大胆，画面十分简洁，只有一抹干草一般的小胡子在画面的中心，以此表现飞利浦剃须刀在使用过程中目标准确，想留下的就能留下，欲剃掉的准能剃得干干净净。

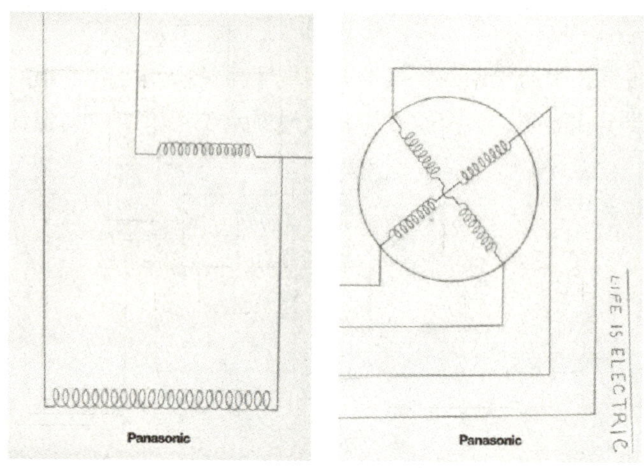

图 3-3-36、图 3-3-37　松下电器的品牌宣传广告，通过画面中手绘的电路图，表现松下电器对手工制造的坚持，而文案“Life is electric”则清楚地传达了松下对“电，让生活更美好”这一信念的坚持。

图 3-3-38　LG 电器广告，画面通过彩陶卡通人物呈现，由于画面中的女人使用电器声音过大，吵醒了睡梦中的婴儿，由此引发的一连串的“噪音”令人难以忍受，右上角文案跃然而上，以“Nothing is more useful than silence”（静音是金）表现 LG 电器操作时安静无声，不会给人的生活带来困扰。

第四章 出行广告

人类对世界的认识来自直接经验和间接经验两部分，人类通过对外部世界认识的积累，从而实现认识自我的目的。在现代社会，这种认识的积累多来自借助各种媒介的间接接触；而走向户外的身体力行却是任何媒介都不能替代的直接体验。出行的需要，从某种程度上说是在满足了衣食住等基本生存需要后，人类更高层次的生存需要。

中国有徐霞客明朝年间徒步游历天下，著成记录中原风土人情的《徐霞客游记》；西方有马可波罗跟随商队出使元朝，编成《马可波罗游记》让世界的另一端的人们了解中国。然而由于经济发展与交通技术的限制，近代以前能像徐霞客、马可波罗一样一人一马游历出行的人少之又少。19 世纪以来，蒸汽机的发明、应用与机械制造工业的蓬勃兴起带来了交通方式的革命。从蒸汽推动的火车到燃油发动的汽车飞机再到现在由太阳能与清洁电能供能的绿色交通网络，人们的出行方式变得丰富而多元。借助不断进步的现代科技，无论是选择出行的交通工具还是选择出行的户外运动模式，人们在满足衣食住等基本需要后，也拥有了越来越多的出行选择权。

本章以汽车和户外运动体现“出行”主题。汽车是现代社会最普及最高效的交通工具，从 19 世纪末诞生伊始，汽车工业的发展一直朝向“平民化”迈进。户外运动是休闲出行的代表方式，当今以探险为主题配以专业装备的户外运动是现代人的追求之一。本章聚焦汽车广告和户外运动用品广告，以此作为出行广告的代表，一较中美广告的表现异同。

第一节　汽车广告

早在20世纪六七十年代，中国曾被称为“自行车王国”，那时人们短途出行更多是依靠人力驱动的自行车、三轮车，汽车被看作一种奢侈品。在新中国成立后第一台汽车被制造出来的时候，中国人因终于拥有了一种尖端工业制造技术而扬眉吐气。而大洋彼岸的美国一早就被称为“汽车轮子上的国家”：一则是因其地广人稀，出行不便，汽车是人们最基本的代步工具；当然更重要的是美国这个插着现代工业革命翅膀建立的国家一贯拥有世界最先进的汽车制造工艺。美国一些城市更是因拥有完整的汽车生产链而繁荣，即使历经不同阶段的经济危机而大受影响，美国汽车业在今天仍旧是这个国家的经济支撑性产业，通用、福特都还是响当当不容小觑的名字。

到了21世纪的今天，汽车在中国早已走下了奢侈品的神坛，成为都市人日常出行的代步工具。中国汽车的合资品牌和民族品牌不断扩大市场份额，一些有实力的汽车制造商更是去到他国收购名牌汽车商的股权，如在2010年吉利控股集团就正式完成了对福特汽车公司旗下沃尔沃轿车公司的全部股权收购。在把汽车推向中国大众的过程中，广告起到了无可代替的作用。本节即以汽车为题，深入对论中美两国汽车广告的态势。

一、汽车的发展及其演变

汽车原指以可燃气体作动力的运输车辆，后来指自身有装备动力驱动的车辆。汽车一般具有四个或四个以上车轮，不依靠轨道或架线而在陆地行驶。[①] 汽车的发明要追溯到 19 世纪末。1885 年，德国工程师卡尔·本茨制成了世界上第一辆三轮汽车（如图 4-1-1 所示），并于 1886 年 1 月 29 日申请并获得了发明专利，所以，1886 年 1 月 29 日被称为汽车的诞生日。自此，汽车工业走上了一条蓬勃发展的道路。首先是金属结构的汽车被发明，汽车的承载能力大大提高，并投入了工业化大规模生产。其次，汽车在形状和颜色方面更加多样化。1924 年，庞蒂亚克公司与杜邦油漆公司合作推出了第一辆彩色（蓝色）汽车，改变了汽车只有单一的黑色的惯例。

图 4-1-1

20 世纪的最初 30 年，汽车设计由于欧洲设计师的加入开始向现代化转变，其中最具有代表性的汽车形状是流线型。1913 年，意大利人 Giuseppe Merosi 为 Count Ricotti 公司设计的汽车

① 参见百度百科词条“汽车”，http://baike.baidu.com/view/4033.html。

是流线型的最早期作品。流线型在 30 年代几乎就是时尚的代名词，车头变宽，将轮胎包入，前大灯陷入车头，挂在车尾的独立式行李箱也与车尾融为一体。这些设计的突破奠定了现代三厢轿车的雏形，完全摆脱了马车的影子。

在汽车普及化方面，美国在第一次世界大战前就凭借福特的流水线生产模式走在世界前列，而汽车在意、英、德等欧洲国家是第二次世界大战后才大量进入家庭，并在 20 世纪六七十年代达到高峰。第二次世界大战结束后欧洲车坛诞生了很多实用经典的国民车，采用尽可能简单耐用的机械结构，造型成为附属品，这其中最具代表性的汽车就是大众甲壳虫（如图 4-1-2 所示）。甲壳虫是汽车史上划时代的经典，也是历史上生产周期最长的一款车，由于其简单耐用、便宜省油，迅速成为当时世界上最畅销的汽车，也奠定了大众汽车在汽车界的地位。这一时期的汽车形制的主流是国民车，意在把汽车这种原本只被少数人消费的奢侈品平民化，1948 年法国雪铁龙 2CV、1948 年英国 Morris Minor、1957 年意大利 Fiat500、1959 年英国 Mini 等都是国民车的经典。

图 4-1-2

第二次世界大战结束后十几年，美国汽车爆发式增长。“更大更好”成为格调，性能的重要性逊于外表，汽车设计更强调款式和舒适度，长尾鳍成为那个时代美国汽车的典型特征，后来楔形车身即短尾设计的运动汽车开始大量出现，如六七十年代的中置发动机跑车兰博基尼、法拉利、玛莎拉蒂以及福特野马、克维特、道奇蝰蛇都采用了长车头，短而宽阔的车尾。美国经济的强大以及意大利、英国为首的欧洲小厂热衷表现美学功底，使追求运动气息的年轻人开始追求 Coupe 车型，阿斯顿马丁 DB2、阿尔法罗密欧 Giulietta、玛莎拉蒂 A6 等都是那个时代的经典。20 世纪 70 年代后石油危机爆发，人们逐渐失去对 Coupe 的热情，转向经济实用的小型车，尤其是日系车。

20 世纪 70 年代受石油危机影响，汽车开始向多样化的实用性发展。来自军用、农用、远征等领域的设计凭借特别“缺少风格”的怀旧情结和强烈的实用性特点，在汽车界掀起波澜并在后来成为时尚，最能体现这种转变的就是美式吉普。1974 年第一辆切诺基诞生，成为吉普汽车史上最为成功的系列。吉普把以前的粗犷越野车变成了一种时尚都市汽车。

现代经济发展迅速，人们更加追求个性，更加挑剔，思想更加多元化，这也导致多种汽车设计风格同时涌现。如经典主义，是设计师本身对于过去经典的缅怀与尊敬，代表为大众新甲壳虫、Mini 和克莱斯勒 PT 漫步者；边锋主义的设计理念被普遍认为从福特 GT90 开始，设计上更注重线条层次感，代表车型奔驰 A 级；流线主义在边锋主义的影响的设计更为运动和时尚，这在 90 年代末的一些跑车上得以体现，如第一代奥迪 TT、福特雷鸟等。

21 世纪后，边锋主义成为主流，汽车设计上，不论内饰还是外部都追求极其硬朗的线条。这种线条风格让汽车看起来强劲有力、安全，但它迫使汽车变得更长更宽更高，这对于中大型车和跑车非常合适，比较经典的如克莱斯勒 300C、兰博基尼 GALLARDO 等。[①]

中国的汽车工业在最初的几十年里发展缓慢。中国人拥有的第一辆汽车是袁世凯于 1902 年送给慈禧太后的礼物（如图 4-1-3 所示），那时候汽车完全是舶来品。1912 年孙中山先生在江阴考察时首次提出要在中国建立汽车工业，汽车制造被提上日程。张学良将军是第一个组织生产国产汽车的人，1931 年 5 月，辽宁迫击炮厂试制成功了中国第一辆国产汽车——民生牌 75 型。民国时期中国汽车工业虽然起步，但由于其特殊的历史时期，经济动荡，战乱不断，国产汽车并没有在大众的生活中普及。

图 4-1-3

1949 年新中国成立后，国家着手重建汽车工业，1953 年第一汽车制造厂动工，毛泽东主席为奠基仪式亲自题写了“第一汽车制造厂奠基纪念”。1956 年我国生产的第一辆汽车下线，毛主席又亲自为其命名——“解放”。同年 5 月，第一汽车制造厂试

① 参见百度百科词条“汽车发展史”，from = related&hasrec = 1om/view/2087327. html。

制成功东风牌轿车，送往北京向党的“八大”献礼，这是中国自制的第一部轿车（如图 4-1-4 所示）。然而中国的汽车制造工业在技术上缺乏应有的实力，中国轿车的鼻祖是第一代汽车技术人员和工人手工敲打制造而成，以凤凰车为例，其发动机采用南京汽车厂的四缸发动机，底盘仿华沙轿车，车身外形仿顺风车，零件靠手工技术和在普通机床上搞革新切削加工完成。

图 4-1-4

由于技术的不成熟，第一批轿车并没有真正成为国家领导人的座乘。汽车工人们很快投入产品改进中，在造出东风车后的 4 个月，“一汽”就造出了造型精美、具有民族特色、实用性能较好的高级轿车——“红旗”（如图 4-1-5 所示）。1959 年第一批红旗 72 型轿车参加了国庆游行和阅兵，并成为中央部委领导的公务用车。同年，仿制德国 1956 年出产的奔驰 220s 的新型凤凰轿车试制成功，并成为中国的又一种定型轿车，由此揭开了中国轿车工业生产的历史。1964 年，“一汽”正式成立轿车厂，1965 年 9 月 19 日，一辆崭新的红旗 770 型三排座样车开进北京。该车长 5.7 米，内饰考究，乘坐舒适，造型也为全世界所称道，一亮相就受到国家领导人的高度赞赏。1966 年，红旗 770 轿车进入批量生产阶段，同年 4 月，国家领导人纷纷改乘红旗。1972 年，毛泽东的专车也换成了红旗特种车，从而奠定了红旗轿车的至尊地位。

图 4-1-5

20 世纪六七十年代，除了红旗外，中国唯一大批量生产的轿车就是上海牌轿车。1964 年，凤凰牌轿车改名为上海牌，并对制造设备做了系列改进，轿车质量得到稳定和提高。到 1979 年，上海牌轿车共生产一万七千多辆，成为我国公务用车和出租车的主要车型，在此期间，上海牌轿车支撑着国内对轿车的需求。

新中国自力更生制造出的轿车填补了中国汽车工业的空白。但由于我国的汽车工业与国外如美国、德国、日本等一流的汽车工业交流较少，发展远远落后于世界汽车工业。另外，我国最初的汽车工业以载货车为主导，对轿车缺乏重视，这使得我国的轿车工业技术水平长期处于极为稚嫩的状态。

改革开放后，中国经济迅速发展，对轿车的需求越来越强，中国落后的轿车工业无法满足需求，一时间外国轿车大量涌入中国。为了迅速提高中国轿车生产能力和技术水平，中国汽车工业开始走上与国外汽车企业合作、引进消化外国先进技术的发展道路，具体方式从进口全部散件组装开始，逐渐提高国产化率。其中 80 年代中期可视为第一阶段，建立了上海桑塔纳、广州标致两个合资企业，还引进了夏利、奥迪等车型。90 年代前中期可视为第二个阶段，中外合作及技术引进都进一步深入，主要引进车型的国产化率达到 80%以上，质量显著提高，价格不断下降，国产轿车占据了绝大部分市场销售份额，轿车开始迅速进入百姓家。1998 年以来，以中外合作和技术引进为基础的我国轿车工业又迈上了一个新台阶，广州本田、上海通用和一汽大众分别引进了届时最新的高档车型雅阁、别克和奥迪 A6。21 世纪以来，国产汽车品牌如吉利、比亚迪等都不断发展提升，特别是 2008 年美国次贷危机后，欧美经济萧条，国产汽车品牌参与欧美一流汽车品牌兼并整合，显示出划时代的进步。

二、汽车广告比较

（一）中美汽车广告的发展演变

由于汽车的价格较普通的消费品昂贵，其选择消费的过程往往需要更多的决策时间，所以汽车广告往往投放在传统媒体报纸、杂志和电视上。这三类媒体面向大众，特别是汽车消费的目标受众。随着网络技术的普及，一些汽车品牌不断尝试通过互联网发布汽车广告，这类广告虽不占据主流，但引领新趋势，且往往与商业活动的策划相结合，是一种广义上的汽车广告投放。

伴随汽车的诞生，汽车广告的出现至今已有百余年的历史。有据可查的最早的汽车广告刊登在 1898 年 8 月 13 日的《科学美国人》杂志上，是由一家位于俄亥俄州克利夫兰市名为“The

Winton Motor Carriage Co.”的汽车制造商刊登的广告，其文案为“Dispense with a horse. The Winton motor carriage.”（让马车都歇了吧，有温顿牌汽车呢）（如图 4-1-6 所示）在汽车出现的早期，它的主要竞争对手还是马车，汽车制造商要做大量工作说服人们放弃传统马车，改用汽车。

图 4-1-6

随后，汽车制造业在美国兴起，汽车广告随之风生水起。20 世纪早期，美国拥有全球最发达的传媒业，纽约曼哈顿区的麦迪逊大道逐渐成为全美广告业的中心，出产着最高水准的汽车广告。最初的汽车广告更像是商品介绍，内容和形式都很单一。当时汽车还是新鲜事物，公众对它缺乏了解，所以这个时期的汽车广告大多是车辆的照片配合大量文字介绍，突出介绍汽车和其他交通工具相比的优势和特点（如图 4-1-7 所示）。

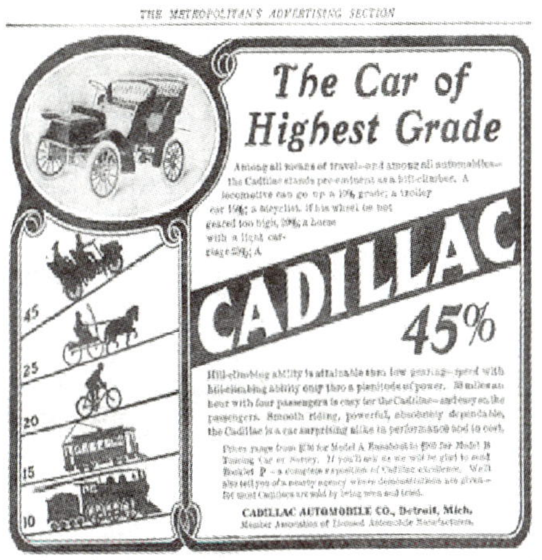

图 4-1-7

20 世纪 20 年代，凯迪拉克率先采用彩色的车身涂装，汽车外观终于摆脱了单调的黑色，拥有了斑斓的色彩，此时汽车平面广告也开始采用彩色印刷技术（如图 4-1-8、4-1-9 所示）。

图 4-1-8

图 4-1-9

1929 年开始，经济大萧条的阴云笼罩着美国，这让刚刚进入繁荣期的汽车产业遭受沉重打击。人们捂紧钱包，价格成为消费者最为关心的要素。汽车厂商尝试用价格打动消费者，这都体现在这一时期的汽车广告上，如图 4-1-10、图 4-1-11 分别是 1930 年道奇汽车广告和 1933 年庞蒂克汽车广告针对价格的诉求。

图 4-1-10　　图 4-1-11

到了 40 年代，战争成为世界的主题。这一时期，美国的主要汽车制造商接到大量军方订单，为美军提供军用车辆及发动机。这时的汽车广告多以战争为背景，汽车制造商都在突出自己保家卫国的荣誉感（如图 4-1-12、图 4-1-13 所示）。同样在 40 年代，商业电视网络和电视机开始在美国普及，汽车广告有了电视新媒介，而在此之前，汽车制造商通常利用电影胶片拍摄视频片段用于产品宣传。

图 4-1-12

图 4-1-13

20 世纪 70 年代，石油危机爆发，汽车工业再一次面临严峻的考验。此时汽车广告开始打节能牌，油耗说明时常占据广告版面的主要位置，一些高油耗强动力的汽车如野马汽车也会强调自己的产品比以前更加节省油耗（如图 4-1-14 所示）。这一时期，燃油经济性更好的日本汽车在美国市场迎来了春天（如图 4-1-15 所示）。

图 4-1-14

图 4-1-15

20 世纪 80 年代以后，汽车进入人类社会的各个方面，生活、生产、文化、体育，无处不见汽车的身影。但汽车的发展也带来能源、环境、交通和安全等一系列社会问题。汽车广告不再局限于汽车产品本身，而以主题取胜。另外电脑图像技术的进步也为天马行空的广告创意提供支撑，汽车广告变得更加多元化。

汽车诞生之后，随后引进到中国。1920 年，在上海的《东方杂志》17 卷 24 号刊上，一家名叫“华昌贸易”的公司刊登了销售“NASH”牌汽车的整版广告。商家夸赞 NASH 的六大特色至今依然是不少新车的卖点。1926 年《东方杂志》由上海美通汽车公司刊登的福特汽车广告与 NASH 的广告样式基本相同，但在对福特汽车的宣传上，用了更简洁，更吸引眼球、更易记忆的词汇“便利、舒适、美丽、稳快”，定价一千一百六十两银子。除了这些“硬广告”之外，当时的《东方杂志》还刊登了不少有关福特公司经营管理方面的文章，可以算得上是“软文广告”的先驱。到 1928 年，《东方杂志》上的雪佛兰广告语看上去就更加现代，广告语为“更大、更佳、更强固、焕然一新!”（如图 4-1-16 所示）中国早期的汽车广告基本上都刊登在报纸或杂志上，汽车作为一种奢侈品，被权贵阶层垄断。

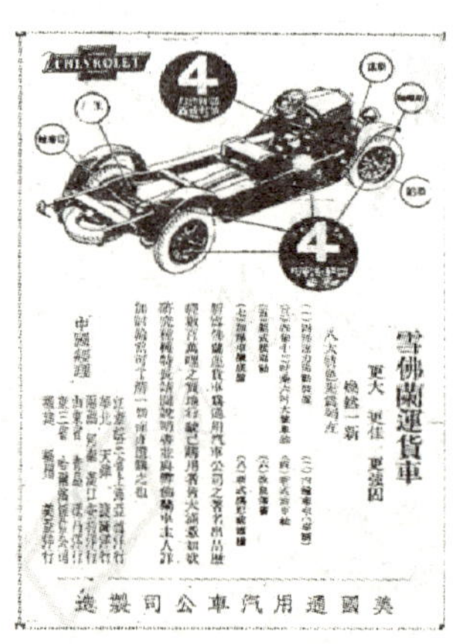

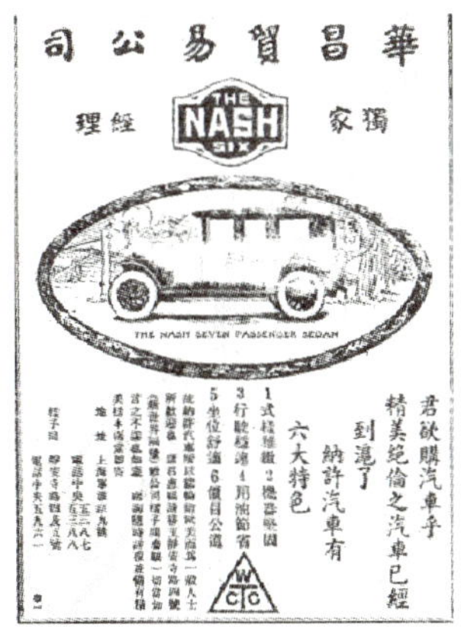

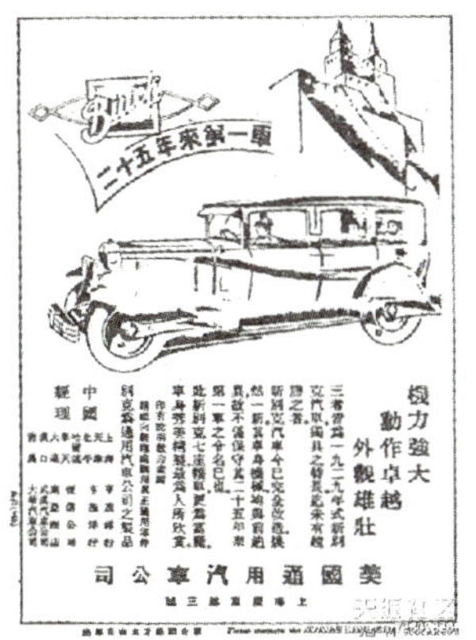

图 4-1-16

1949 年新中国成立后，国家经济处于恢复重建过程中，汽车制造技术较为落后，这一时期的汽车广告也不存在。从 20 世纪 80 年代开始，中国通过与国外企业合资的方式促进汽车产业发展，桑塔纳、富康等品牌汽车开始通过广告方式促销产品。但总体来说，这一时期的汽车广告数量稀少，质量也不高，很多汽车广告看起来更像是纪录片（如图 4-1-17 所示）。

图 4-1-17

90 年代后，中国的汽车广告自有其特殊性。由于制造水平相较于欧美国家来说仍属起步阶段，整个汽车市场的发展水平还比较初级。汽车广告相较于其他商品的广告而言，内容仍比较单一，大多数还停留在展示产品功能、规格、价格、内饰等细节阶段，突出“以产品为中心”。比较普遍的一种汽车广告表现形式就是汽车奔跑配文案主导，“动力卓越”“精彩生活”“精彩演绎”之类的放之四海皆准的文案解说大行其道，受众对不同类型汽车的特点和定位并不能很好地区分。进入21世纪，随着国产汽车产业的快速发展和国民收入的普遍提高，汽车逐渐成为大众交通工具，汽车广告开始注重塑造品牌内涵，品牌汽车广告形成了各自的市场定位。但汽车广告总体来说仍处在发展阶段，令人印象深刻的创意汽车广告还是乏善可陈。

（二）中美汽车广告比较

1. 诉求方式

- **中国**

理性诉求方式在中国汽车广告中是很常见的一种表现方式，通过展现汽车所拥有的先进技术来体现汽车的非凡性能，广告通常会显得主题鲜明、利益点突出。汽车的高品质性能有时会通过理性诉求和感性诉求结合的方式来表现。通过先进的座驾来实现美好的生活、人生的梦想是中国汽车广告中常见的表现手法。此外，随着中国汽车广告的发展，性诉求也逐渐被纳入，广告时常运用人体来表现汽车的优美线条和气质。

图4-1-18　哈飞赛豹汽车广告，非常典型的理性诉求方式的表达，结合多国最先进汽车制造工艺的产品。

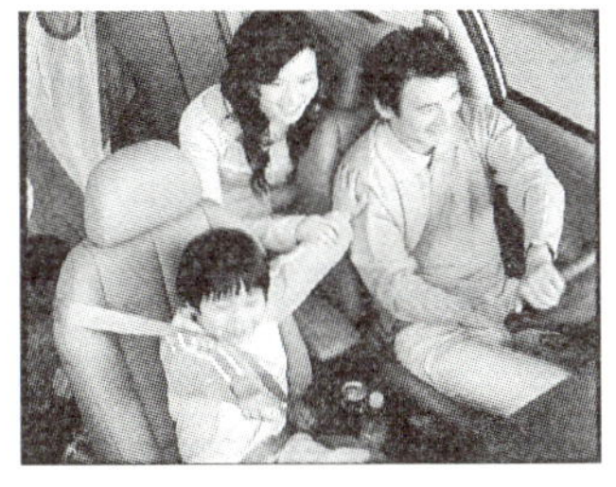

图 4-1-19　北京现代伊兰特汽车广告，运用感性诉求和理性诉求结合的方式，表现出先进技术保证的汽车实现美好生活的画面。

图 4-1-20　名爵 MG5 汽车广告，运用性诉求的方式表现汽车的优美和魅力，女体的画面是中国广告走出含蓄的性感的第一步。

- **美国**

美国汽车广告中各种诉求方式都很常见，运用理性诉求表现汽车性能的优越，运用感性诉求展现一种生活方式、一种人生理念或者是美国梦，运用性诉求体现汽车本身的吸引力，或者运用幽默诉求和音乐诉求结合的方式展现一种汽车不再是汽车那么简单的意义。总体来说，美国汽车广告的形态较为多样，不同诉求方式结合的表现方式是美国汽车广告发展较为成熟的表现。

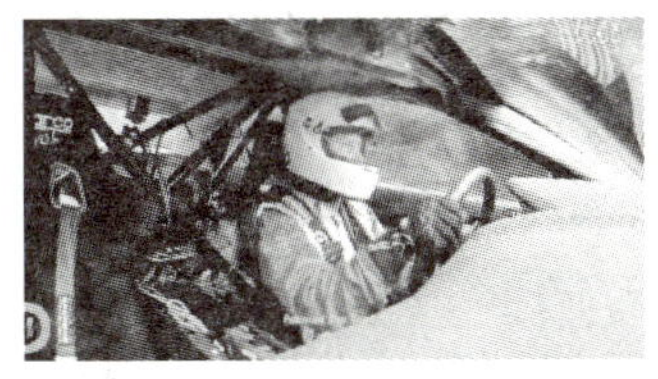

图 4-1-21　凯迪拉克 ATS 汽车视频广告，运用理性诉求方式体现其卓越的运动性能，采用多国先进技术合成，并经过专业车手试车，以保障其运动驾趣。

图 4-1-22 克莱斯勒汽车视频广告，运用感性诉求方式将汽车和美国梦联系在一起，无论生活多艰难，人总是因为有梦想而获得希望。

图 4-1-23 菲亚特 500 汽车视频广告，运用性诉求方式表现汽车的无限魅力，汽车如同异国美女一样独具诱惑而无可抵挡。

图 4-1-24 雪弗兰汽车视频广告，运用幽默诉求和音乐诉求方式，汽车变成了一件乐器，可以演奏美妙的音乐。

2. 诉求点

● **中国**

在中国汽车广告中，比较常见的诉求点有诉诸汽车品牌、汽车科技和生活方式等许多方面。一种品牌的汽车往往定义了驾驶者的身份。这背后所代表的生活方式的选择和世界观的选择反过来投射到汽车本身，是一种品牌的汽车成为一种人生的代表。而构成汽车卓越品质的汽车科技也就成了保证汽车品质的有力依据。

图 4-1-25　奔驰汽车视频广告，高端稳重是其品牌内涵。

图 4-1-26　别克汽车视频广告，全片传达出一种理想的精神境界，表达了一种超然的世界观。

图 4-1-27　北京现代伊莱特汽车视频广告，强调改变以往枯燥的生活方式。

● 美国

美国汽车广告中含有深厚的汽车文化，这也是美国汽车广告所不同于中国汽车广告的地方。汽车不再是一种驾驶工具那么简单，它深深地融入人们的生活之中。汽车旅馆、汽车电影院等与其他生活场所结合起来的消费方式也成为美国所特有的汽车文化现象。而产品性能、品牌、环保、生活方式的诉求点也散见于各式美国汽车广告中。由于美国汽车市场的发展较为成熟，美国汽车广告的卖点也多种多样。

图 4-1-28 雪佛兰大黄蜂汽车视频广告，女友送来的礼物原本是一台冰箱，但冰箱旁的汽车才是他所喜欢的东西，以为梦想成真的男主人公叫来自己所有的好友庆贺。

图 4-1-29 宝马汽车视频广告，平衡功能是其诉求点，超凡的平衡能力来自宝马的品质保证。

3. 元素运用

- **中国**

名人代言在中国汽车广告中占据一席之位，一些大众喜爱的明星会为一款亲民性的汽车代言。而大多数中国汽车广告则是忽略主角的个体特征，强调其社会特征，即是什么样身份的人开什么样的车，或者是开什么样的车才能体现其身份地位。所选场景往往是代表着开拓进取的自然景观，代表着美好生活的家庭温馨画面，代表着成功的都市楼宇等。儿童和动物在近年来的汽车广告中逐渐增多，为中国汽车广告增加了一抹温情的元素。

图 4-1-30　南京依维柯汽车视频广告，为大家所熟知的演员葛优是其代言人。

图 4-1-31　本田雅阁汽车视频广告，汽车在旷野上奔驰，在楼宇间穿梭，诠释了开拓和成功的内涵。

图 4-1-32　海南马自达福美来汽车视频广告，汽车变成了充满父爱的摇篮，让婴儿熟睡。

● 美国

美国汽车广告的主角多种多样，可以是人类，也可以是动物；可以是成人，也可以是儿童。广告场景多种多样，已不限于男性在社会上的成功和进取等主题，这缘于在美国汽车早已成为人们出行最主要的代步工具，是生活的必需品之一，所以在美国汽车广告里所反映的主题也多种多样。

图 4-1-33　斯巴鲁汽车视频广告，全片都以狗作为主人公，表现了狗在美国人心目中的特殊地位。

图 4-1-34　大众汽车视频广告，一个黑武士装扮的孩子对着家里的一切“发功”，幻想自己有超能力，父母并没有喝止他，父母应该保护孩子的想象力。

4. 创意表现

- **中国**

中国的汽车广告整体来看创意元素并不多，表现形式也趋同：高档汽车通过繁华都市或社交场景来凸现汽车品质，中档汽车通过自然风光与人同行的方式体现其个性不凡，低端汽车则是用性价比来表现其基本的代步功能。尽管也有广告运用了一些电脑三维技术或者虚拟元素，但总体来说创意表现方式比较模式化。

图 4-1-35 别克汽车视频广告，汽车在林间灵动行驶，以自然景观为场景是中国汽车广告的一个典型创意表现情景。

图 4-1-36 威驰汽车视频广告，故事情节创意，并请明星作为主角，这样的表现方式是目前中国汽车广告较为独特的创意表现形式。

● **美国**

美国的汽车广告同其汽车工业一样已经发展到很高的水平。早在 20 世纪初，大卫·奥格威列举了劳斯莱斯的 19 种优点成为广告史上的经典之作。其后的一百年间，美国汽车广告更是佳作频出。美国汽车广告创意表现的特点体现在题材的多样，诉诸汽车本身的性能或者汽车工业所能涵盖的工作和生活，甚至是美国梦都可以成为美国汽车广告的主题。同时汽车广告表现的形式也丰富多彩，比如全欧美大热的吸血鬼题材可以表现汽车大灯的明亮度，比如所谓“2012 玛雅人预测的世界末日”可以表达在不可抵御的自然灾害中汽车的质量优异。

图 4-1-37　奥迪汽车视频广告，以当时最热门的吸血鬼题材为创意，旨在突出卓越的汽车照明效果。

图 4-1-38　雪佛兰汽车视频广告，以世界末日为题材，意在表现汽车的非凡的坚固构造。

第二节　户外运动用品广告

随着生活节奏的加快，人们长期游离在乏味的生活状态中，被烦琐的日常事务束缚，“走出去”“亲近自然”的欲求越来越迫切，因而外出旅游、户外运动等都成了人们日益喜爱的生活方式，特别是户外运动，在休闲、娱乐之余，还能拥抱自然、锻炼体魄、寻找刺激、挑战自我。户外运动的兴起不仅给人们带来一种健康阳光的生活方式，还带动了户外运动用品产业的发展，这对经济发展、社会和谐、环境保护等都有着深刻的影响。

户外运动于 20 世纪 80 年代左右引入中国，到 21 世纪才逐渐兴盛。大多数人认为户外运动专业性较强，对参与者的体质、经济等方面要求较多。人们对户外运动的认知还大多停留在“运动”这个层面上，这也一定程度上致使户外运动用品产业在中国发展滞后，以及户外运动用品的广告在内容表现上受局限。户外运动在美国非常平民化、大众化，其普及率高，受众喜爱度也高。在美国，户外运动早已与人们的生活融为一体，尤其野营、跑步、钓鱼、自行车和徒步这几类项目最受追捧。在这样一种“全民户外”的氛围下，又在美国这样一个特色鲜明的文化环境中历练多年，户外运动用品广告无不体现着户外运动与美国文化、与人们生活方方面面的“河同水密”。本节将以户外运动及户外运动用品为主题，进行中美户外运动用品广告的对比分析。

一、户外运动用品的发展及其演变

户外运动是一种把旅游、运动、文化、人际交流等多方面结合起来的活动，它种类繁多，涵盖水面运动、陆地运动、山地运动、机动车船及航空运动等多个领域中的多种形式，还有为大家所熟知的球类运动、骑射等娱乐休闲运动，其中最常见的形式就是登山、漂流、徒步、野营、攀岩、速降、越野等。户外运动大多数都带有探险的性质，正是这样才吸引了众多的户外运动爱好者。他们通过自身的努力锻炼身心、磨炼意志，同时让自己更贴近自然、感受自然。在进行户外运动时，除了要掌握一定的技术之外，装备也十分重要。与户外运动种类的繁多相对应，户外运动用品涵盖的范围也很广泛，主要有两大类：穿着用品和装备用品。穿着用品包括了冲锋衣裤、速干衣裤、排汗内衣、保暖的抓绒衣裤和羽绒衣裤等具有一定功能的服装类别，登山鞋、运动凉鞋、排汗袜等鞋袜类别，以及帽子、手套、眼镜等配饰类别；装备用品包括野营用的睡袋、帐篷、防潮垫等，照明用的头灯、手电、营灯等，还有背包、炊具、水具、通信工具，以及其他方便户外出行的各种用品。

户外运动最早被当作一种生存手段，如采药、狩猎、巡山等，它的历史可追溯到 18 世纪。当时法国著名科学家德·索修尔为了探寻高山的植物资源，悬赏激励人们登上海拔 4810 米的阿尔卑斯山顶峰勃朗峰。1786 年 8 月 6 日，一位名叫巴卡罗的医生与当地一名水晶石采掘工人巴尔玛结伴，历时两个多月首次登上了勃朗峰，随后，以德·索修尔领队的 20 多人再次登上勃朗峰，拉开了户外登山运动的序幕。此后，一些因工业革命成长起来的实业家、企业家等社会新阶层，在有了一定资本后为了追求刺激而把户外运动（当时主要为登山）作为一种休闲方式，户外运动由此进一步发展。第二次世界大战期间，军队为了特殊地形的作战需求，开始发展攀岩、野营等技术以及相应的装备。第二次世界大战后，随着经济的发展，户外运动开始脱离军队作战和求生所需，走进大众的视野。1989 年，新西兰首次举办了一场越野探险挑战赛，此后多种多样的户外运动赛事随之兴起，户外运动成为人们娱乐休闲、实现自我的一种新方式。户外运动在 20 世纪已风靡欧美国家，于美国来说，户外运动是作为一种生活方式、一种社会文化现象而存在；于美国国民来说，户外运动是上至老人下至儿童都非常喜爱的活动，人们经常参与的户外运动多达 40 余种。户外运动在维护美国国民身心健康，促进社会经济发展方面都发挥着重要作用。

伴随着户外运动发展而兴起的是户外运动用品产业。早期的户外运动用品品类单一，不具备专业性，而现在户外运动的发展壮大促使很多产品及品牌都在原有的基础上不断革新，使得户外运动用品产业越来越成熟。比如法国品牌觅乐（Millet）最初只是生产帆布包的公司，而今跻身为全球户外品牌的领军行列；乐斯菲斯（North Face）成立之初只涉足登山用品零售；高门（Coleman）从燃油气化灯一步步发展为如今全球市场份额名列前茅的国际知名品牌；还有历史悠久的艾高（AIGLE），最早只生产马靴和耕种时穿的水鞋，而其产品现在不仅涵盖服装、胶靴，还包括背包、帽子、手套等配饰及其他一系列专业户外运动用品。这些品牌的发展可以说是早期成立的大多数户外品牌发展历程的一个缩影。户外运动用品产业的发展也经历了这样一个由业余向专业，再逐步向如今的大众休闲转变的历程。

在中国，户外运动用品产业起步较晚。据资料记载，我国户外运动用品的萌发期是在 20 世纪 80 年代初，当时德国的 Big Pack 品牌在南京加工户外产品，并有小部分产品流入市场，但当时的消费群体仅限于专业的户外运动者，专业销售渠道也没出现，所以还不具备形成产业的条件。20 世纪 90 年代之前，国内还没有专业的户外运动用品生产企业，这时的户外运动爱好者使用的都是来自国外品牌的户外运动用品。90 年代之后，我国沿海地区开始出现一些生产户外运动用品的企业，与此同时，欧美日韩一些比较成熟的户外运动用品品牌开始进入我国，并以绝对性优势很快占领相当一部分市场。到了 90 年代末，户外运动在北京、广州、昆明、上海等地悄然兴起，借助电视、杂志、报纸和互联网等媒体的强力宣传，户外运动迅速成为一种社会时尚，并很快发展到国内其他大城市，户外运动用品的广告应运而生。21 世纪以来，日益激烈的竞争催生了我国大量的本土户外运动用品品牌，在市场需求下，无论是本土品牌还是国外品牌，都在产品及品牌的推广、宣传方面大下功夫，户外运动用品的广告渐成气候。

二、户外运动用品广告比较

（一）中美户外运动用品广告的发展演变

户外运动用品广告以宣传户外运动、户外运动用品品牌为其核心内容，最常见的形式是平面广告，多刊登在杂志等印刷媒体上，其次是视频类广告。户外运动用品广告作为连接户外运动及品牌与消费者之间的纽带，对户外运动、户外运动用品品牌的发展都起到很大的推动作用。它带给消费者的是一种健康的生活方式、一种时尚休闲的娱乐选择和一种刺激享受的自我释放。

户外运动用品广告的发展是一个循序渐进的过程。早期户外运动的类别不够细化，人们经常参与的户外活动有游泳、冲浪、漂流等水上运动，还有骑车、登山、跑步等简单的基础性运动，因此早期的户外运动用品广告也主要针对泳衣、胶鞋等“日常”产品，其主题简单，形式也简单。到后来户外运动类别细化，品牌及产品都更加专业化，因而广告的产品主体随之发生变化，由原来的日常用品扩展为诸如冲锋衣、睡袋、背包等专业用品。随着人们思维定势的逐步形成，当今户外用品广告主体局限于专业户外运动用品，而泳衣等日常产品则被划归在外。

在美国，户外运动及用品逐步由边缘化转向专业化，户外运动用品广告也同样经历了这样一个阶段，即由开始的边缘产品广告，如山地车、橡胶鞋、泳衣广告等，转为现在专业指向性强的，以户外运动用品为主体的广告。就广告形式而言，户外运动用品广告的媒介载体早已多样化。早期的平面广告主要是图画配文案，广告目的就是通过画面展示产品，文案言简意赅，如图 4-2-1 所示的知名自行车品牌 Schwinn 的广告，文案“Now for Christmas”（圣诞之礼）寥寥数语结合画面，栩栩如生地展现孩子们看到自行车礼物时的欣喜表情。早期的视频广告与平面广告同出一辙，即注重产品与生活场景的融合，通过展示人们日常使用广告产品的画面，宣传产品和品牌的效果，如图 4-2-2 所展示的 Coleman 视频广告，就将 Coleman 的产品，包括灯具、厨具、睡袋等融入人们的户外运动中。

图 4-2-1

图 4-2-2

在中国，户外运动用品广告随着人们对户外运动的观念由陌生到熟悉的变化而逐渐发展。中国早期的户外运动用品广告基本上都是平面广告，且大多通过报刊刊载。与其他早期报纸广告类似的是，户外运动用品广告以文字为主，注重对品牌名称的宣传，不太关注对产品性能的描述。另一种形式是图文结合的报纸广告，图片简化，如图 4-2-3 的“回力鞋广告”。上海回力鞋业创建于 1927 年，生产运动休闲鞋、专业体育用鞋以及户外健身运动鞋。从回力鞋 20 世纪 20 年代中后期刊登在《申报》的广告可见，其内容突出“回力球鞋”四个大字；到 30 年代，广告亮点还是“回力球鞋”四个大字，但字体更具艺术性，还配有不同产品的图片，并采用彩色印刷。相较而言，后者更注重产品形象的传播而不仅仅停留于对品牌名称的宣传。

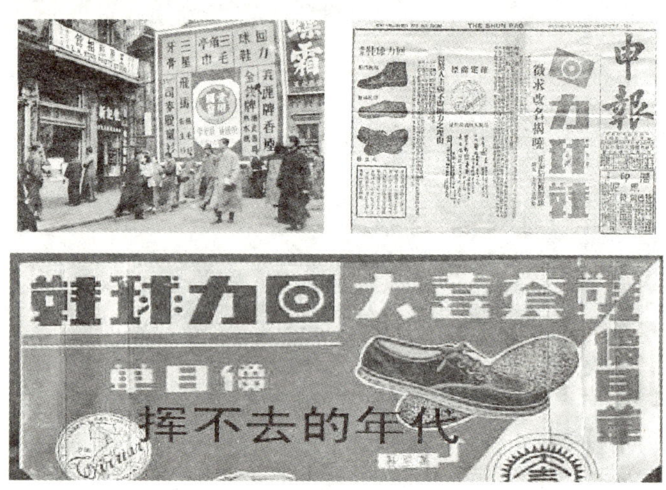

图 4-2-3

在全球大众体育浪潮兴起的社会背景下，“户外运动”“健身”等名词开始流行，中国人越来越关注、了解并逐渐参与到户外活动中。户外运动通过对传统体育运动的改造、渗透、融汇和创新不断发展，成为人们在工业化、现代化的今天亲近大自然、追求自由、张扬个性的一种生活方式。观念的转变带给户外运动周边产品制造产业的新兴活力，互联网的发展与电子商务的推动，使得人们能够更加方便快捷地购买到适宜的户外运动用品。户外运动与户外运动用品受到更多人的关注，其广告的形式也越来越丰富多样。

（二）中美户外运动用品广告比较

1. 诉求方式

- **中国**

在中国，人们的消费观念相对保守，通常会在消费方面量力而为。因此理性诉求是中国户外运动用品广告最常见的诉求方式——将户外运动用品的实用价值作为广告的核心，直观展现产品特性，树立品牌形象，吸引受众消费。感性诉求也为户外运动用品广告所广泛使用，因中国的户外运动用品广告缺乏直接传递“亲民户外”的基础，因而“消减人们对户外的排斥思想”“宣传户外，让人们接受、参与户外活动”成为广告的首要目标。只有人们接受并愿意参与户外运动，户外品牌和产品才有发展的“后备力量”，而感性诉求的运用更容易达到这一目的。

图 4-2-4　奥索卡轻型系列广告，运用理性诉求，通过衣服飘浮在空中、文案字体波浪状悬浮其后的画面，突出产品“轻”的特点，平铺直叙，广告主旨一目了然。

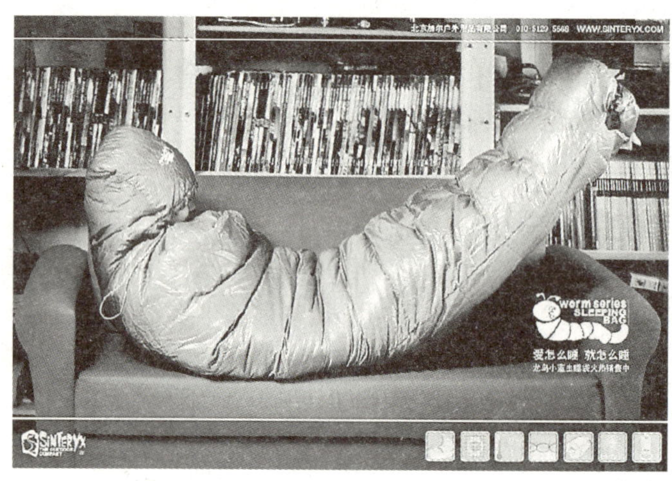

图 4-2-5　龙鸟睡袋广告，运用理性诉求，在静谧幽暗、使人容易犯困的书房演绎龙鸟睡袋“爱怎么睡就怎么睡”的方便实用功能，直接客观地展示产品的特性及用途。

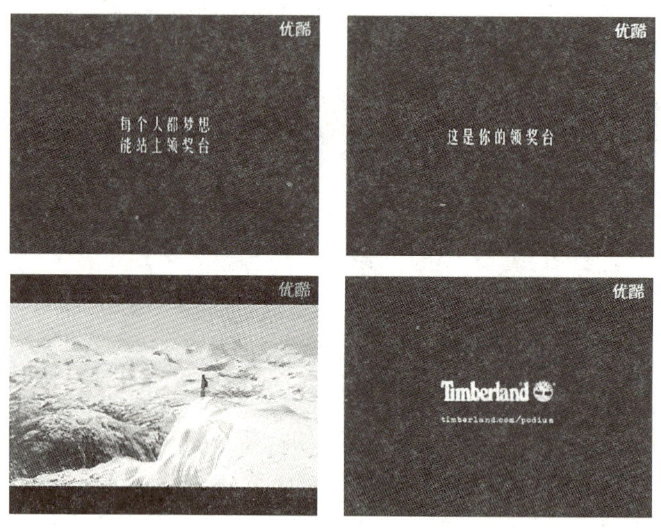

图 4-2-6　Timberland 视频广告领奖台篇，运用感性诉求，把顶峰喻作领奖台，喻作成功的顶端，表达对所有有梦想的人的鼓励和支持，只要不懈努力，就能取得成功。

- **美国**

在美国，几乎各种诉求方式都有效充分地运用在户外运动用品广告中。美国人非常讲究经济实用，追求产品的实际效用和品质，加之美国户外运动用品行业间的激烈竞争，广告通过理性诉求方式传达实用价值观念随处可见。同样感性诉求作为一种培养受众品牌忠诚度的有效方式，也被大量采用。此外恐怖诉求、幽默诉求等在中国户外运动用品广告中较为少见的诉求方式，在美国的广告中都能见到。

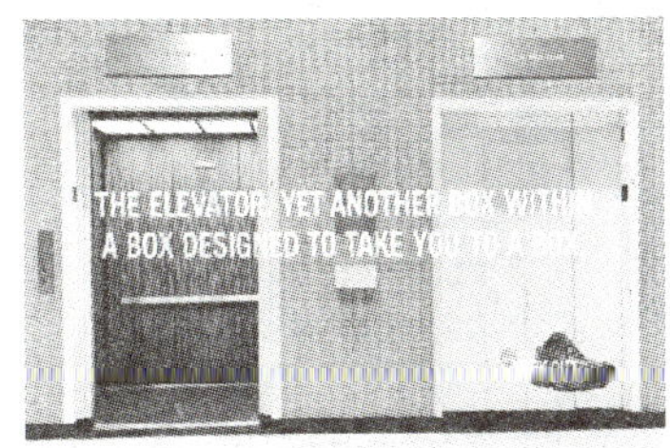

图 4-2-7　Timberland 户外装备视频广告，运动恐怖诉求，展示欲寻求出路却难以逃脱的困境，警示人们不要被各种条框束缚，要多走向户外、亲近自然，广告含蓄隐晦但主题深刻突出。

图 4-2-8　Merrell 登山鞋视频广告，运用恐怖诉求，描述没有好的登山鞋的后果，同时展示其产品的良好工艺和性能，刺激受众购买。

图 4-2-9　Coleman 户外休闲品牌广告，运用幽默诉求的方式，通过动物被室内外交界的木桩“卡”住的风趣画面告诫人们“Don't get stuck inside”(切勿受困户内)。

2. 诉求点

● 中国

在中国，虽然户外产业还未发展成熟，但随着人们对户外休闲的关注度不断提升，对户外产品及品牌的认知度也逐渐提高。在品牌意识不断强化的国人眼里，树立户外运动用品良好的品牌形象大有可为。因此，无论是进军国内市场的国际品牌，还是本土品牌，都注重品牌形象的构建。另外，中国自古以来便追求“天人合一”，强调人与自然的和谐统一。因此出于人们对自然的一种原始的牵引和情感，“亲近自然”的观念被充分地体现在户外运动用品广告中。在品牌之下，物质追求和精神追求也是很多广告着眼的利益点。这点表现在注重产品的品质以及生活质量的提升。还有人们通过参与户外运动得到锻炼、磨砺，从而获得自我价值的实现和提升，这一诉求点在吸引更多户外运动爱好者方面发挥着很大作用。

图 4-2-10　探路者视频广告，以品牌形象、亲近自然为诉求点，通过展现人与自然水乳交融、浑然一体的美好场景，拉近人与自然的距离，并借此宣传其品牌核心“探路者，自由的心”，树立良好的品牌形象。

图 4-2-11　奥索卡户外装备广告，以品质为诉求点，通过文案中“五颗星”的高度评价传达其产品的优良品质及带给人们的舒适体验。

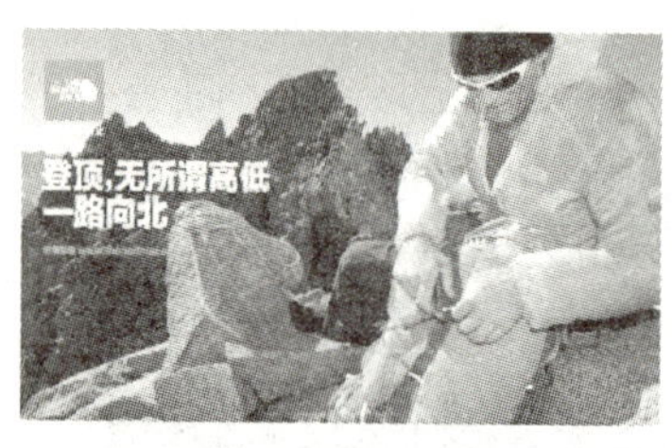

图 4-2-12　The North Face“一路向北”系列广告，以自我实现为诉求点，分别从成功、行动、探索、历练、竞争、分享这六个角度传达“探索永不停止”的核心理念，鼓励人们勇往直前。

- **美国**

在美国，好的户外品牌很多，讲求实际的美国人在消费时会比较注重产品自身的品质，因此功能和实用性是美国户外运动用品广告比较常见的诉求点。当然，既能给人们带来安全感又有良好品质的产品更能博得受众的喜爱。户外运动不仅意味着“运动”，还能带来快乐。美国人崇奉享乐主义，快乐是他们亘古不变的追求，因此产品带给人们的享受感和满足感的诉求在广告中必不可少。同样出于人们对自然的喜爱，回归自然的需求是每位户外运动爱好者的心之向往，因此对自然的向往也成为广告极力要唤起的情感。

图 4-2-13　Columbia 户外广告，以产品功能为诉求点，与气候环境融为一体，非常“实在”地体现产品防水的功能，文案言简意赅，主旨清晰。

图 4-2-14　Timberland 衣服广告，以产品功能和安全感为诉求点，把衣服比拟成雨伞，可见其产品防水速干的功能强大，好品质能使受众放心消费。

图 4-2-15　Timberland 宣传广告，以享乐为诉求点，通过小孩玩耍的画面，劝告受众“Don't build playgrounds，Find them”，要善于自己去发现快乐。

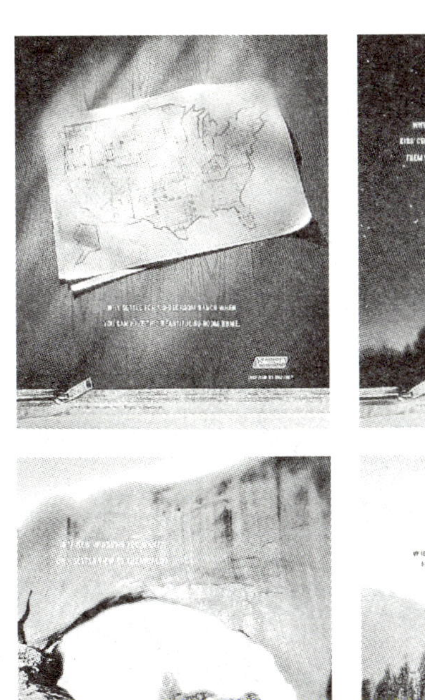

图 4-2-16　Coleman 品牌宣传广告，以回归自然为诉求点，通过对农场、星空、良好视野和自然环抱的渴望，展现人们与自然的原始牵引，鼓励人们走出户外，回归自然。

3. 元素运用

- **中国**

在中国，名人作为一种典型元素在各类广告中屡见不鲜。户外运动用品广告的代言人通常有两种，一种是“户外行业明星”，即在户外运动方面具有影响力的代表人物，如珠峰火炬手吉吉代言沃德，杰出企业家、户外探险家王石代言探路者等；另一种即是青春活力、拥有广泛粉丝的“大众明星”，如李妍熙、BIG BANG 代言 The North Face，何润东代言牧高笛等。广告一方面希望通过名人树立典型，对受众起到感召作用，另一方面希望借助对名人的“跟风”“模仿”，能有效激发受众对户外活动及户外运动用品的潜在需求。此外，由于户外运动用品广告多采用“回归自然”的诉求点，因此风景元素是几乎所有视频广告中必不可少的，有山有水才有户外，而这些山山水水、人杰地灵的美好画面，对追求天人合一的中国人来说是一种释放、一种享受，更具有吸引力。

图 4-2-17 探路者王石代言广告，运用名人元素，以一个事业成功且在户外运动方面颇有成就的典型人物、中国户外运动爱好者们崇拜的英雄——王石，为广大户外一族起到一个引导模范的作用，同时也为探路者本身塑造一个本土品牌的领军者形象。

图 4-2-18　探路者央视广告，运用风景元素，清澈的流水、湛蓝的湖面、碧绿的树林，悠闲的牧马，风景优美、人杰地灵，将户外美景展现得淋漓尽致。

● 美国

在美国，风景元素同样少不了。自然没有国界，宇宙万物皆为一体，世人都有对自然的向往，所以草木山水不可或缺。人物也时常出现在户外运动用品广告中，但与中国户外运动用品广告不同的是，广告中的人物通常只是一般的户外运动爱好者，因为户外运动在美国普及程度高，几乎人人参与。即使不是名人，只要广告“有思想、有内容”，也能达到良好的宣传效果。另外，动物也时常被用作广告的主角。动物生于自然长于自然，是与自然最亲近的物种。因此用动物展示自然的美好、户外的美好再合适不过。同时动物们生性自由、无拘无束，也很好地契合了美国人推崇自由的文化。

图 4-2-19　REI（Recreational Equipmen，全球最大的户外运动用品连锁零售组织）的宣传广告，运用风景与人物元素结合的画面勾勒人们对户外运动的执着追求，体现户外运动带来的美好体验。

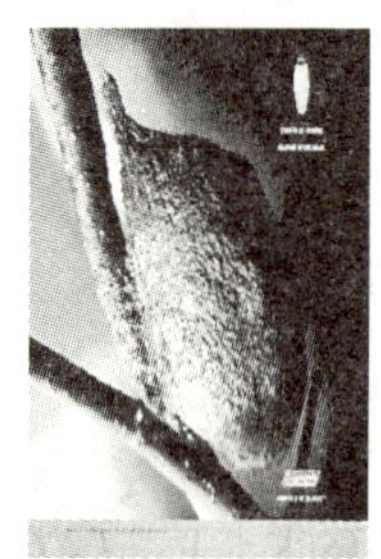

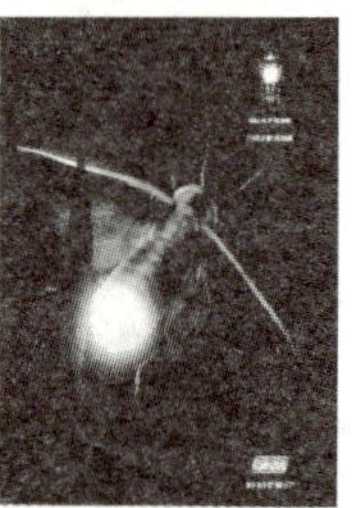

图 4-2-20　Coleman 户外装备广告，运用动物元素，将它们的特性与户外装备的特性有机结合，找到二者的共通点，“Created by nature. Adapted by Coleman”（自然造，Coleman 造），借自然之力宣传产品。

4. 创意表现

- **中国**

在中国，户外运动用品广告很多还停留在让人们了解户外运动、宣传产品和品牌的层面，因而创意表现的形式较为单一。最常见的是信息型和权威型广告。信息型广告表现就是在广告中除了展示产品之外，还将产品的相关信息，如工艺、材料、适用范围等直接陈述，让受众直观了解产品信息。权威型广告表现就是借助户外行业明星或专家的影响力，说明某品牌产品优于其他产品。由于大部分国人对户外品牌的了解程度不高，因此这样的广告对他们更具说服力。有时，户外品牌广告还会与其他社会热点话题相结合，比如公益，以此树立良好的品牌形象。

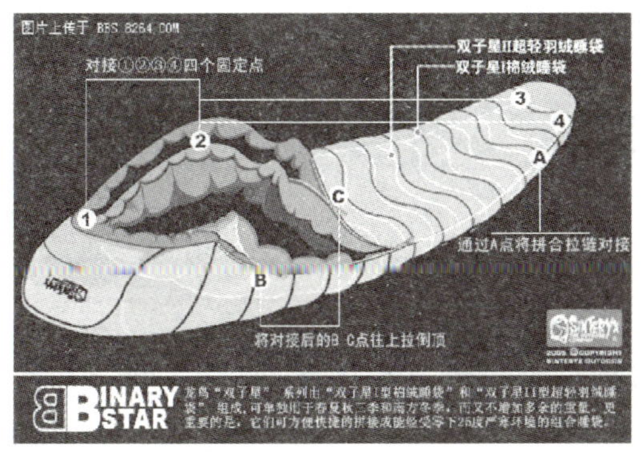

图 4-2-21　龙鸟睡袋广告，以信息型的创意表现形式，直陈产品的使用方法、适用范围等信息，使受众一目了然，便于了解产品。

图 4-2-22　探路者王石代言广告，以权威型的创意表现形式，借助王石在中国户外行业的影响力，提升探路者品牌形象。

图 4-2-23　Lafuma 品牌宣传广告，通过与公益结合的创意表现形式，展现 Lafuma 关爱社会、推崇社会公德心，以此树立良好品牌形象。

- **美国**

在美国，户外运动深入人心，户外运动用品广告的创意表现形式相对比较丰富。信息型、权威型这类比较普遍常见的广告形式在美国也有。此外，美国的户外运动用品广告也有与公益、环保等全球关注话题相结合的案例，契合时下社会热潮，以创意取胜。另外，美国的户外运动用品广告还擅于借助媒介创新，如运用环境媒体的创意表现，融创意于生活。

图 4-2-24 Columbia 运动吊牌系列网络广告，采用与运动元素结合的创意表现形式。每个随衣附着的吊牌都有特殊的功能，可以让消费者获得更棒的户外体验，如有的吊牌是钓鱼线，有的则是指南针。吊牌的功能突出了其户外品牌特性，同时小小的创意设计也使该品牌系列在户外运动爱好者中引起了关注与热议。

图 4-2-25　Timberland 广告，运用环境展示的创意表现形式，街头墙壁的涂鸦新颖有趣，引人注目，广告展现出的肆意放纵的涂鸦风格与 Timberland 产品的不羁风格暗合，借此表达其产品能让用户获得随意舒适的用户体验。

图 4-2-26　Timberland 防水鞋广告，运用个性化展示的创意表现形式，将产品直接置于水缸，直观地表现其产品的防水功能。

图 4-2-27　Jansport 背包广告，运用梦幻型创意表现形式，通过粉色羽毛、粉色头发的美女，结合粉色的背包，给人一种柔美梦幻的感觉，让人们相信广告产品如同羽毛般给人舒适的享受。

第五章　日用品广告

日常生活用品是人们日常家居生活中必不可少的用品，包括洗漱用品、厨卫用品、化妆用品、床上用品等几个大类。日用品是人们生活中快速消耗的商品，人们需将日常花费的一部分固定用于日用品消费。随着时代的发展，科学技术不断惠及人们生活，日用品的种类越来越多，产品设计越来越人性化。不单在家庭生活中，在宾馆、医院、公司等众多室内活动场所，亦少不了日用品的影子。正因为日用品无声地融入人们的日常生活，人们理所当然地将其当作生活的一部分，反而不太把它们作为研究对象。

日用品广告与其所宣传的商品类似，因为与消费者距离过近而常被忽视。然而，不可否认的是，这类常在无意中被研究者遗忘的商品广告在人们的生活中扮演着十分重要的角色。通过广告不但可以看出产品发展的过往、新技术的诞生、人们追求重心的改变，更可以窥见特定时间地点下的时代现状与生活在其中的人的状态。本章将以纸质卫生用品和洗涤用品这两类最常见的日常生活用品广告为研究对象，追溯其发展历程，比较中美两国此类产品的广告特色，研讨其外在表现形式并探究产生异同的内在原因。

第一节　纸质卫生用品广告

卫生用品内涵广泛，是人们用于保持个人清洁卫生、消毒防护和追求便捷使用的物品。受其材质限制，卫生用品在不同的时代呈现出不同的产品形态。现代社会中，由于大工业的生产方式，可以使人们在众多材料中自由选择最舒适便捷的方式保持个人卫生。纸质卫生用品因其成本低廉而又方便卫生，已成为大众的使用首选。由于成本低廉及卫生的要求，卫生用品多为一次性使用。对于卫生用品的界定，卫计委颁布的《消毒管理办法》中规定：一次性卫生用品划归消毒产品管理，包括妇女经期卫生用品，尿布等排泄物卫生用品，皮肤、黏膜卫生用品，隐形眼镜护理用品（隐形眼镜护理液、隐形眼镜保存液、隐形眼镜清洁剂）和其他一次性卫生用品（纸巾纸、卫生棉签、化妆棉/纸/巾、手/指套、口罩、纸质餐饮具、避孕套）等。

纸质卫生用品发展至今已经成为人们生活中不可或缺的快速消耗品，人们在日常家居中必须保持固有额度的消费以维持个人卫生健康，纸质卫生用品的消费群体可以说遍布所有人群。但是有些特殊的纸质卫生用品，如婴儿纸尿裤与女性卫生巾，由于其用途针对特定的目标消费群体，其消费购买者往往是女性，而女性消费者在纸质卫生用品消费上具有趋同的消费心理，如求实心理、从众心理、情感心理等。本节通过梳理婴儿纸尿裤和女性卫生巾广告的发展，比较其广告表现。

一、纸质卫生用品的发展及其演变

纸质卫生用品，是指由纸为原料的，使用一次后即丢弃的，与人体直接或间接接触的，为达到人体生理或卫生保健如抗菌或抑菌的目的而使用的各种日常生活用品，包括妇女经期卫生用品如卫生巾、卫生带和卫生纸、卫生护垫、卫生栓和产妇巾等；婴儿使用的尿裤、尿垫等；还有人们平常使用的湿纸巾、餐巾纸、卫生棉签、化妆棉等一系列产品[①]，本节所讨论的个人纸质卫生用品主要指妇女卫生巾和婴儿纸尿裤。

作为女性生活中的必备品，卫生巾很早就有了类似用途的产品的雏形。据史料记载推断，公元前1550年，埃及已有用软布来应付女性例假的方法。[②] 古代中国妇女则使用长白布巾更换后用清水加明矾清洗，古希腊妇女则用麻布包在木头上，当作卫生棉条，这些都是最早的卫生巾的雏形，但此类卫生巾不但不方便而且不舒适。

到了19世纪，卫生巾迈入“可洗式卫生棉”阶段，女性会将棉絮或碎布装入袋中，制成所谓“碎布袋”当作卫生棉使用。除了使用碎布袋外，那个年代的女性会在臀部与衣服中间穿上“卫生围裙”——以半片围裙大小的橡皮垫，别上一块棉布，然后围在腰部，橡皮垫上的棉布贴着臀部绕过阴部，再使用安全别针或吊夹固定。即便如此，那时来例假的日子还是让女性觉得很不方便。

直到第一次世界大战期间，“纤维棉”的发明被应用在抛弃式绷带及其延展的产品中，护士们从中得到灵感，参照抛弃式绷带的制作方式用棉或包裹奶酪的布自行制作“抛弃式卫生巾”，现代卫生巾由此诞生。1921年，世界上第一片抛弃式卫生巾来自美国克拉克公司（Kimberly-Clark），1927年娇生公司也推出

---

① 参见中国产业信息网，http://www.chyxx.com/industry/201705/521099.html,2018.4.19。

② 《巾非昔比：古代社会女性月经期用什么》，http://www.sohu.com/a/198884408_99914308。

了一个卫生巾品牌——摩黛丝（Modess）。

20 世纪 70 年代，卫生巾的演进有了重大突破，就是“自粘式背胶卫生巾”诞生，1989—1990 年间“好自在蝶翼”与“丝薄卫生棉”改写了卫生巾历史。前者使卫生巾能够更好地帖服，有效减少卫生巾移位和渗漏的问题，而后者使其体积大幅度减小，不但增加了女性经期的舒适度，更使女性经期也能行动自如。

如今随着技术的不断发展，女性对卫生巾的要求越来越高，相关产品也在不断改良。现在卫生巾按使用时段，通常分为日用型和夜用型；按照卫生巾外形结构，通常分为无翼型、护翼型、立体护围、卫生护垫四种，这其中包括加长、加宽型的特别设计；按照其表面材质，可分为干爽网面和棉质网面；按照卫生微生物学的特性，又可分为普通级、消毒级和具有抗菌作用三类。

相比卫生巾，现代婴儿纸尿裤出现的时间要晚一些。最早的婴儿尿裤十分简便，植物叶子、动物皮或者叠好的野草苔藓都可以作为尿裤。而在寒冷的地方，为了保暖，婴儿经常被包裹在毛毯里，这些毛毯就是最初的尿裤。直到 19 世纪中叶，随着工业化生产大量制造出价格便宜的棉纺布，最初的尿布诞生。长方形或者正方形的尿布被折叠或系在宝宝的内衣里，用于兜住大小便。聪明的妈妈们为了更好地保护宝宝，又往尿布里添加了天然的吸水物质如苔藓或泥炭，或是把两片或更多的尿布叠在一起防止漏尿。

现代一次性纸尿裤的雏形则要追溯到 1930 年左右。为了解决第二次世界大战期间棉花紧缺的问题，德国人发明了一种利用木浆制作而成的纤维棉纸代替棉花，这种棉纸质地非常柔软，又有很强的吸水性。1942 年瑞典人鲍里斯特尔姆发明了两件式的纸尿布，外层是塑料裤，内层是纸做成的吸收垫，但是这种一次性的纸尿布容易破损，破损后碎屑会沾满孩子的屁股，所以很长时间内并没有被推广。鲍里斯特尔姆的发明可视为第一代纸尿裤。

纸尿裤历史上的又一进步是力求解决尿液渗透的问题，这归功于美国一位妈妈在纸尿裤下加上了一个防水层，并为之申请了专利，此可视为第二代纸尿裤。真正意义上的纸尿裤于 1961 年由美国宝洁公司推出，以三角形的设计，使纸尿裤能够很好地贴合宝宝的身体，并采用可黏式搭扣，方便纸尿裤的固定，但吸水材料的吸水效果并不理想，纸尿裤仍然存在漏尿情况，此为第三代纸尿裤。成功解决纸尿裤漏尿问题的新型吸水材料的发明则要归功于航天业的发展。为解决宇航员的如厕问题，1980 年美国太空总署为太空用纸尿裤加入高分子吸收材料，以此将纸尿裤革新到第四代，各纸尿裤品牌纷纷打出太空牌，在各自产品中使用吸水力强且防渗漏的高分子材料。

纸尿裤的发展也是随着技术的进步而不断改良。如今，纸尿裤按其造型可分为腰贴型和裤子型；按其尺寸可分为爬爬裤、拉拉裤、成长裤等。

二、纸质卫生用品广告比较

（一）纸质卫生用品广告的发展演变

最早的一次性卫生巾诞生于 1888 年，那时的卫生巾作为一种新兴产品，其广告以文字为主，言辞隐晦（如图 5-1-1 所示）。该广告文案左侧配以手绘女士及产品包装图片，广告文案着力叙述产品的功能、新技术对于产品效果及使用舒适度的提升，并且开始注重产品包装设计，力求使其看起来不像是一盒卫生巾，因为卫生巾在当时仍然是一个私密的话题，女性不想让人一看就知道自己拿了一个卫生巾的盒子。为了吸引更多的女性消费者，尤其是年轻消费者，生产商还派发写有生理卫生知识的小册子让女孩们潜意识中记住产品，从而培养潜在消费者。同时，广告商也在广告中强调产品的高性价比，以吸引更多女性尝试使用新产品。这是一个产品概念推广的阶段。

图 5-1-1

到了 20 世纪四五十年代，卫生巾广告中图片占比加大，文字开始减少，且广告图片中的女性大多被置于出游、聚会、购物等日常生活场景中。广告商还倾向于用几张连续图片展示一个故事梗概，吸引消费者的筹码也从知识普及类读物转变为礼品赠送。此时卫生巾产品的功能不再是广告的核心诉求，广告突出宣传的是使用者的“自我爱护”和“自我保护”意识，产品消费被称道为明智和时尚。

20 世纪六七十年代，卫生巾广告更是大量使用图片，长段的文字不复出现，只有少量文案点缀在广告中，卫生巾广告由此进入读图时代。在广告文案中，产品的功能仍然是内容重点，如产品的贴身柔软、高吸收力、保护长效等。针对产品功能的诉求多借助广告中自信女人之口，感性诉求方式在广告中的使用比例开始上升，广告更强调女性是自己的主人，这与同时期女权主义萌芽的社会背景相关。

20 世纪 80 年代以后，卫生巾广告大致可以分为人物类和非人物类两种。这一时期的广告主流沿袭了以图片说话的模式，文字退于角落，广告采用夸张或具视觉冲击力的图片再配以少量文案强调产品的功能，诉求方式多是感性诉求与理性诉求相结合。基于消费者的精明和挑剔，广告商对于产品功能的展示，多采用婉转的表现方式如明喻、暗喻、拟人等手法。在画面元素的选择上，更看重“减法”，即“少即是多”（Less is more）的概念，画面中只呈现重要元素，大量留白，以求在现代社会广告充斥眼球的环境中反其道以留白吸引消费者的注意力。

纸尿裤广告与卫生巾广告类似，均是伴随新产品的研发而发展，广告诉求侧重由功能转向情感表述。纸尿裤广告伊始，广告商诉诸纸尿裤的便捷、透气、卫生等，其功效使婴孩幼儿舒适、健康，使妈妈们大获解放，因而画面展示多是母子相处的欢乐温馨的场面。作为一种新兴产品，技术的更新换代是广告的强化之点，故在纸尿裤同质化趋强的年代，纸尿裤广告的图解性也是此品类广告的特点之一（如图 5-1-2 所示）。

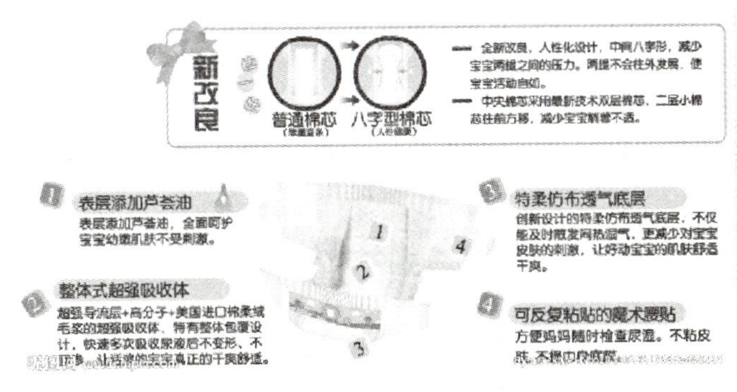

图 5-1-2

到了 20 世纪 80 年代，纸尿裤广告的元素较多以婴儿为主角，呵护有加的母亲不再陪伴其左右。婴儿多展现为独立的个体，探索般玩乐，广告多由图片画面主导，文案性的功能诉求被逐渐淡化。进入 90 年代后，纸尿裤广告与卫生巾广告一样，进入“视觉为王”的时代，婴儿成为广告中绝对主导的元素。

在中国，卫生巾和纸尿裤作为舶来品，其生产和流行是近三四十年间的事情，因此中国纸质卫生用品的广告历史并不长。相比美国纸质卫生用品广告百年有余的发展历程，中国纸质卫生用品广告具有新生的活力。针对卫生巾广告，以往大多数的中国女性内心较为传统保守，对于像月经期这种时期，人们更多的是想摆脱尴尬，能够自由地运动、工作与生活。但近年来，卫生巾广告的诉求方式不断多元化，一些品牌开始采用轻松活泼的主题，男性代言人也开始出现在广告中。婴儿纸尿裤广告经过最近二十多年的发展，关爱婴孩的主题不变，但广告元素已由绝对的母子情深，延展到以父亲作为主角。纸尿裤广告有时还会让时尚明星代言，以彰显品牌效应。

（二）中美纸质卫生用品广告比较

1. 诉求方式

- **中国**

在中国，纸质卫生用品广告的诉求方式以理性诉求为主，产品所使用的技术、特点，如棉柔、瞬吸、超薄等都是广告宣传的主要内容；少量感性诉求的广告则多结合理性诉求，友情、亲情是最常见的交融点，广告常通过一定问题带来的麻烦引出针对问题解决的产品，结合产品功能，将理性诉求融入感性诉求中。随着消费者对产品认知度、认可度的加强，广告目的会由单纯的介绍推荐转向品牌的树立，这也是感性诉求结合理性诉求、以感性诉求为主的诉求方式大行其道的大好契机。可以预见，纸质卫生用品广告在将来会有更为多样的诉求表现方式。

图 5-1-3　好奇牌纸尿裤广告，采用理性诉求，着重介绍产品采用的技术及其效果。

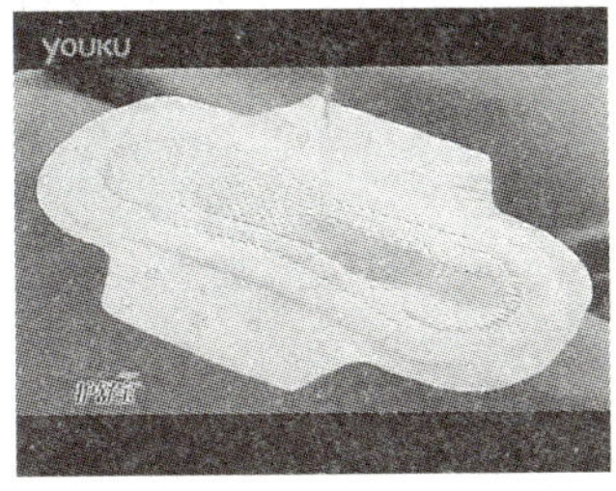

图 5-1-4　护舒宝卫生巾视频广告，采用感性诉求为主、理性诉求为辅的诉求方式，表达好东西要好姐妹一同分享的主题。

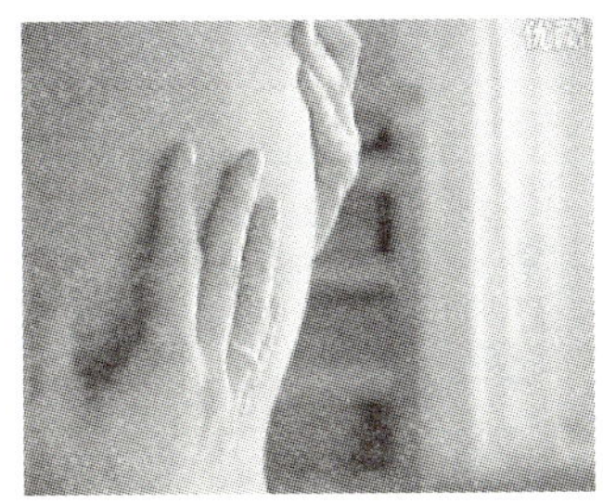

图 5-1-5　帮宝适纸尿裤视频广告，采用感性诉求表现妈妈对孩子的呵护与关爱，打出母爱牌，体现浓浓的母子情。

- **美国**

美国卫生巾和纸尿裤广告的诉求方式丰富多样，以感性诉求为主，产品主要针对女性和婴儿群体，亲情是广告中最主要的表现主题，如父母对婴孩的关爱、母亲对刚步入青春期少女的关心。卫生巾广告会强调异性间的吸引力，如经期同样想要吸引男性目光的女性，只要使用广告产品，便会忘记所处的特殊生理期的烦忧。除此之外，其他品类广告中常见的恐怖诉求、音乐诉求、幽默诉求也同样被运用在卫生巾和纸尿裤广告中。针对产品功能介绍的理性诉求方式占比较小，因为美国的卫生巾、纸尿裤产品已经进入品牌销售阶段。

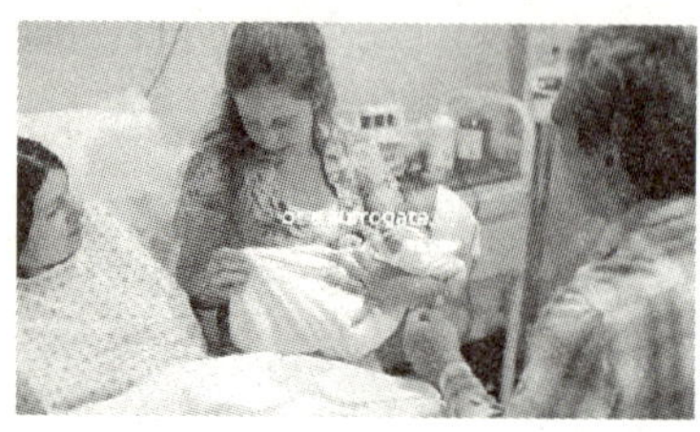
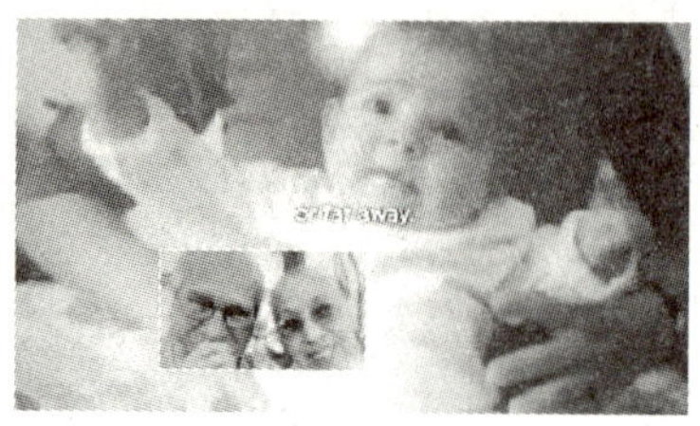

图 5-1-6 帮宝适纸尿裤视频广告，采用感性诉求，描述新生儿的到来给各个家庭所带来的喜悦，纸尿裤能帮助父母照顾好这个家庭的新成员。

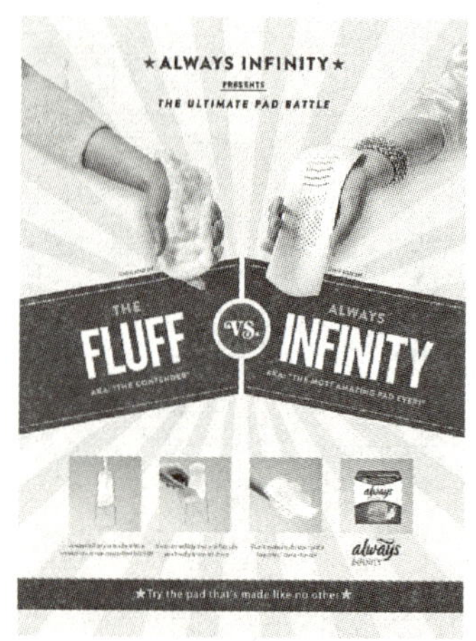

图 5-1-7 Always 卫生巾广告，采用理性诉求，用对比的方式展现产品的优越性，产品质量优劣一看便知。

图 5-1-8　Always 卫生巾广告，采用性诉求方式，将男性拟作卫生巾，将其身置女性角度看待女性特殊时期的多种需求。

图 5-1-9　Tampax 卫生巾广告，采用恐怖诉求，将游泳时泳衣掉落与卫生巾掉落类比，暗示即使比基尼松落，嵌入式卫生巾都不会掉出。

2. 诉求点

● 中国

在中国消费者心目中，品牌往往关联品质、关联喜好，所以纸质品广告中众多品牌都在反复强调其品牌标识（Logo），意欲增强消费者的记忆。纸质品的快消特点，意味着其为消费者维持生活的强制性支出，由此物美价廉便成为许多消费者的首选。纸质品广告除了对其快消特征的谙熟，也有意识地增加产品的附带功能，如卫生巾强调添加精油的护理功能，可视为品牌为增强产品竞争力对其区隔点的彰显，这也是产品提升自我价值的惯用手法。

图 5-1-10　帮宝适纸尿裤视频广告，产品与品牌是广告中反复强调的重点。

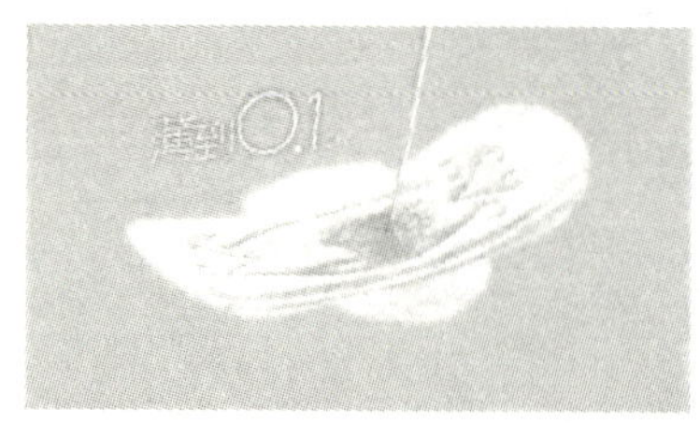

图 5-1-11　自由点卫生巾视频广告，以卫生巾让人舒适自在为诉求点，此诉求点与产品品名“自由点”完美结合，体现了一语双关的品牌内涵。

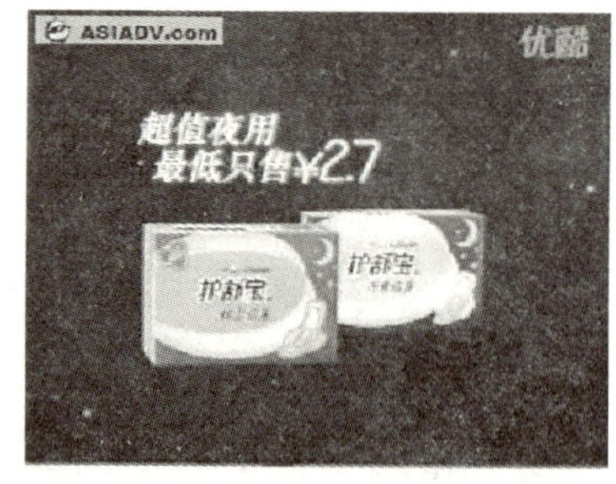

图 5-1-12　护舒宝卫生巾视频广告，以低价超值为诉求点，强调产品的高性价比。

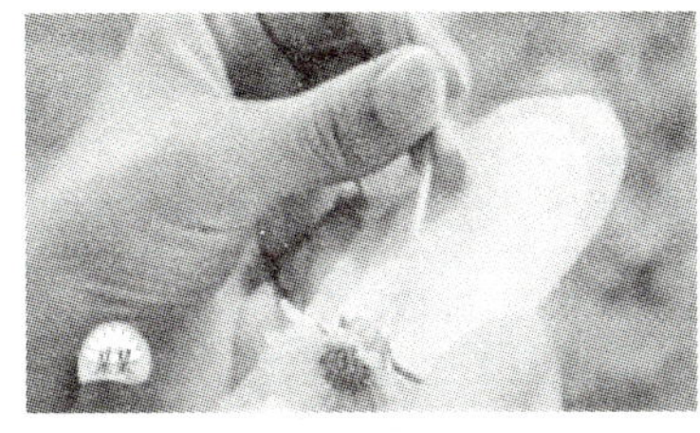

图 5-1-13　朵朵卫生巾视频广告，展现该产品使用草本洋甘菊精油、温和呵护私密肌肤的特点，在基础护理基础上增加芳香和滋润功效，是该产品的别样诉求。

- **美国**

美国纸质卫生用品广告中，产品功能和使用效果是宣传的重点，也是消费者最关心的利益点。强调产品采用的新技术以增加消费者的别样体验，也时常成为美国纸质用品广告的诉求点。除了针对产品本身，美国纸质卫生用品广告亦针对产品包装进行宣传，以消费者携带不让其尴尬的包装作为产品的独特卖点，体现产品制造商的人文关怀。

图 5-1-14　Huggies 早期和近期广告，由品牌效应转而强调纸尿裤的吸收能力，产品的功能成为广告的主要诉求点。

图 5-1-15　Always 卫生巾广告，以卫生巾的优良品质为诉求点，柔韧性好、紧贴肌肤，从而减少渗漏，即使穿一身白衣，也不用担心会侧漏尴尬。

图 5-1-16　Kotex 卫生巾广告，产品外包装有别于普通卫生巾产品，时尚独特，以此迎合女性的阳光自信。

图 5-1-17 Luvs 纸尿裤广告，产品的吸收功能是其诉求点，印在纸尿裤上的海水湖泊暗示再多的流量皆可容纳。

3. 元素运用

● 中国

纸质卫生用品的消费者通常是青年女性，所以时尚、可爱的品牌内涵是纸质卫生用品广告的普遍定位。这种定位时常通过明星代言的方式，希望明星身上时尚潮流的特质影响其代言的产品。同时为了防止消费者对品牌形成思维定势，纸质卫生用品广告还会阶段性地更换代言人。纸尿裤品牌则倾向于选择年轻、漂亮的明星妈妈作为代言人，母亲的身份会使她们以过来人的姿态向消费者展示其说服力。除了明星代言外，普通人证言的方式也常被采用，其套路也多是问题解决式，以强调产品的功能为主。另外，产品吉祥物、卡通公仔等常常成为广告主题的表现元素，为了拉近品牌与消费者的距离，树立明晰的贴近消费者的品牌形象，不少品牌倾向于使用卡通公仔，这在婴儿纸尿裤广告中尤为常见。

图 5-1-18 苏菲卫生巾广告，选择当红明星杨颖作为品牌代言人，其青春靓丽的外表赋予产品时尚清新的内涵。

图 5-1-19　名人宝贝纸尿裤广告，明星妈妈马伊琍代言，尽管婚姻方面颇受议论，但其独立果敢的女人形象广为认可，成为公众支持的对象。

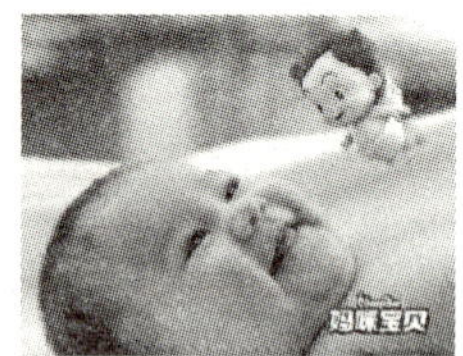

图 5-1-20　妈咪宝贝纸尿裤视频广告，以吉祥公仔为主要元素，可爱有趣的公仔伴随宝贝成长，如影随形，非常符合产品使用者的定位。

- **美国**

美国纸质卫生用品广告表现形式多样，其中普通人证言的方式比明星代言方式更为广泛地被使用，广告往往选择人们熟悉的环境，如办公室、学校、球场等贴近普通人的生活之地。广告的整体表现偏重于幽默叙事，通过选取日常生活中的一个个小场景，贴切表达女性的心声，整体基调温馨自然。婴儿纸尿裤广告则更关注婴孩视角，强调幼儿的自我意识，多用儿童较喜欢的卡通形象证言。

图 5-1-21　Always 卫生巾视频广告，采用普通人证言的方式，借普通上班族之口表示侧漏的烦恼。

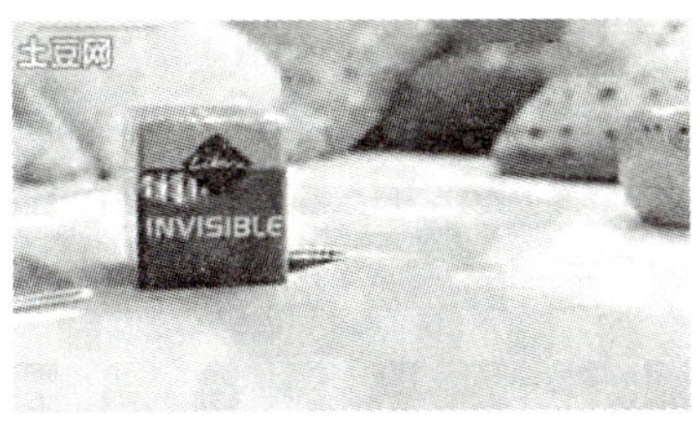

图 5-1-22　Invisible 卫生巾视频广告，男主角在家无聊地把卫生巾粘满全身，不巧女朋友带着父母不期而至，场景搞怪幽默，但却一语双关到卫生巾的隐形舒适特征。

图 5-1-23　Always 卫生巾广告，将功能强大的卫生巾比作坚不可摧的友谊，十分形象具体。

图 5-1-24　帮宝适纸尿裤广告，采用儿童童话书作为画面元素，将纸尿裤融入一个童话的世界，更加符合儿童的需求。

4. **创意表现**

● **中国**

纸质卫生用品广告的创意表现随着市场的发展逐渐多样，品牌时常结合多种艺术表现形式宣传产品。纸尿裤广告的创意也将诉求视角由惯有的产品购买者（母亲）延伸到产品使用者——婴幼儿。有的广告还体现了近年来人们对女性和儿童的观念变化，如女性和儿童不再是“男性的附庸”。父母鼓励儿童独立迈步，父母与子女间、夫妻间相互关爱等抒发情感的主题表现广泛见诸各品牌广告。随着电子技术的发展与智能手机的普及，二维码、微博等媒体手段成为广告的新宠，皆为广告创意展现了更为广阔的空间。

图 5-1-25　新佳士卫生巾广告，采用重复、排列组合的表现形式，将卫生巾组成雪花的形状，创意关联艺术审美。

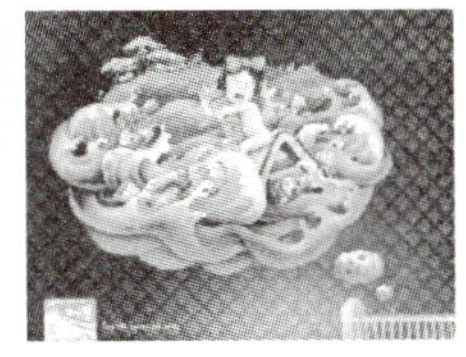

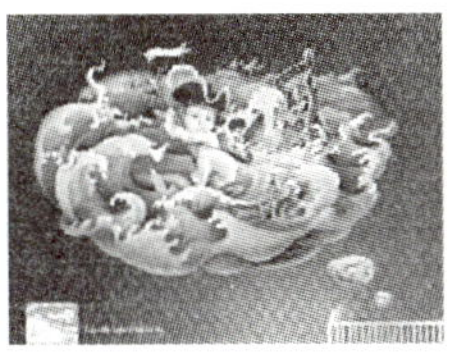

图 5-1-26　好奇牌纸尿裤广告，鼓励幼儿的好奇心和幻想力，体现中国家长教育观的逐步改变。

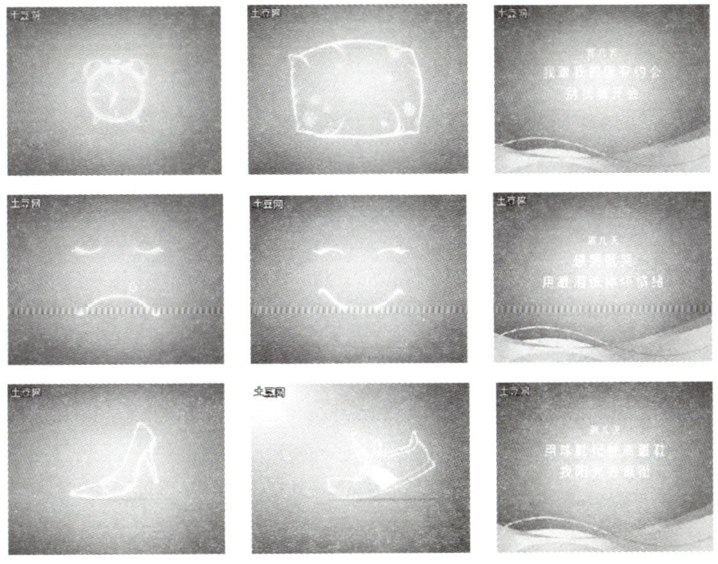

图 5-1-27　护舒宝卫生巾视频广告，采用象征手法配文案画外音的表现形式，帮助女性实现轻松有趣的生活，体现了女性主体思维的觉醒。

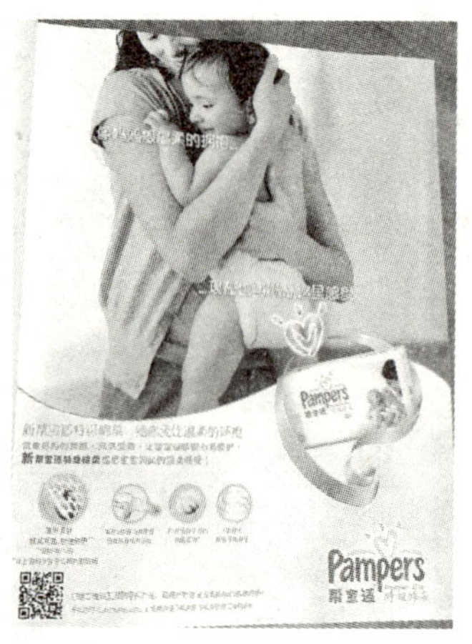

图 5-1-28　帮宝适纸尿裤广告，扫二维码看完整广告片，多媒体联动方式是广告创意表现的新手法。

- **美国**

美国纸质卫生用品广告的创意表现丰富多样，传统风格的卡通漫画，当今流行的极简表现手法，占据美国主流多年的讽刺反讽，黑色幽默等表现手法均被运用于广告中。比喻、暗喻、拟人、夸张等修辞手法也各显其能，卫生巾被演绎为迷宫、纸巾盒、椅子等各色物件，纸尿裤被比拟为挡水大坝、强力海绵……美国卫生巾、纸尿裤广告结合美国人生活中的各类场景，呈现出五花八门的创意表现，总体较中国纸质卫生用品广告的表现更为大胆、丰富和多样，创意场景不再拘泥于与产品紧密相关的一些特定场合，一切生活的元素都可以被提炼成为广告创意元素，广告表现新奇有趣。

图 5-1-29 Always 卫生巾广告，采用卡通画的表现手法再现日常生活中经期间的不便，漫画风格幽默风趣，充满调侃意味。

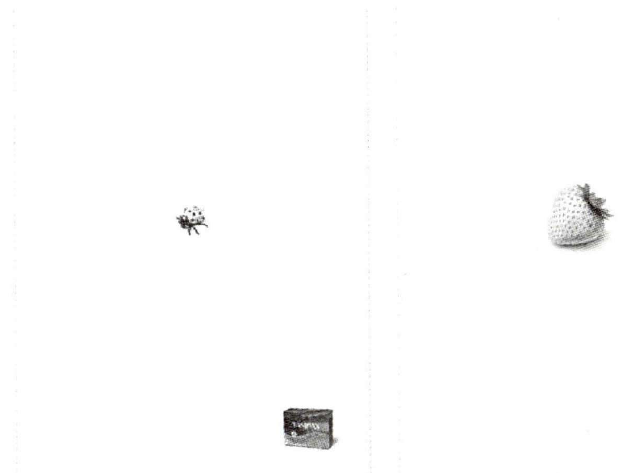

图 5-1-30 Tampax 卫生巾广告，采用极简表现手法隐含深刻寓意，以被吸走红色的甲壳虫和草莓来表现产品吸收能力的强劲，令人回味。

图 5-1-31　Tampax 卫生巾广告，将例假喻为阻挠女运动员取得胜利的“礼物”，使用该卫生巾却可以帮助消费者克服不便，赢取胜利。

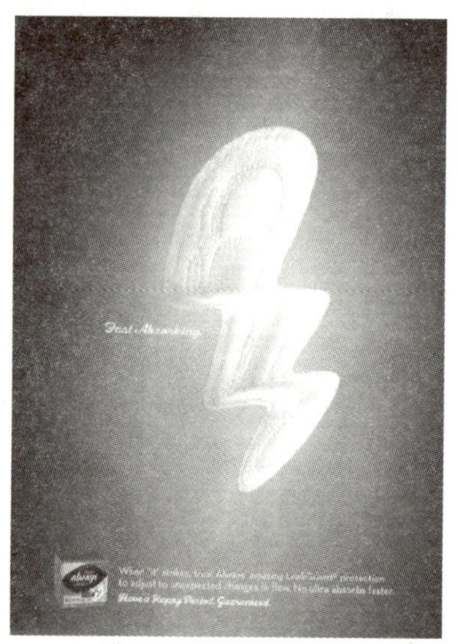

图 5-1-32　Always 卫生巾广告，采用夸张的表现手法，演绎卫生巾好比闪电的吸纳速度。

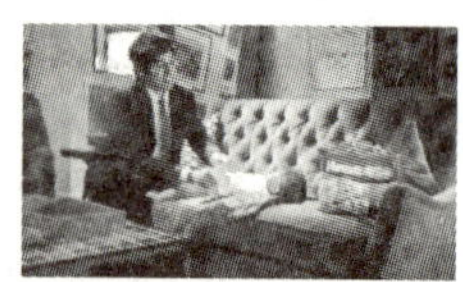

图 5-1-33　Huggies 纸尿裤视频广告，采用定格摄像的表现形式，创意表现中的场景未必在生活中与产品相关，但新奇的组合会因意想不到的惊喜而夺人眼目。

第二节　洗涤用品广告

随着人们生活水平的提高和家庭与个人的卫生意识的增强，洗涤用品在人们的日常生活中扮演着越来越重要的角色。衣物、果蔬、餐具、厨房、卫生间，几乎样样都有专门的洗涤用品。洗涤用品产业的发展，对提高人们的清洁卫生水平，保护人们的健康起到重要作用。

洗涤用品作为人们日常生活的必需品，无疑已拥有巨大的消费市场。作为一种快速消费品，洗涤用品属于低卷入度产品，市场竞争激烈，如果没有强大的品牌效应，产品就容易被市场淹没。一个品牌的商品能否得到消费者的青睐和认可，与其对自身形象的宣传力度和宣传形式密不可分。洗涤用品广告除了要促进销售，提高市场占有率，还要解决如何在众多的同质、同类或相似商品中脱颖而出，建立消费者对品牌忠诚度的问题。由于不同种类的产品所采取的广告策略各不相同，洗涤用品广告能较好地反映人们生活的细节和广告背后蕴含的文化内涵。

一、洗涤用品的发展及其演变

洗涤用品是洗涤物体表面上的污垢时，能改变水的表面活性，提高去污效果的物质。洗涤用品包括合成洗涤剂和肥皂，有时也统称为洗涤剂。洗涤用品最主要的功能是指衣物的去污，日用器皿、餐具和水果蔬菜等的洗涤也属于去污的范畴，但日常习惯中称后者为清洗。

洗涤用品的历史悠久，据老普林尼《博物志》中的记载，早在公元前600年，腓尼基人就用羊脂和木灰制造出原始的肥皂，用于护肤和治疗，直至公元2世纪才发现其有重要的洗涤作用。1791年N. 吕布兰以卤水制得纯碱，并将纯碱经石灰苛化而生产出苛性钠，从此，肥皂从手工制作转向工业化生产。19世纪末采用直接蒸汽煮皂法，使肥皂生产进入一个重要发展阶段。到第一次世界大战前，人们使用的洗涤用品一直都是以油脂类或纯天然原料为主，第一次世界大战期间，由于动植物油脂供应紧张，德国首先开发了人工合成洗涤剂，改变了洗涤用品的成分，使洗涤用品的生产不再受到原料来源的局限。此后，随着石油化工业的发展，洗涤用品的成分不断改善。到第二次世界大战期间，人工合成的洗涤剂已经完全替代了原来肥皂里的煤油馏分。由于价格低廉、性能良好，人工洗涤剂产业发展很快，直到20世纪60年代初期，当时世界上大部分合成洗涤剂都是由这种表面活性剂配制而成。早期制作洗衣粉时，因为合成界面活性剂较贵，所以用大量的起泡剂和沸石做填充物，再加上广告积年累月的误导，许多消费者认为泡泡越多，洗净力越强，所以经常过量使用，这样不但造成衣服漂洗费水等问题，排放出去的污水也成为自然环境的污染源，有污染河流水源而造成“富营养化”问题，目前有些国家已禁止或限制使用起泡剂，而改为沸石等其他代用品。

中国近代的洗涤用品发端于20世纪初，早在1903年天津就有了第一家肥皂公司，它与1907年在上海建立的裕茂皂厂一起成为中国开办最早的两家肥皂厂。此后南京、杭州、重庆、沈阳、大连、武汉等城市相继建立了一批肥皂厂，也有一些地区建立了手工业式的肥皂作坊。但是由于当时政局动荡，战事频发，洗涤用品的生产一直停留在很初级的阶段，直到 1949 年，中国的洗涤用品工业还只有肥皂工业，而且多数是手工作坊，规模小，设备简陋，仅在上海、天津等少数大城市有几家规模稍大，采用机器生产的工厂。那时的肥皂年产量仅 3 万吨，到 1959 年肥皂产量达到 41.5 万吨，同年开始生产合成洗涤剂，产量为 0.57 万吨。从 1960 年开始，随着合成洗涤剂的发展，洗涤用品原料生产也逐渐带动发展起来。1978 年以后，洗涤用品生产发展迅速，花色品种逐步增加，如洗衣粉中发展了复配、加酶、杀菌消毒、加色加香、浓缩等许多品种，液体洗涤剂中发展了洗涤餐具、果蔬、浴缸、炉灶、纱窗、玻璃、搪瓷器皿、地毯等各种专用洗涤剂，以及洗发香波等。同时市场上还研发出了具有润肤、护肤功能以及具有一定特殊疗效的香皂、香浴液，及适用于老年、妇女、儿童特点的产品。工业用洗涤剂的应用领域不断扩大，生产的各种表面活性剂和工业用的洗涤剂已应用于机械、冶金、石油、化纤、纺织、印染、皮革、造纸等各个领域。1985 年中国洗涤用品总产量达到 200 万吨，其中肥皂 99.6 万吨，合成洗涤剂 100.4 万吨。中国的洗涤用品工业，迄今已形成一个以肥皂和合成洗涤剂为主，包括主要原材料和辅助材料生产的，具有一定规模的洗涤用品工业体系。许多品牌已经成为人们日常生活中不可或缺的好帮手。由于洗涤用品属于习惯性消费品，消费者一般对洗涤用品的品牌忠诚度很高。如今，人们的生活节奏越来越快，对生活质量的要求越来越高，作为日常生活必需品的洗涤用品也向着更加功能化、专业化、系列化的方向发展。同时，在人们追求返璞归真、崇尚自然的今天，传统的洗涤产品也将向人体安全性和环境相容性更高的方向发展，节能、节水、安全、环保型产品将得到较快发展。与发达国家相比，中国生产的洗涤用品普遍存在活性物含量低、非有效成分含量高以及浓缩化、液体化产品比例低等问题。不过，随着全球低碳时代的到来，国内洗涤剂工业与全球洗涤剂市场也在接轨，中国洗涤用品行业未来的发展将以液体化、浓缩化为主要趋势。

二、洗涤用品广告比较

（一）中美洗涤用品广告的发展演变

1729 年，被称为“美国广告业之父”的本杰明·富兰克林（Benjamin Franklin）创办了《宾夕法尼亚日报》，把广告栏放在创刊号第一版社论的前头，首次刊登的是一则推销肥皂的广告。[①] 此广告由富兰克林亲自制作，标题巨大，四周有相当大的留白，开创了报纸广告应用艺术手法的先例。

19 世纪中期，印刷业的发展使报纸走进平民生活，报纸迅速成为理想的广告宣传媒介。1882 年宝洁公司（P&G）首次通过印刷广告宣传其产品，投资 11000 美元在全国促销象牙（Ivory）香皂，通过一份名为“独立”的周刊，象牙香皂纯白温和以及可飘浮于水面的特性被广为宣传。广告以白描的手法，平铺直叙地阐述产品特性，风格朴素。为了吸引公众注意，1896 年，宝洁公司聘请当时著名的艺术家设计制作“象牙女士”及“象牙宝宝”形象，成为历史上肥皂制造商最早涉足的彩色印刷广告。此外，天使香皂的“小仙女”（little fairy）形象在美国也是深入人心，受到一位叫肯布尔的艺术家在芝加哥每日图形报纸上绘制的宣传画的影响，当时很多小孩子每到周六洗澡的时候都坚持让母亲用小仙女香皂[②]（如图 5-2-1 所示）。

---

① 刘泓：《广告社会学》，武汉：武汉大学出版社，2006 年版。

② fairy 官网，http://www.fairiesworld.com/fairygifts/fairysoap.shtml.2018.03.31。

19 世纪末期，美国的香皂广告采用写实的风格，以描述日常生活场景为主，如梨牌香皂（Pears' soap）的广告海报，店面展示在广告海报中出现；Hudson's 香皂的广告海报将店面形象作为背景加以描绘，文案置于海报右下方（如图 5-2-2 所示）。此外，还有的广告海报凸显男孩、女孩、小狗间的温馨生活画面（如图 5-2-3 所示）。

图 5-2-1

图 5-2-2

图 5-2-3

另外，种族歧视在美国早期的洗涤用品广告中开始有所体现，如天使香皂广告中白人小女孩向黑人小孩的提问“你妈妈为什么不给你用小仙女香皂洗澡呢?”就明显地带有种族歧视的色彩（如图 5-2-4 所示）。更为露骨的是，1886 年刊出的 Magic Washer 公司的广告中，山姆大叔右手拿着 1882 年美国参议院通过的《排华法案》（*Chinese Exclusion Act*），左手提着一桶 Magic Washer 产品，正踢开一个梳着辫子的中国人，图下标语“The Chinese must go”，寓意买了 Magic Washer 产品，就可将“玷污”美国社会的华人清除（如图 5-2-4 所示）①，其中对中国人的极端歧视昭然若揭。

图 5-2-4

20 世纪初，美国智威汤逊公司（JWT）为英国品牌力士香皂策划的广告中开始使用影星的照片，名人广告由此成为重要的广告表现策略。从象牙香皂的广告口号“用象牙香皂洗去一切困扰，使自己洁净清醒”中可以看出，洗涤用品广告开始从对产品

① 参见网易教育频道综合：《百年前在美国的华人形象》，http://edu.163.com/12/0111/18/7NGO5HE600294KMJ.html. 2012—05—30。

特点的诉求转向对产品的精神价值的诉求。

1929 年，电台开创了在连续性的歌唱戏剧节目中做广告的形式，节目有情节、有主角，配以音乐、音效，专供白天家庭主妇欣赏，肥皂等日常生活用品借机进行广告宣传。

1939 年，电视在美国推出仅 5 个月，宝洁公司就推出了它的第一则电视广告，在电视首次转播的棒球赛中播出。此后，电视广告成为美国商家发布产品信息的主要渠道，尤以日用清洁类如肥皂等厂商为甚。由于肥皂广告在当时的长篇电视连续剧里频繁插播，所以人们将这些电视剧称为“肥皂剧”。①

20 世纪中期以来，以石油化工原料衍生的合成表面活性剂和洗涤剂打破了肥皂一统天下的局面。广告宣传上也出现了很多介绍产品特点的理性诉求广告，如洗衣粉广告就会强调去污力、溶解性、方便性等产品特性。

20 世纪 20 年代，在上海诞生了中国第一家广告公司。那时的洗涤用品商家就已颇具广告意识，会做宣传性广告，形式上以户外广告为主，诸如路牌广告、电车广告和霓虹灯店招等，像“五洲固本皂”“力士香皂”等都成了家喻户晓的品牌。在广告内容上，画面主人公多为时装女郎和旗袍女郎，广告人物的选取一定程度上折射了当时上海生活的繁华（如图 5-2-5 所示）。在广告排版上，注重画面的整体感，突出人物，图案外留有空白，印上厂商的名称。在广告诉求上，多功能型诉求占多数，如上海五洲固本皂的广告语“不缩不变”。

---

① 李光斗：《世界上第一则电视广告用了多少钱?》，https://www.globrand.com/2009/103254.shtml。

图 5-2-5

图 5-2-6

20 世纪三四十年代，明星做广告的行为已屡见不鲜。当时力士香皂善于选用明星代言，1933 年，英商中国肥皂有限公司为打开力士香皂在中国的销路，出资举行“电影明星选举”，而后征得

“明星”第一名胡蝶的同意，在各报刊上大做广告：“力士香皂，色白质纯，芬芳滋润。日用洗濯，可保肌肤白嫩，容貌秀丽。”

20 世纪五六十年代，中国处于“大跃进”的特殊时期，商品经济受到重创。此后“文化大革命”期间，中国的计划经济模式，使消费者没有选择的余地，商家没有宣传的需要。“白猫”洗衣粉是这一时期国家在洗衣粉配给中的主要产品，是人们日常生活中主要的洗涤用品，因此奠定了它在当时消费者心中的地位。

80 年代初期，在中国由计划经济向市场经济转轨之际，“活力 28”超浓缩无泡洗衣粉广告在中央电视台不间断播出，其“一比四、一比四”的广告歌走进千家万户，开创了洗衣粉行业广告的先河，一跃成为当时国内洗衣粉行业的领军品牌，并带动了一次中国日化广告的浪潮。各大洗涤用品厂商开始大量的广告宣传，以电视广告投放为主。伴随着改革开放和外资品牌的陆续进入，中国市场上的洗涤用品竞争更加激烈。外资品牌入驻后所采用的技术创新、促销手段、高密度广告宣传，助推其产品在中国市场的占有率不断攀升。伴随竞争的加剧，国内品牌打出“价格战”，“价格战”广告比比皆是。也有一些品牌转向农村另辟市场，如“奇强”就采用低价销售策略，在农村市场广布销售网点，广刷墙面广告，广做现场演示。

90 年代，中国国企改革和一些企业的“关停并转”造成一大批下岗工人，一个庞大的下岗消费群体随之形成，这一时期就有洗涤用品广告突破以往以介绍产品为主的理性诉求，运用感性诉求表达特定群体的心声，如 1999 年纳爱斯的雕牌洗衣粉《下岗篇》广告就直击人心，“妈妈说，雕牌洗衣粉只用一点点就能洗好多好多衣服，可省钱了！”“妈妈，我能帮你干活了！”雕牌的悲情广告迎合了当时一种广泛的社会情绪，这种商业广告中展现的浓浓“人情味”，引发人性的共鸣，自然也就拉近了品牌与消费者的距离（如图 5-2-7 所示）。

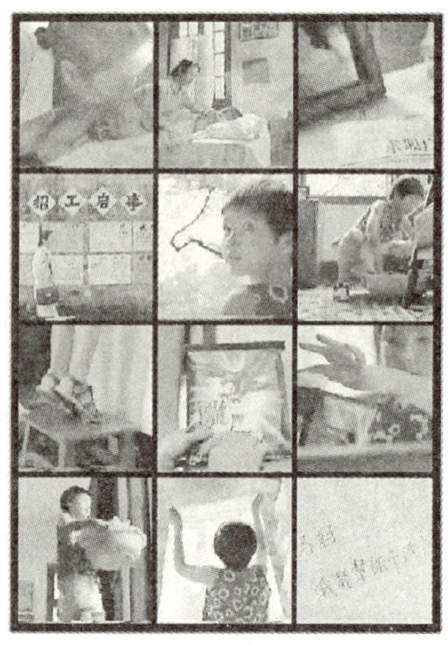

图 5-2-7

随着中国经济的繁荣，人们的生活水平不断提高，轻松愉悦的轻喜剧更能符合都市人的生活情趣，如 2006 年汰渍洗衣粉宣传其柠檬香型产品，广告中告诉人们不必为了衣物上有柠檬香而钻进柠檬堆里（如图 5-2-8 所示）。

图 5-2-8

如今，洗涤用品进入一个多元化的时代，品种越来越多，分类越来越细，肥皂、洗衣皂、洗衣粉、洗衣液、柔顺剂、洗洁精等多样产品活跃于市场。随着人们对身体健康与环境保护关注度的不断增强，洗涤用品广告的宣传新思路频出，广告创意不断出新，广告制作不拘一格，广告的形态和形式不断突破，互动性广告逐渐增多，消费者的消费体验开始成为广告商考虑的要素。

（二）中美洗涤用品广告比较

1. 诉求方式

- **中国**

中国的洗涤用品广告理性诉求和感性诉求兼用，但以理性诉求为主。在理性诉求中常以直接陈述方式，说明产品的特点和功效，尤其是在洗涤用品配方改良或是有新成分添加时，往往以理性诉求的形式告知受众，配合理性诉求还会经常出现功能示范型广告，利用画面演示和文案解说相结合做出直观展示。在感性诉求的运用上，围绕因去除污渍而展开的亲情故事或励志故事曾经是一段时间内洗涤用品广告非常常见的一种表现方式，一些洗涤用品诉诸感性诉求方式的广告甚至成为商业营销过程中极罕见的体现人文关怀的经典。

图 5-2-9　汰渍洗衣粉视频广告，运用理性诉求，由著名演员海清向家庭主妇推荐使用，通过现场演示证明其强大的去污效果，“不费劲，用新汰渍”是对产品有新成分添加的说明。

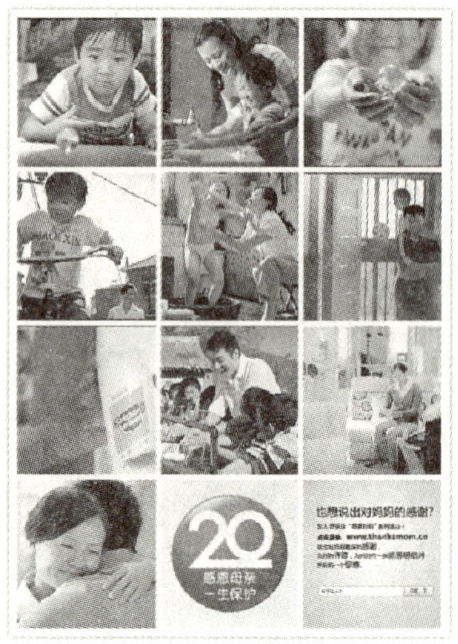

图 5-2-10　舒肤佳品牌形象广告，采用感性诉求方式，将舒肤佳与母亲的呵护关联，给品牌以温暖温馨之感，增添产品的精神满足感。这种以“母爱”为主题的感性诉求，在中国的洗涤用品广告中运用普遍。

图 5-2-11　U8 洗涤剂视频广告，利用感性诉求的方式传达“中国心”的概念，渲染国人的爱国情结，以“根在中国、服务中国”强化归属感和认同感。动漫风格配以轻快的音乐，在一种轻松自然的氛围中表达情感。

图 5-2-12　雕牌洗衣粉视频广告，利用感性诉求方式，赞颂了 20 世纪 90 年代国企体制改革产生的下岗潮中依靠自己的双手再就业员工，用公益广告的形式体现了浓烈的人文关怀。

- **美国**

美国的洗涤用品广告在理性诉求的运用上与中国的广告很相似，侧重介绍产品的特点和功效。但在感性诉求上美国的广告却与中国的广告有着很大差异，对亲情的表述常常让位于爱情。夸张、恐怖、幽默等诉求较之中国也更为常见，其中最为常见的是幽默诉求，它通常以一种娱乐化的方式呈现，在轻松和不经意间传达信息。另外，美国的洗涤用品广告较之中国比较特别的一点就是性诉求的运用，而性诉求在中国洗涤用品广告中难得一见，个中缘由是中国人对性话题往往含蓄回避，而与之形成对比的是，美国人将性看作人的本性之一甚至是艺术的体现的认可。

图 5-2-13　碧浪洗衣粉视频广告，运用感性诉求，从产品使用者出发，通过青少年时期暗恋的小心思入手，唤起年轻时的难忘的回忆，引起消费者心理共鸣，从而拉近产品与消费者的距离。

图 5-2-14　Vim 盥洗室洗涤剂视频广告，运用幽默诉求与恐怖诉求的方式，通过意外的反差增强品牌记忆。

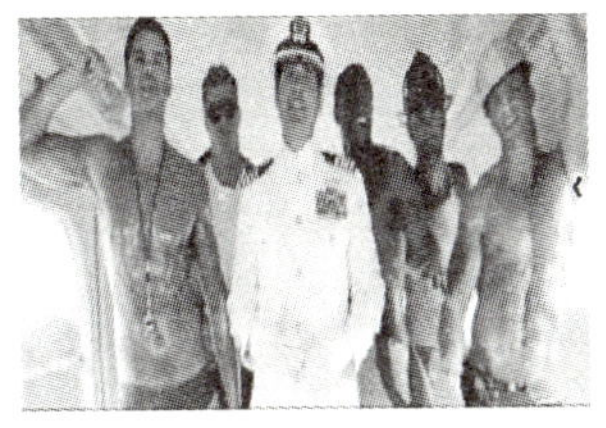

图 5-2-15 奥妙洗衣粉视频广告，运用性诉求，选取了六种美国人公认的具有男人味的形象，并在画面中伴用相应的性暗示，其诉求对象主要针对美国的女性受众。

2. 诉求点

● 中国

中国的洗涤用品广告在诉求内容上大多以产品为中心，介绍产品的特点和功能，比较注重商品本身的价值及在日常生活中的实用性能，如去污、清香、柔软、洁白、除菌、抑菌等。这类广告的诉求点属于产品层面，以购买利益的承诺为重点，通过诉诸消费者使用产品所获得的利益点，从而实现吸引消费者购买的目的。这跟中国人比较注重实用性，并且视勤俭持家为优良美德相关。另外，在中国的洗涤用品广告中，常常见到“不伤手”“温良配方”“健康保护”而及安全的诉求点。

图 5-2-16 金纺衣物护理剂视频广告，以产品为中心，直陈产品的利益点，注重商品本身的价值体现和在日常生活中的实用性能。

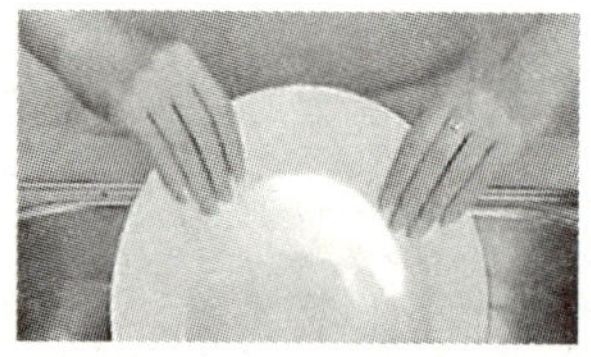

图 5-2-17　立白洗洁精广告，以“不伤手”作为产品诉求点，婚纱的洁白和餐具的洁净使整体画面十分简洁清新。

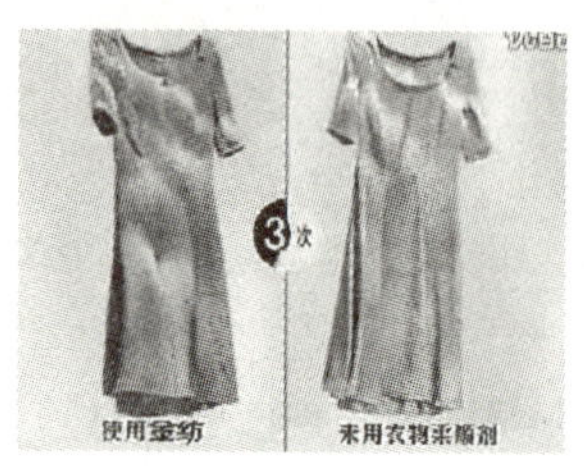

图 5-2-18　金纺衣物柔顺剂，文案“经过多次洗涤，衣服仍旧柔亮如新”，是中国洗涤用品广告经常选用的诉求点。

● 美国

美国的洗涤用品广告多从品牌层面和社会观念入手，更多以使用产品的人为中心，注重品牌的附加价值。随着消费需求的日趋个性化、多样化，现代社会进入了一个重视“情绪价值”胜过“机能价值”的时代，美国的洗涤用品广告不仅停留在介绍产品特点的层面，而且还注重传达给消费者一种生活的方式和理念。另外，美国的洗涤用品广告中有很多以环保为诉求，此诉求点在中国的洗涤用品广告中却较为少见。

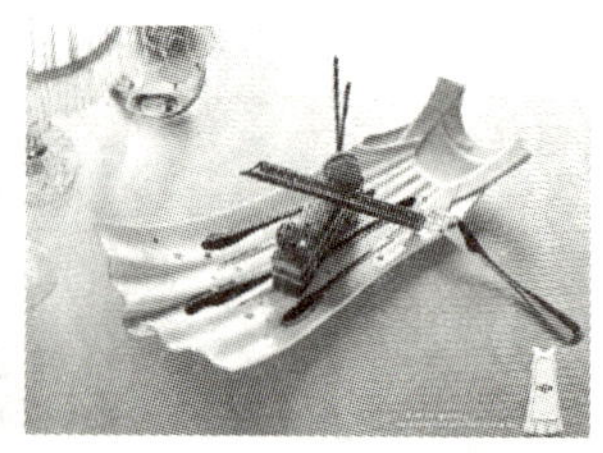

图 5-2-19　碧浪洗衣粉广告，用餐有危险，有碧浪保护，清洁起来很容易。文案直指洗衣粉的去污能力，诉求点明晰。

图 5-2-20 汰渍冷水洗涤剂广告，倡导一种环保节能的生活理念，通过真实数字和类比的手法，向人们形象地展示节能的重要性。

图 5-2-21 Gain 洗衣液视频广告，诉求点是其产品的气味，文案“当你闻到这种味道，世界都停止了”，人们在面对香味时的沉迷，将消费者带入了那个漂浮着美好味道的世界。

3. 元素运用

- **中国**

中国的洗涤用品广告在元素的选择上，多以家庭为背景，努力呈现家庭的美满幸福，这一方面是因为洗涤用品的消费属于每个家庭的日常消费，另一方面是因为中国人注重天伦之乐，向往温暖温馨的家庭氛围。此外，中国的传统思想中讲究天人合一，因此消费者融于大自然的场景时有所见。在人物元素上，夫妻、母女、母子、邻里等时常是结伴亮相。另外，基于中国传统中的崇尚权威和跟风思潮，洗涤用品广告亦经常出现明星代言或专家证言、普通人证言的形象。传统中国元素在洗涤用品广告中也不时可见。

图 5-2-22　雕牌洗衣粉广告，污渍挡不住家人的幸福，这种以家庭和清新大自然为背景的洗涤用品广告时有所见。

图 5-2-23　超能天然皂粉视频广告，著名影星孙俪代言，“谁说明星不洗衣服，谁是明星呀?”随即引出“超能天然皂粉，洗衣中的明星”。

图 5-2-24　舒肤佳香皂视频广告，在舒肤佳健康研究实验室，通过中华医学会专家的介绍，让消费者了解细菌繁殖快、会引起多种常见疾病的问题，从而引出舒肤佳具有抗菌保护功能。最后中国医学会印证的镜头，再次强调舒肤佳经过权威机构认证，具有抗菌功效。

图 5-2-25　汰渍洗衣粉广告，运用传统中国元素，道士、和尚、尼姑都是修行之人，主张修身养性，文案“一扫尘杂、远离尘世、以净为本”将洗衣粉的去污效用和宗教意义上的高净追求结合起来。

● 美国

美国的洗涤用品广告取材较为广泛，题材可以扩展至采用户外探险的场景和元素，这与美国人性格中喜欢冒险和猎新猎奇的特性有关。美国的洗涤用品广告同样惯用代言人和证言人：普通证言人的选用是为贴近普通消费者的切身体验，而形象代言人的选用则规定其必须是所代言产品的直接受益者和使用者，否则就会被追究责任。在人物元素方面，美国洗涤用品广告中母亲的形象较之中国个性化突出，她可以是疯狂的或是搞怪的。另外，虚拟人物形象也是人物元素的主要体现，虚拟人物不仅能为产品代言塑造产品形象，而且还有利于跨国宣传，因为虚拟人物一定程度上避开了一些文化屏障，使受众接受相对容易。

图 5-2-26　NEVEX 洗衣粉广告，以神秘未知的户外场景为广告的背景，突出产品使衣物亮白的功效。

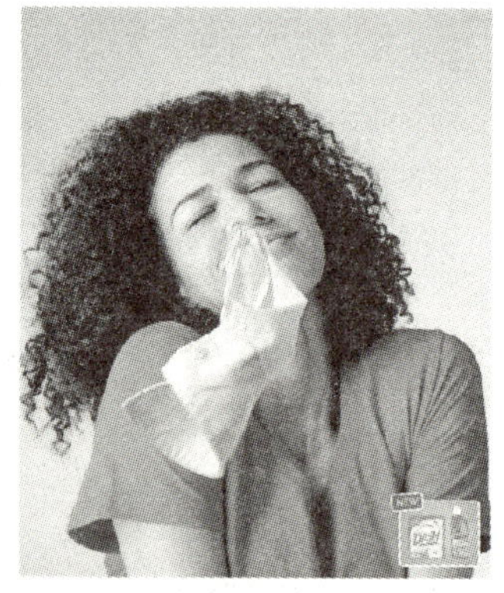

图 5-2-27　DASH 洗衣液广告，采用普通人代言，在极端的情况下都不愿放弃产品的芳香之味，人物形象搞怪而夸张。

图 5-2-28　威猛先生（Mr. Muscle）广告，该美国品牌专注厨卫洗涤清洁用品，无论在美国还是，其产品一致使用虚拟的威猛先生形象。

4. 创意表现

● **中国**

中国的洗涤用品广告在创意表现上大多中规中矩，以产品为出发点挖掘广告创意和实施广告宣传。在表现形式上，也不乏有广告结合传统中国元素以体现中国特色，既符合世界潮流又能树立中国广告创意的独特风格。随着中国广告制作技术的进步，广告在呈现效果上有了很大提高，画面表现不时以虚实结合的形式使广告更具生动性，但总体而言广告创意局限于以产品为中心，创意传达方式比较直白。

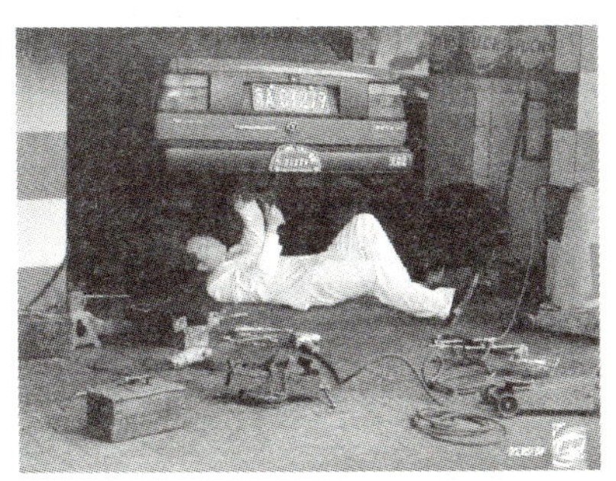

图 5-2-29　碧浪洗衣粉广告，伏地仰面修车的汽修工穿着的纯白西服套装，与周遭的杂乱脏环境形成强烈对比，右下角产品能实现的超强去污能力被完美烘托而出，创意表现直白明了。

图 5-2-30　碧浪洗衣粉视频广告，以拟人化的手法展现污渍与衣物之间的大战，以强烈的视觉冲击感取胜。

图 5-2-31、5-2-32　分别是奥妙和汰渍洗衣粉广告，均运用传统中国元素年画和水墨画，以契合美国品牌的中国本土化表现。

- **美国**

美国的洗涤用品广告在创意表现上较为注重艺术表现力。平面广告画面表现较多使用留白给人以想象的空间，视频广告则擅长将产品和新颖的故事情节和意外诙谐的叙事结构结合。[①] 在广

① 叶绪民：《中西方审美意识中的差异性探微》，载《世界文学评论》，2006 年第 1 期。

告表现形式方面，美国的洗涤用品广告会采用更多贴近生活的艺术手法，涂鸦、动画人物等手段运用也十分常见。

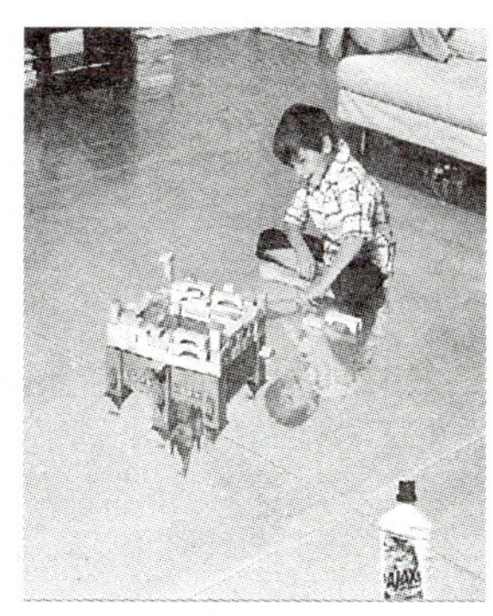

图 5-2-33　Ajax 地板清洗剂广告，地面变成神奇的魔镜，通向亲情与梦想的美好国度。

图 5-2-34　汰渍洗衣粉广告，以虚拟场景和故事的手法，形象生动地展现了污渍与衣物的亲密无间。①

图 5-2-35　优芙草本润洁洗手液广告，采用漫画形式，以留白的画面、鲜艳的颜色实现创意表现。

① 陈奕：《奥妙洗衣粉广告之魅力》，载《日用化学品科学》，2006 年第 5 期。

第六章　形象广告

早在北宋时期，中国商人就学会了运用印制铜版画，济南刘家功夫针铺以白兔捣药的图案，树立店铺的独特标识。无独有偶，在 14 世纪的意大利，城邦就开始运用海报展示、举办展览的方式宣传城市的旅游资源。这两种看似毫无联系的行为实际上都含有“形象广告”的理念。伴随着技术进步之后同质化的产品雪崩似地进入市场，单一的产品或服务差异已难以体现，且随着生活水平的提高，消费者开始关注心理上的满足，于是，品牌形象成为消费者差异化购买特定企业产品的标记，形象广告成为企业、城市，甚至国家的独特宣传形式。

纵观中美各类形象广告，不难发现这些广告背后蕴藏的文化内涵。透过其诉求方式，可观中国人的含蓄内敛、美国人的自由奔放；透过其创意表现，可观中国人的务实低调、美国人的天马行空。形象广告的差异折射出的实际上是中美文化的差异。

本章选取中美两国企业形象广告和城市形象广告进行分析比较，旨在探寻两国在不同历史文化背景下对企业形象及城市形象构建手法和核心诉求的异同。现如今，大大小小的品牌产品琳琅满目，消费者的心理需求越来越得到关注，企业形象广告作为一种宣传企业品牌行之有效的手段日益受到重视。城市形象集中了人们对于城市的价值想象、生活习俗、历史基因和文化追求，需要通过系统的城市营销手段进行塑造和传播。随着城市形象宣传片理论与实践的不断深入，各个城市已经将城市形象宣传片当成一个城市提升文化内核、宣传政治主张和带动经济发展的利器。以上亦是本章选取企业形象广告及城市形象广告作为分析客体的主要原因。

第一节　企业形象广告

随着商品经济的发展，商品日渐趋向同质化，产品的独特差异日渐缩小，供大于求的消费市场环境让企业压力倍增，消费者不断追求商品功能之外的满足，并希望商品能提供更多的感性附加利益。大卫·奥格威（David Ogilvy）曾指出："品牌和品牌的相似点越多，消费者选择品牌的理智考虑就越少，最终决定品牌市场地位的是品牌总体的形象，而不是产品间微不足道的差异。"① 品牌之母体的企业形象也因此逐渐受到关注。企业形象是企业通过诸如产品特点、行销策略、人员风格等，在受众心目中树立的形象，是企业精神文化的一种外在表现形式，可分为产品形象、媒介形象、组织形象、标识形象、人员形象、文化形象、环境形象和社区形象八个方面。②

根据美国联邦贸易委员会的定义，企业形象广告（Corporate Image Advertising）是"介绍企业自身、其活动或观点，而不明确地介绍其销售的任何产品或服务"的广告的总称。③ 企业形象广告向公众展示企业实力、社会责任感和使命

① 王吉斌：《定位是品牌战略和营销整合的核心》，http://www.eastobacco.com/ReadNews.asp?NewsID=246,2002-4-12。

② 李森：《企业形象策划》，北京：清华大学出版社，2013 年版。

③ 阳翼、伦洁盈：《企业形象广告的文化取向特征与变迁——对〈南方周末〉1999—2008 年间企业形象广告的内容分析》，载《广告大观》（理论版），2009 年第 4 期，第 25～32 页。

感。企业形象的塑造是个复杂多元且不间断的过程，除了形象广告，企业通常还会借助企业形象识别系统 CIS（Corporate Identity System）完成这项工作，此系统中包含企业视觉识别（VI）、行为识别（BI）和理念识别（MI）。

一、企业形象理念的发展及其演变

企业形象识别的诞生以两个事件为标志。一是1914年著名建筑家培德·奥伦斯为德国AEG电器公司设计商标，并用于公司的所有便条纸和信封上（如图6-1-1所示）；二是20世纪初意大利的奥利培帝牌打字机有了产品商标，此商标设计十分注重美感和标识的独特性（如图6-1-2所示）。这一时期，企业开始意识到向公众展示正面的企业形象的重要性，但在操作上停留于视觉设计的层面，这缘于早期企业形象识别的导入者多为美术工作者。

图 6-1-1

图 6-1-2

真正意义上的企业形象识别理论于20世纪50年代中期在美国诞生，由美国信息业巨头IBM公司首先提出并推行。著名设计师保罗·兰德设计出沿用至今的IBM字体标志（如图6-1-3所示），并将这个标志应用在所有的企业广告和企业相关视觉呈现中（如图6-1-4所示），八条纹的IBM标准字，鲜明地表现了IBM的经营哲学：品质感与时代感，蓝色的标志也成功地树立了高科技的“蓝色巨人”的形象。其早期的广告都使用这个企业标识，在传递公司信息的同时，加深受众对公司的印象。其后，美国 3M 公司、可口可乐公司、英国航空公司、哥伦比亚电台等纷纷导入企业形象识别系统。

图 6-1-3　　　　图 6-1-4

然而，将企业形象识别发展完善成为独立的系统却是在日本。20 世纪 70 年代初期，日本从美国导入企业形象识别系统时基本参照美国的做法和风格，局限在视觉形象设计，重心放在视觉设计的标准化上，以标准字、商标、标准色为核心。到了 70 年代末，企业形象设计的中心内容演变成为“直至深入经营核心，刷新企业理念和经营方针”。日本企业在实践中，结合本土国情，通过 CI 战略补充了精神和行动两个因素。与欧美企业的企业形象宣传策略相比，日本的企业形象宣传更具有整体性、系统性，更注重企业文化、经营理念和实际调查研究，这极大地提高了 CIS 的使用范围和价值，使更多的企业将 CIS 战略视为基本的经营战略。

同样是在 20 世纪 70 年代，企业形象宣传在台湾兴起，并于 80 年代中后期盛行。企业形象宣传进入中国大陆大约是在 80 年代中后期，最早接受这一理论的是美术院校。1984 年，浙江美术学院从日本引进一套企业形象识别系统的资料作为教材，为教学所用。伴随经济全球化的发展特别是国外企业和产品进入中国，企业形象识别系统中强烈的视觉识别对消费者产生的冲击力和感染力逐渐被企业重视，最终促成 CIS 走出艺术院校的殿堂与企业经营管理相结合，为塑造中国企业新形象服务。

中国首家导入企业形象识别系统的是“太阳神”企业。该企业的前身是广东省东莞市黄冈保健饮料厂，原产品品牌叫万事达。1998 年，导入企业形象识别系统，将企业更名为太阳神集团，并设计了公司徽标，以鲜红的圆形作为太阳的象征，代表健康、向上的经营宗旨，表达了光明、希望、温暖的企业理念；下面黑色的三角形，整体位置向上，象征太阳神阿波罗，又像人字造型，从而传达了企业充满生机、蒸蒸日上的精神和以人为本的理念（如图 6-1-5 所示）。

图 6-1-5

此后短短几年中，以太阳神为开端，饮料行业“健力宝”“乐百氏”“森碧氏”，家电行业“美菱”“联想”“万宝”“半球”，运动品牌“李宁”等相继导入企业形象识别系统，以鲜明的企业形象屹立于中国市场。

二、企业形象广告比较

（一）中美企业形象广告的发展演变

中国北宋时期济南刘家针铺的广告铜版被认为是世界上最早的广告印刷实物，铜板上面雕刻着“济南刘家功夫针铺”的标题，中间是白兔捣药的图案，于图案左右标注“认门前白兔儿为记”，下方则刻有说明商品质地和销售办法的广告文字：“收买上等钢条，造功夫细针，不偷工，民便用，若被兴贩，别有加饶，请记白。”[①]（如图 6-1-6 所示）整个版面图文并茂，文案介绍了针的质量和售卖方法。此版文既可用作针铺的包装纸，也可用作广告招贴，都起到广告宣传的作用，从其中的“白兔儿”标识，可以看到商标的雏形。

图 6-1-6

19 世纪末 20 世纪初，许多世界性的垄断组织如英美烟公司、通用电气公司、美国钢铁公司等在中国设立了总部或分支机

① 丁俊杰：《现代广告通论》，北京：中国传媒大学出版社，2013 年版。

构，在华外商的数量从 1892 年的 579 家，递增为 1901 年的 1102 家，到 1913 年增加到 3805 家。[①] 这些外商品牌采取强有力的销售攻势，往往令中国自产的同类商品不堪一击。华商与外商的竞争不可避免，众多企业开始意识到宣传企业形象有助于提升企业产品在消费者心目中的差异化认知，在潜移默化中引导顾客的购买行为。该时机下出现多种新颖的宣传手段，如使用印有企业名称和地址的赠品广告、月份牌广告、年画广告、火花广告等（如图 6-1-7 所示）。此类方式类似于当今的冠名广告，旨在通过频繁增加企业曝光度来潜移默化地获取消费者的认可。

图 6-1-7

中国第一则真正意义上的企业形象广告是 1990 年广州保健品牌太阳神企业拍摄的企业形象片。该片以“我们的爱天长地久”为主题，运用魁梧、壮硕的男人形象与烈日下的天地浑然一体的画面，配以雄浑、粗犷的男高音，给人一种充满力量、积极

① 赵琛：《中国广告史》，北京：高等教育出版社，2008 年版。

向上的阳刚之感。这则广告是太阳神集团导入企业形象识别系统后拍摄的首个广告片，借此全面推进企业形象识别系统发展进程，随之企业经营业绩扶摇直上。1990年，企业产值从20世纪80年代的520万元上升到4000万元，此后年年攀升，1993年达到创纪录的13亿元。[①] 这一则企业形象广告的出现标志着中国“企业无形象”时代的结束。

1994年5月23号刊发的《钱江晚报》上刊登了一次英译中大奖赛的通知，内容是要求翻译以下英文单词“Steadiness，Realism Quality，Efficiency”，随后的一周时间内，该企业收到10700份来信。在5月30号刊发的《钱江晚报》上，该企业用一个整版的版面刊登出“稳健，求实，优质，高效”的中文译本，并在广告中阐明此为东宝电器公司的企业精神。这则形象广告较太阳神的形象广告有明显的进步，广告着重强调理念的识别，在执行上充分调动了受众的互动性，传播效果良好。

海尔集团是中国品牌价值最高的企业之一，其成功的秘诀除了高质量的产品、先进的管理理念、合理的用人制度外，还包括成功的营销战略。海尔企业的标识经历过三次变更，从中可以看到海尔企业与时俱进的理念（如图6-1-8所示），结合企业在不同时期的差异化定位即时调整标识，伴随着企业发展的国际化，标识的设计也与国际接轨，简洁且便于记忆。此外，海尔非常注重公益的力量，据统计，载至2012年，海尔集团用于社会公益事业的资金和物品总价值已高达5亿余元，其中用于希望工程方面的捐款、捐物共计5083万元，援建希望学校的总数达到129所。[②] 现在的海尔以“中国家电大王”“中国家电第一品牌”的

---

① 白光：《华夏当代广告评析150例》，北京：中国广播电视出版社，2003年版。

② 《海尔“绿帆”伴云山镇海尔希望小学学生共度快乐儿童节》，载《半岛都市报》，2012年5月30日。

形象出现，雄踞同行霸主地位。对于探索中国特色的企业形象宣传之路，海尔无疑是最具典范意义的个案之一。

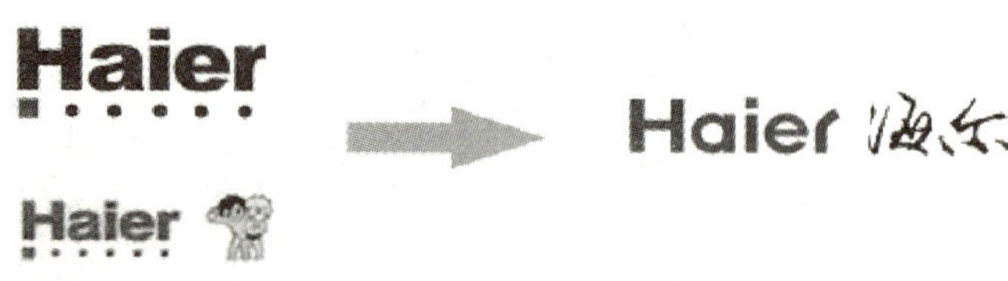

图 6-1-8

广告活动的发展与生产力的发展水平、经济的发达繁荣程度有着密切的联系。20 世纪之前的美国，经济低迷，产品短缺，消费者没有选择产品的自由，企业所贯彻的是生产理念或产品理念。进入 20 世纪，社会生产力迅速提高，商品同质化现象严重，激烈的市场竞争使企业不得不寻求新的出路。经济和文化发展的同时促成了消费观念的改变，消费者对产品及企业的认识和选择，逐渐从物质层面上升到了价值层面。20 世纪 60 年代，大卫·奥格威提出了“品牌形象法”，美国企业开始进入“形象时代”。

在美国，企业形象宣传自出现伊始就注重标识、标准色等视觉符号系统的传播作用，上文中提到的 IBM 的案例即可验证这一特点。IBM 作为企业形象宣传的先行者，在取得成功之后，越来越多的美国企业或集团也纷纷推行企业形象设计及宣传战略。紧随其后的是美国哥伦比亚电台，该公司于 1951 年正式使用其“眼睛”标志（如图 6-1-9 所示），后经过不断微调，一直沿用至今（如图 6-1-10 所示）。美国模式的企业形象宣传战略主要通过对企业视觉识别的标准化、系统化运用来实现，统一各个渠道的企业形象。哥伦比亚公司在推出其视觉标识后，在公司的各种传播媒介上都能见到其标志性的“眼睛”（如图 6-1-11、图 6-1-12 所示）。

图 6-1-9

图 6-1-10

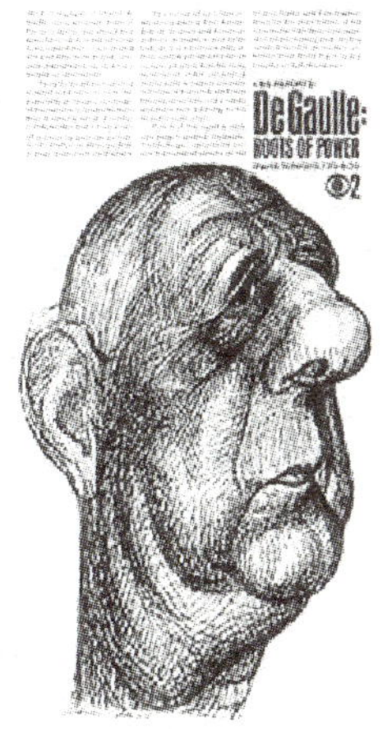

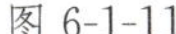
图 6-1-11　　图 6-1-12

1954 年，赫伯·特玛特（Herbert Matter）应邀为美国东北部的新英格兰地区运作的纽约、纽黑文和哈特佛铁路集团（The New York，New Haven，and Hartford Railroad）设计平面视觉识别系统和企业形象广告（如图 6-1-13 至 6-1-16 所示），集团还邀请马谢·布鲁尔为其设计配套的火车外观及车厢部分，以此实现该集团从标识到产品的全方位的企业形象打造（如图 6-1-17 所示）。

图 6-1-13　　图 6-1-14

图 6-1-15　　图 6-1-16

图 6-1-17

20 世纪 60 年代之后，美国企业形象设计及广告步入成熟阶段。美国广播公司（ABC）、西屋电气公司（The Westinghouse Electric Corporation）、美国联合快递公司（United Parcel Service）、美国国际纸品公司（International Paper Company）等纷纷推出企业形象设计和宣传战略。图 6-1-18 中的企业都是在当时成功建立企业形象宣传系统中的领军者。大大小小的美国企业都意识到新的市场观念已经形成，企业必须基于对自身的了解和行业的洞察，借助企业形象识别系统及企业形象广告这一利器树立形象，赢得消费者的认可。自此以后，企业形象广告在美国步入稳定发展时期，迄今为止，企业形象广告的发展大有超出产品广告之势。

图 6-1-18

可口可乐公司作为美国乃至全球最大的饮料公司，除了铺设强大的销售网络和坚持产品创新之外，在企业形象宣传上也是领军人物。早在1937年，可口可乐公司就制作了以生活风格为主题的广告（如图6-1-19所示），其中最著名的一句口号是“The Pause. The Refreshes”，向受众传达了“放松生活”的理念。该系列广告突出了产品在消费者生活中的重要性而不是产品本身的属性，重视理念的塑造而不是硬性推销。虽不算严格意义上的企业形象广告，但已初现端倪。第二次世界大战期间，可口可乐公司响应艾森豪威尔将军的号召，保证每个军人在任何地方都可以以5美分的价格买到一瓶可口可乐（如图6-1-20所示），并在同时期的广告中，大量使用军人的形象（如图6-1-21所示）。自此之后，可口可乐在美国人心中打上了“民族品牌”的烙印，此系列举措与今日的公益性质的企业形象广告有异曲同工之妙。1981年，公司把可口可乐的商标作为竞争性资产。1982年公司修改了广告主题，新口号是“Coke is it”。在其后的几十年里，公司数次改变广告主题与口号，但唯一不变的是鲜明的红色标识和广告中年轻、热情的主题表现（如图6-1-22所示）。除此之外，可口可乐一直很注重通过将自己的名字与运动联系在一起来吸引人们的注意力，其目的在于塑造充满活力的年轻人群跨越国界、四海一家的形象。此外，可口可乐公司还通过赞助世界杯、奥运会、足球锦标赛等体育活动，倡导健康的品牌理念。

Coca-Cola
可口可乐

图 6-1-19

图 6-1-20

图 6-1-21

图 6-1-22

可口可乐之所以能历久弥新，关键在于其系统、持续的企业形象宣传战略。可口可乐的企业形象发展史可以说是美国企业形象发展史的缩影。从一开始的标识传播到逐渐重视企业理念的传播，并适时与公益相结合，时至今日，已经成为一个包括企业标识、企业形象广告、企业理念、企业行为各方面的完备系统。

（二）中美企业形象广告比较

1. 诉求方式

● 中国

中国企业宣传广告对感性诉求和理性诉求两种方式均有运用。感性诉求主要以表现个人或群体的细腻情感为主，注重日常情境的呈现。例如应用型产品的企业广告通常从日常生活细节的小处着眼，借助广告人物表现情感，拉近品牌与用户的心理距离，以提升用户对品牌的关注度与口碑。理性诉求方式的运用主要表现在数据信息的呈现。伴随着互联网的高速发展，公众获取信息的渠道越来越宽泛，在决策时依托丰富信息的支撑从而变得更加理性，运用理性诉求方式的企业往往会在形象广告中运用数据宣传自身的规模与业绩，重视企业实力的展现。

图 6-1-23　三菱汽车形象广告片，运用感性诉求的方式讲述了一对父女的故事。父亲几十年如一日地骑着单车接女儿回家，即便是长大的女儿开车回家时，老父亲依然在路边守候。广告的最后，出现了三菱企业的标识，画外音“三菱汽车，欢迎回家”。广告以父爱比喻三菱对用户的陪伴，情意深长。

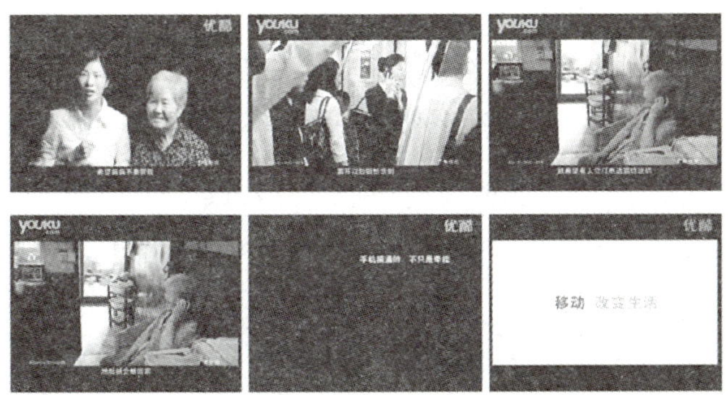

图 6-1-24　中国移动企业形象广告片，运用感性诉求方式，广告中表现了女儿对母亲的牵挂，相隔万里，唯有靠移动通讯传递情感，文案“手机接通的，不只是牵挂”，洋溢出浓浓的亲情。

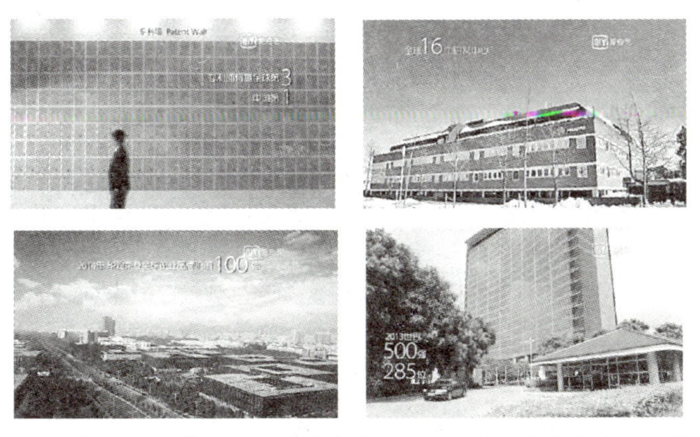

图 6-1-25　华为 2013 年企业宣传广告片，通过理性诉求的方式，列举华为公司 2013 年的发展成就以及世界企业地位，展现华为公司的科研实力、技术实力、发展潜力，数据的使用极具说服力。

● 美国

美国开放的文化背景接纳了多种诉求方式的形象广告。美国企业形象宣传片中时常运用幽默诉求，这在中国企业形象广告中鲜有出现。美国是个颇具幽默感的国家，如社会学家热拉尔·梅尔梅在其《国民文化与形象》一书中所言：“美国人，在所有欧美人中最具幽默感。”[①] 而细分美国人的幽默，又有社会幽默、家庭幽默、政治幽默、东部雅皮幽默、西部牛仔幽默等等。此外，在中国类似广告中很少使用的恐惧诉求也在美国的企业形象广告中时有见到。

图 6-1-26　美国匹兹堡国民公司形象广告片，运用感性诉求的方式，呈现年幼的子女在父母的精心照顾下成长的画面，亲情的运用触动每一位受众内心最柔软的地方，突出爱的主题。

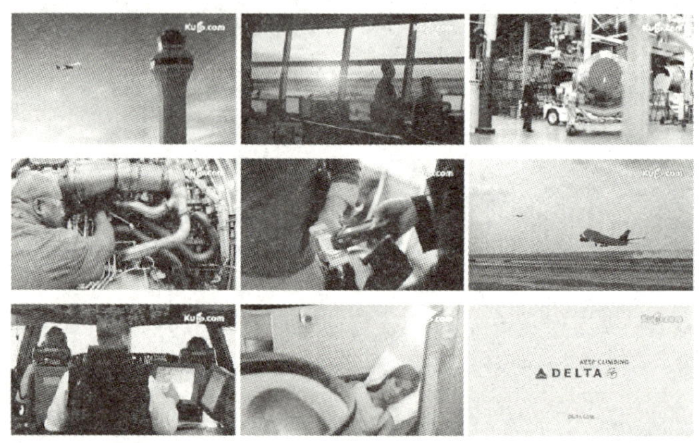

图 6-1-27　达美航空（DELTA）公司形象广告片，运用理性诉求，展现达美航空公司的历史和公司对于每个细节的精心把控，传达了企业精益求精为旅客提供更好服务的理念。

① 老诚：《美国人的幽默》，http://www.cnki.net,1999-8-27。

图 6-1-28　全国保险公司形象广告片，兼具幽默诉求和恐怖诉求，讲述了由一只蝴蝶引发的灾难，当主人的房屋最终被毁时，文案出现于画面“Life comes at you fast”。企业希望通过一个荒诞不经的故事告诉公众：你永远不知道下一秒会有怎样的灾难降临，所以快来保险吧！广告的黑色幽默令人过目难忘。

2. 诉求点

● 中国

中国的企业在进行形象宣传时，通常采用两种方式：一是根据企业实际情况从多角度切入宣传企业理念，例如酒类企业宣传底蕴深厚的品牌历史，汽车类企业宣传其安全可靠的技术优势等等；二是从公益入手，公益的行为能让企业彰显社会责任感，容易被受众信赖，从而提升品牌好感度，例如宣传环保的理念、倡导健康生活方式等。在数千年的发展中，中华民族形成了以爱祖国爱民族为核心价值观的民族精神，国有性和民族性亦是企业形象广告的重要诉求点。不少企业会在重大热点事件时期借势推出形象广告，表明企业的社会立场，同时承担引导正能量文化的社会责任，例如奥运会期间，各大品牌推出的为奥运健儿加油鼓励的海报。

图 6-1-29　五粮液股份有限公司广告宣传片，通过“传世秘方”这一主题表现五粮液酒的历史底蕴。短片模拟古代酿酒的场景，运用精致优美的镜头语言，配上科普知识类的解说词，详细介绍五粮液酒秘方的来源及其健康价值，以此表现品牌实力。

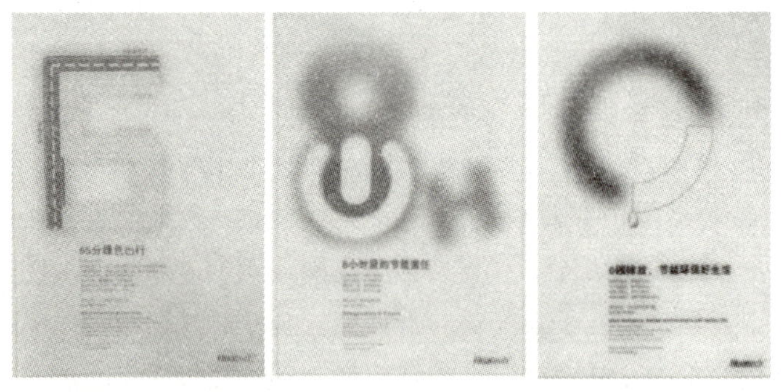

图 6-1-30　厦门华电开关有限公司形象广告，三幅广告标题分别为“65 分绿色出行”“8 小时里的节能责任 0 碳排放”“节能环保好生活”，广告以环保理念为诉求点，只在画面右下角呈现企业形象标识。

图 6-1-31 安踏 2016 年里约奥运会借势形象广告。通过实时跟踪赛事热点，为获奖者鼓励、为选手加油。“去打破”的主题立意强劲有力，既符合社会期待，又借此表现了品牌的运动精神。

- **美国**

美国企业形象广告的诉求点总的来说与中国如出一辙，大多诉诸企业理念和企业的社会责任心。企业形象广告的最终目的是为了树立企业在消费者心目中的形象，提高企业知名度，更重要的是提升企业美誉度，企业理念的传达有助于受众更了解企业，与公益事业相结合的广告则有助于企业建立起富有责任心的良好形象。此外，美国的企业形象广告也多传达与企业理念相关的“正能量”，例如耐克的广告号召年轻人彰显个性，可口可乐的广告倡导运动与健身等。美国拥有较多具有国际影响力的大品牌，如耐克、可口可乐、麦当劳等，这些大品牌在多年的积淀中，已经铸就了良好的企业形象，其企业标识、口号、代表物等已经深入人心。因此，在这些品牌的部分形象广告中，只是出现品牌标识、标志物等，旨在唤起消费者心中已经建立起的品牌记忆。

图 6-1-32　耐克企业形象广告片，讲述男主人公无视周围极端环境的影响，一直坚持晨跑的故事。最后的广告语 “Just do it”，使得一切不合理变成了个性化，做你想做的，尽管可能是冒险的。这正是耐克企业想要传达给受众的品牌理念。

图 6-1-33　宝洁企业形象广告片，广告呈现数位母亲与子女间的亲密互动，母亲呵护着新生儿，为淘气的小男孩处理伤口，帮助女儿实现梦想……这些无一不让人感受到母爱的伟大。最后显出醒目的一行字 “Thank you, Mum”。宝洁正是通过这样的形象广告，号召所有子女感恩母亲，传递社会正能量。

图 6-1-34　可口可乐形象广告，画面中是广为人知的可口可乐的吉祥物——北极熊和企业标识，此为典型的诉诸“品牌记忆”的形象广告，唤起忠实消费者的情感记忆。

3. 元素运用

● 中国

在中国的企业形象广告中，最常出现的元素是跟企业相关的具体的物件或形象，有时是企业的产品形象，有时是企业的标识或标志性建筑物等，其次是企业领导人、身着制服的员工形象等，如海尔企业形象广告中的吉祥物“海尔兄弟”，联想企业形象广告中的联想手机、电脑等，这些元素随着企业类别的变化而各有不同。近几年，随着中国综合国力的不断增强，中国的国际地位提升，中国文化之风渐行，中国企业在广告表现上，采用越来越多的“中国元素”或中西结合的元素，如吉利的数字、表达、物件都可作为元素要件，这从“平安保险”“吉利汽车”的取名便可见一斑。外国企业在进驻中国市场时，也会充分考虑中国人的传统，如可口可乐在中国就曾一度更名，由最初的“蝌蝌啃蜡”更改为更讨喜的“可口可乐”。

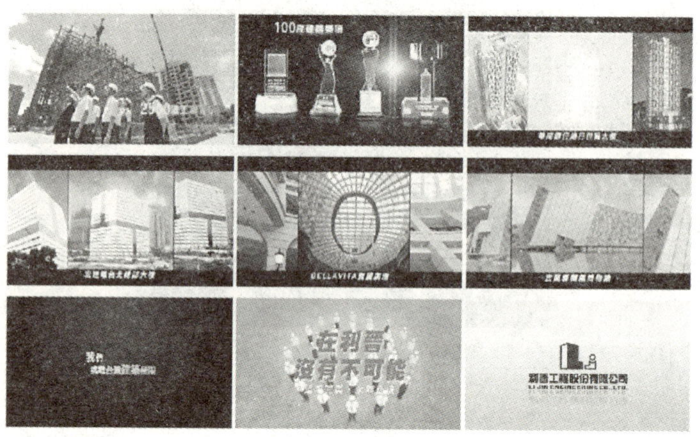

图 6-1-35　利晋工程股份有限公司形象广告片，广告中出现的元素有企业参与建造的知名建筑、企业员工和企业所获荣誉等，充分展现企业实力。

图 6-1-36　东方航空公司形象广告，画面中出现的元素有古朴的扇子、唐代仕女图，富有中国文化深厚底蕴。文案“传承东方文明，传播东方魅力”更是直抒企业理念。

图 6-1-37 艳遇中国企业形象广告，画面中西式风格建筑物与中式古典刺绣融为一体，中西元素的巧妙结合与企业中西结合的产品理念相吻合。

图 6-1-38 中国平安企业形象广告片，广告选取包含“平安”二字的地点拍摄，如青海平安县、北京平安大街、广西平安乡等，画面中多次出现“平安”字样的剪纸、窗花，这既符合中国人喜欢吉利的特性，又处处与企业名称保持紧密关系，加深受众记忆。

- **美国**

在美国企业形象广告中，只要是能够支撑其创意点的任何元素都可能出现——美女、动物、恐怖事件，甚至包括中国人忌讳的死亡、葬礼等。此外，不同于中国《广告法》明确规定的，在广告中“不得使用国家机关和国家机关工作人员的名字”，美国国家领导人形象这一元素也可见于美国形象广告中。随着电视、网络等现代传播媒介的发展，在政治选举领域中出现了形形色色的竞选专家，许多候选人会采用雇佣职业竞选主管、媒体顾问、公关事务助理方法来募集经费，组织选举运作。政治元素出现在商业广告中也就不足为奇了。①

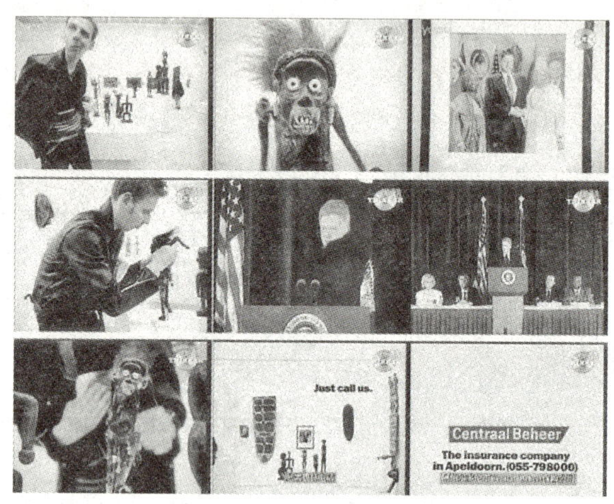

图 6-1-39　阿佩尔顿保险公司形象广告片，广告讲述一个人不小心碰到了一尊巫师雕像，这尊雕像恰好与克林顿总统之间存在某种感应，这个人对雕像做的所有行为均投射到总统身上，引发尴尬场景。最后出现文案“Just Call Us”，表现阿佩尔顿保险公司可以为消费者解决任何突发状况。

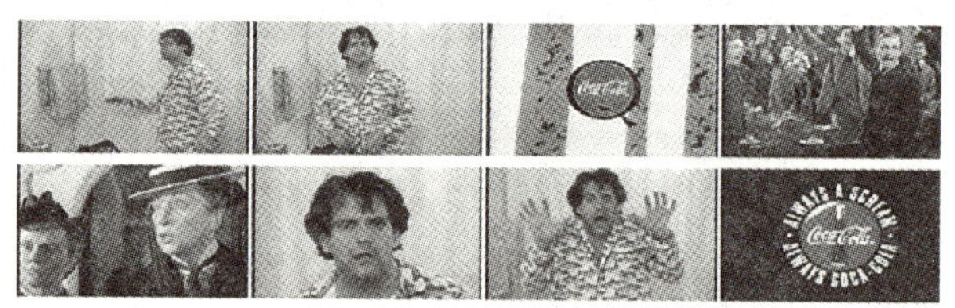

图 6-1-40　可口可乐形象广告片，广告中主人公思绪在各个年代中不断穿梭，现代与历史的不同元素杂糅，情节荒诞不经，最后导致主人公惊恐地发出尖叫，正如企业口号“Always a scream”一般。

① 赵可金：《美国政治营销的兴起》，载《美国研究》，2008 年第 22 卷第 2 期，第 28～47 页。

4. **创意表现**

● **中国**

在中国企业形象广告中，以解说词配上企业相关产品、建筑、员工等画面的表现方式居多，即以企业作为第一人称的口吻向受众直接传达企业理念。这种创意表现的手段更显企业的权威自信，但在趣味性和生动性上略逊一筹。在画面处理上，实景拍摄加后期渲染的手法较为常见，画面总体风格通常是宏伟壮观。中国人历来追求大气庄严的风格，企业形象自然也是如此。近几年来，随着年轻品牌的不断崛起，一些颇具新意的创意表现频频出现，例如以企业员工为主体的短片、动画片的形式、微电影的手法等。随着中国影像技术的不断进步，中国企业形象广告在拍摄和制作上都日趋精良。

图 6-1-41 华阳汽车电子有限公司形象广告，画面选取了巍峨的山岭，云雾缭绕，大雁盘旋，彰显了庄严大气的形象。

图 6-1-42　铃木品牌视频广告，主打“Way of life”的主题，通过展示生活中生动有趣、令人动容的细节表现生活的精彩，鼓励受众去创造更多的“Wow”。广告仅运用高清画面语言及背景音乐烘托主题，“以小见大”的切入方式传递一种积极向上的生命力量，而这正是铃木品牌的理念传达。

图 6-1-43　HTC 形象广告片，以 HTC 员工为主体，运用蒙太奇式的剪辑手法拼接成一个短片，目的是传递 HTC 积极正面的形象，强调“梦想的力量”。

图 6-1-44　中国移动形象广告片，使用动画片的形式，画面活泼生动，更具趣味性。

● **美国**

美国企业形象广告常常以叙事方式展开，如上文中耐克、全美保险公司等案例都是很好的体现。在制作层面上，美国企业形象展示并不拘泥于某种形式，主要以更好地表现创意点为依据，动画、卡通、特效、3D 技术等手法在其中都能见到。此外，美国一些成熟的大品牌更开始践行“24/7”式的企业形象宣传，即“全天候传播”。可口可乐公司在亚特兰大成立了企业博物馆，馆内以各种表现方式呈现企业历史、企业经典广告以及相关产品知识。这虽不是传统的企业形象广告形式，但在当下广告的外延的不断延伸中，此种宣传形式已被市场接受。

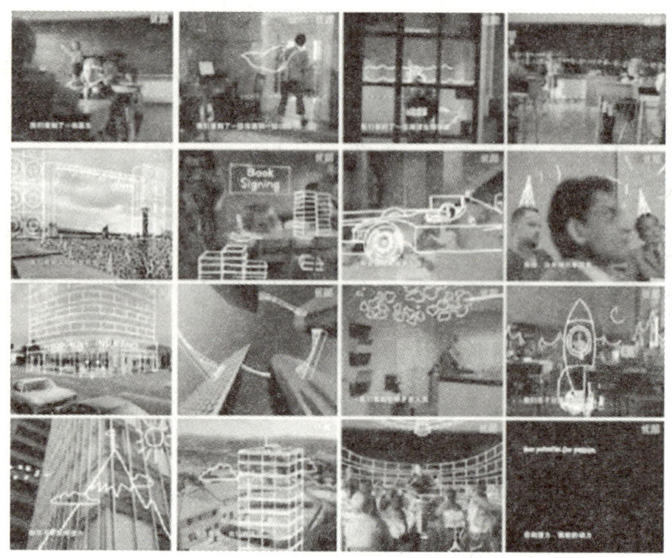

图 6-1-45 微软企业形象广告片，实景拍摄与简笔画相结合，显得妙趣横生。实景的部分象征现实状况，简笔画的部分则预示未来的场景，虚实的结合更具趣味性。

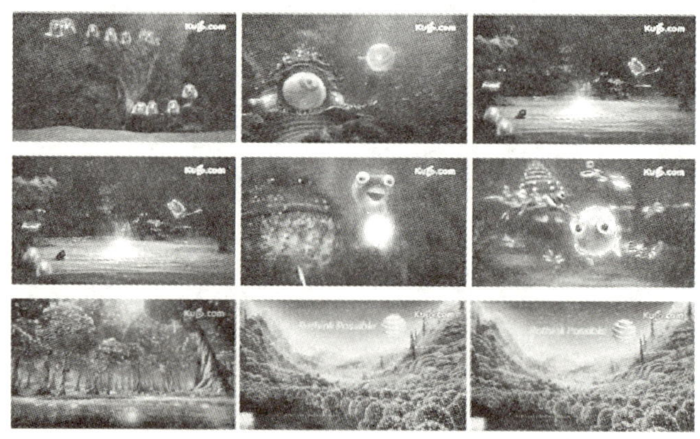

图 6-1-46 美国电报与电话公司（The AT&T）形象广告片，广告讲述了海底动物争夺一颗发光体的故事，其中所有的动物和场景都是动画制作。此广告片看上去更像是一部迪士尼出品的微电影，极具观赏性。

图 6-1-47　联邦快递（FedEx）形象广告片，采用实景拍摄加 3D 制作技术相结合的创意表现手法，展示了联邦快递员一段奇妙的旅程。画面魔幻可爱，与爱丽丝梦里的幻境十分相像！

图 6-1-48　可口可乐企业博物馆，图片为可口可乐企业博物馆的外观和部分馆内设施，企业通过展览的形式让顾客更好地了解品牌历史与品牌价值。

第二节　城市形象宣传片

城市形象是一个见仁见智的概念，但是城市形象绝不是一个可以在见仁见智的概念下进行创作的对象。城市形象不是一个可以随意拼凑、随机组合的形象系统，它集合了人们对于城市的价值想象、生活习俗、历史基因和文化追求，需要通过系统的城市营销手段进行塑造和传播。所谓城市营销是指运用市场营销的方法论，对城市的政治、经济、文化、环境、工业、农业等诸要素进行合理的策划与整合，以求找到符合市场经济规律，提高城市综合竞争力，增强城市财富及知名度，提高城市人民物质文化生活水平的最佳发展道路的一门科学。①

在现代社会中，出于不同的城市宣传目的，城市形象宣传片已经成为世界各地城市宣传其城市特色和魅力的重要方式。城市形象宣传片是以城市中所有的“硬件”“软件”资源为对象，通过影视传播的形式，按照一定的宣传目的，选取具有代表性的城市元素，运用视听语言和影视特效等技艺技巧进行创作表现，给受众带来城市美的享受，并通过积极有效的城市营销策略，塑造和推广城市品牌形象，宣传城市地域文化特色的影视短片。② 随着城市形象宣传片理论与实践的不断深入，各个城市已经将文化、政治、经济等综合因素融入城市形象宣传片之中，城市形象宣传片成了一个城市提升文化内核、宣传政治主张和带动经济发展的利器。中国和美国作为发展中国家和发达国家的代表，通过对其城市形象宣传片进行比对，会有利于人们了解中美城市在文化、政治、经济等方面的差异，从而更加深刻地看到城市与城市之间于地理位置和城市景观之外的更多比较。

一、城市营销的发展及其演变

城市营销活动最早可以追溯至 14 世纪的意大利，当时的意

---

① 杨鑫：《城市营销理论及其策略研究》，兰州商学院硕士学位论文，2008 年。
② 刘庶：《中国城市宣传片的创意与传播研究》，山东师范大学硕士学位论文，2011 年。

大利政府出于吸引游客的目的，采取了推广旅游胜地的一些方法。但城市营销在意大利并没有得到持续发展继而形成理论。较为系统的城市营销实践起源于19世纪50年代的美国，当时美国南部城市因其发展工业的需要，开始宣传自身在工商业发展和生活环境等方面的优势，城市营销作为一种吸引移民的手段而得到应用。20世纪初，欧洲的一些海滨城市开始尝试以促进旅游为目的的城市营销。① 20世纪30年代，北美出现的各城市营销的目标主要是吸引投资、扩大本地就业、宣传自身优越的商业环境，因此大多实施的是低成本战略。其后，西方发达国家就如何运用市场机制来吸引民间资本、促进城市硬件环境建设形成了一些不同的模式，为城市营销理念的形成和运作提供了经验，并且逐渐得到了众多城市政府的认同和推广。随着市场经济的迅速发展，企业经营的一些模式逐渐得到政府规划部门的认同，有人借鉴市场营销的思想，提出了城市营销的观点，即通过对城市自有资产的市场化利用，实现“以城养城”的目的。20世纪50年代，美国的城市营销理论研究开始逐渐增多。其间，美国学者McDonald于1938年出版了早期城市营销研究的代表著作《如何促进社区及工业发展》。

20世纪70至80年代，美国经济出现衰落。工厂在选择落户城市时有诸多因素的考虑，于是城市与城市之间开始形成更加激烈的竞争，这促使了城市营销理论研究的加速发展。同一时期，出现了将企业管理的理论和方法引入政府公共管理事务之中的方法，即区域营销（Urban Marketing）。把城市视作企业，以城市未来作为产品，以此形成了城市营销的最初思想。

20世纪90年代始，随着失业率的增加及金融动荡，城市营

① 郭国庆、刘彦平：《以城市营销提升核心竞争力》，载《人民日报》，2009年5月25日第9版。

销（区域营销）开始考虑促使本地形成拥有独特优势并与其资源配套的产业集群，以找到对自身而言具有竞争力优势的利益市场。城市营销的首要任务转变成了挖掘潜在优势，实现整体经济发展目标。1998年，肖特（Short）和科姆（Kim）通过研究总结出城市营销的理念。在此基础上，科特勒等人对城市营销的概念进行了界定，认为“城市营销是为满足特定目标市场需要而进行的城市规划过程”，创建了城市营销理论。

作为一个有着数千年灿烂文化的国度，同时也作为一个年轻的工业化国家，中国的城市在自然风光、城市历史、社会人文等方面都有着不同的特色与魅力。这些都是城市形象宣传中可以为城市形象创作所用、有助于城市形象塑造和宣传的元素。但是相比美国城市营销因其工业城市发展需要而崛起，中国城市营销发展则存在着先天的不足。鸦片战争之后，中国处于半封建半殖民地社会，社会各项事业发展迟缓。列强对于中国的瓜分，不仅是一种国土的侵略，更是对于中国人民思想的桎梏和侵蚀。此后的抗日战争和国内战争，使得长期遭受战乱的中国民众疲惫不堪，落后的社会发展状况和封闭的国民意识所带来的，是人们思想观念上的保守和自卑，中国社会所处的历史环境所带来的是人们思想观念的封闭。1949年，中华人民共和国成立，中国开启了现代化工业进程，开始逐步打开国门。改革开放之后，更多的西方技术和管理理念传入中国，中国人逐步意识到固步自封只能导致国家的落后，从而开始积极地融入世界发展潮流，勇于向世界展示中国的存在。也正是此时，市场营销学被引入中国并得到广泛传播，这为城市营销在中国的发展提供了理论基础。由此，通过城市营销宣传城市，以达到招商引资、吸引旅游为目的的宣传手法开始逐步受到各地方政府的重视。

20世纪70年代末到90年代初这段时期可以称之为中国城市营销的萌芽期。改革开放以前，中国实行的是计划经济体制。

所有资源配置完全按国家计划执行，户籍制度也十分严格，所以这一时期的城市营销大都是无意识的，影响城市营销的要素也很单一，城市产业居于核心地位，其他营销要素往往都是因此而衍生。

20 世纪 90 年代后，中国城市营销步入发展期。随着市场化和全球化进程的不断深入，城市对各种要素的争夺日趋激烈，城市之间的竞争加剧，市场营销观念的影响逐渐深入，部分城市开始用营销理念规划城市，以城市消费者为中心的营销战略在部分城市开始形成。目前，中国的城市营销大多停留在“推销理念”阶段，城市营销的活动大多停留在 CIS（企业形象识别系统）阶段，热衷于城市形象的塑造和传播，缺乏整体的战略规划。总体上讲，中国的城市营销还处于一个不断探索和发展的阶段，城市营销理念有待普及，城市营销理论还有待进一步完善，理论和实践都有待创新。

归根结底，城市营销的外延目标是在受众心目中树立起良好的城市形象，“城市形象的组成要素包括城市景观形象、城市功能形象、城市经济形象、城市文化形象、城市政府形象、城市市民形象、城市市容形象和城市潜能形象等若干子形象”①。如果单纯地展现城市某一方面的特色或景观，则会造成以偏概全、层次杂乱的不完整之感。总之，城市形象的塑造是一个系统而复杂的工程，既需要整体统筹的策划，也需要细节重点的打造。城市形象宣传片是这个工程中的一部分，凭借着画声同步于视听觉方面的优势，以及在营造感知和形成带入感方面的强烈效果，形象宣传片成了城市形象最直观的传播方式。

① 陈柳钦：《城市形象的内涵、定位及其有效传播》，载《湖南城市学院学报》，2011 年第 32 卷第 1 期。

二、城市形象宣传片比较

（一）中美城市形象宣传片的发展演变

城市形象宣传片的理论与实践均起源于美国，美国城市形象宣传片伴随着城市营销的需要而诞生。20 世纪 30 年代，美国的城市形象宣传伴随着城市营销意识开始崛起，随着媒介技术的发展，用以进行城市形象宣传的媒介载体，开始由海报、巡展和广播等扩展到声画结合的电视，并以城市形象宣传片的形式更加生动具体地塑造和传达城市形象。20 世纪七八十年代，美国经济一度低迷，此时的美国城市出于吸引工厂落户的目的，开始对城市进行营销宣传，以此吸引工业投资。一些处于困境中的城市不断寻求改变与再发展，具有策略性的城市形象营销为城市的更新带来了一丝希望，如匹兹堡、波士顿、克利夫兰等都通过城市形象的市场化运作渡过了濒临“破产”的难关。由此，城市形象宣传片应运而生，并于 20 世纪 80 年代开始进入公众的视野。当然，城市形象宣传片进入美国大众的生活之中，其客观原因也在于彩色电视的普及。作为一种声画同步的媒介形式，彩电使得城市形象宣传片在美国家庭中的呈现成为可能，同时则更加坚定了美国各城市将自己的城市特色和形象定位进行普及传播的决心。

在美国这个高度城市化的国家，城市形象无异于一张宣传城市的名片，在让人们对城市基本信息一目了然的同时，传递出城市的人文历史、社会风貌和发展状况。美国有着许多特色鲜明的城市，如世界金融中心纽约、汽车城底特律、太空城休斯敦等，这些城市的别称在世界范围内已是耳熟能详，其知名度离不开城市形象的塑造与传播，而城市形象的对外传播，更是需要依靠能够承载丰富信息的城市形象宣传片。美国城市形象宣传片有着较高的创作水平，一方面在于美国城市营销意识和理论研究崛起较早，城市形象宣传片作为一种能够承载丰富城市信息的宣传形式，成为历史的必然选择；另一方面，其更深层的原因则是在于，美国文化中的开放性、包容性及创新性是城市形象宣传片作为一种对内对外塑造城市形象、传播城市特色的工具所必不可少的内核因素。城市形象宣传片的创作者始终是人，而人的思想和创意则是取决于其所处的环境和环境中所蕴藏的文化、经济、政治和教育等多方面的因素。所以，如今的美国城市形象宣传片能够代表国际水准，其国家文化和城市文化对于城市形象宣传片的影响是至关重要的。

中国城市形象宣传片创作的里程碑事件，是山东省威海市城市形象宣传片在中央电视台的播出，这标志着中国大陆城市形象宣传片的诞生。当时，山东省威海市为发展当地旅游业，做出以广告传播吸引八方游客的决策。为形成差异化竞争，该广告采用了一个新的创作思路：从单纯的宣传个别旅游景点转到推介一座城市。该广告不再把焦点对准城市中的某一个别事物，而是综合考察整个城市，通过城市中各部分资源的组合，产生一种整体的冲击力，展现城市形象。威海的独特地理位置、著名历史事件、和谐的城市景观、宜居的城市条件被组合到一起，威海市的整体形象得到这样的展现："这里弥漫过甲午战争的硝烟，这里被秦始皇称为天之尽头，如今，这里是世界上最适合人类居住的范例城市之一——威海，CHINA!"不难看出，广告所选取的城市符号代表了威海的特殊之处，不可复制。

自威海市开创先河以来，众多城市纷纷效仿，拍摄各自的城市宣传片。据国家统计局2007年底的统计数字，对36个人口超过200万以上的中国城市和两个人口不足200万的副省级城市，共计38个城市的形象广告进行收集，共收集了157个城市广告片，由此可见中国的城市形象宣传片的蓬勃发展之势。城市形象宣传片成为中国城市宣传城市人文历史、城市发展、城市性格和城市社会风貌的有效手段，如北京市曾为迎接2008年奥运会专门拍摄了以北京奥运会为主题的城市形象宣传片，并于国内外播放；四川曾于汶川地震之后拍摄了名为《四川依然美丽》的形象宣传片，以吸引国内外游客；上海更是专门制作了一支对外传播的城市形象宣传片，并于2011年在美国纽约时代广场播出。

如今，越来越多的中国城市已经将城市形象宣传片作为传达城市信息和实现城市发展目标的重要途径。根据李宗诚在《城市形象广告现状综合分析》中的描述："一线城市进行形象广告的宣传最为普遍，都不同程度地运作过城市形象广告宣传。二线城市进行形象广告宣传力度最大，效果最好，例如大连近年来一直倾力打造城市品牌，在央视重金投放城市形象广告。三线城市对城市形象广告的跟风热情最高，投放广告的力度也节节攀升，例如浙江宁波、山东聊城两个城市，近两三年逐渐成了央视的广告大户。四线城市因财力所限，虽然投放运作城市形象广告的现象还不够普遍，但'黑马'迭出，效果明显。以浙江义乌、福建石狮等'黑马'城市为代表，率先运用城市形象广告打开了城市的知名度，'秀'出了鲜明的城市个性。"[①] 如今，通过城市形象宣传片，在国内外打造主题一致、定位鲜明的城市形象，已经成为中国城市的共识。在当今"中国文化走出去"的倡导下，中国的各个城市正在更加积极主动地挖掘城市自身的文化特色，各类城市的形象宣传片频繁出现在国内外观众的视野中。向世界展示自己，将自己融入世界，已经成了中国人民的愿望。

① 李宗诚：《城市形象广告现状综合分析》，载《商业时代》，2007年第3期。

（二）中美城市形象宣传片比较

1. 诉求方式

● 中国

感性诉求是中国城市形象宣传片给人的第一印象，但如果仔细分析其表现手法，则可以发现不少形象片不乏理性诉求穿插其中。城市形象片采用感性和理性混合诉求的方式，主要原因在于大多数城市都意识到“形象传播”的重要性，在跟风式的拍摄热潮中，首先采用感性诉求路线。然而目前我国城市品牌多处于传播初期，一些城市品牌还未先期得到大众的普遍认知，大众对于其感性诉求的认知支持仍需关联理性层面。感性诉求中需注重使用文化诉求，理性诉求中需更多使用形象展示，感性的画面及情节辅以文案介绍可尽显一个城市的完整风貌。

图 6-2-1　成都形象宣传片，运用感性诉求的方式，讲述一位中年人为奶奶寻根的故事。远道而来的男主角带着年迈的奶奶对成都的眷念，走在春熙路、都江堰，感受川剧、茶文化与火锅文化，体会成都人的闲适、热情与活力，临走时发现自己也对成都着迷了。片尾处的点睛之笔“成都，一座来了就不想离开的城市”之语让人印象深刻。

图 6-2-2　三亚形象宣传片，运用理性诉求的方式，“中国唯一的国际性热带滨海旅游城市”“长约两百公里的海岸线”“洁净空气以及河流、温泉、岩洞、田园”，如此文案配上美丽风景的画面，直接向受众传达三亚的魅力所在。

图片 6-2-3　北京形象宣传片，运用感性和理性混合诉求的方式，既选取了居民欢乐生活的场景，又以林立的高楼大厦、通达的高架桥、霓虹璀璨的夜晚等场景展现北京的繁荣发达，同时又以车展、时尚秀场等场景展现了北京的时尚气息。运用感性诉求打动受众，理性诉求说服受众。

- **美国**

城市是一个综合体，要在有限时长的宣传片中呈现一个城市的风貌，单一的诉求方式往往捉襟见肘。美国城市形象宣传片中会出现多种诉求方式，感性诉求被用于唤起人们对于一座城市的记忆和联想，从而产生对城市精神的共鸣，这与中国城市形象宣传片类似。理性诉求则是以一种理性的态度将城市的安全、环保、宜居等观念传达给受众，提升受众的信任感。美国城市形象宣传片对于理性诉求的运用，更多的是为了突出其城市人文景致真实、客观的一面，以一种受众可见可闻的形式，展现城市真实的美感。性诉求在美国城市形象宣传片中偶有出现，如夏威夷形象片中热辣的美女，纽约形象片中红色的“高跟鞋”等。总之，无论哪一种诉求方式的运用，其动机和目的都是在于契合城市本身的个性与特点。

图 6-2-4 纽约形象宣传片，运用感性诉求的方式，将镜头对准了观光车中游客们洋溢着笑容的脸庞、随性的街头表演等，向受众传递着这座城市快乐自由的气息。

图 6-2-5　夏威夷形象宣传片，运用感性诉求的方式，形象片中有大量游客与土著居民一同舞蹈的镜头，热情欢快的情绪容易感染受众。对夏威夷自然风光和著名建筑的展现则理性地向受众诉求这座城市是旅居的好选择。此外，身着短裙、跳热舞的夏威夷少女也在一定程度上体现了性诉求成分。

图 6-2-6　华盛顿 D.C. 形象宣传片，运用理性诉求的方式，集中呈现华盛顿林立的建筑群、繁华的街道，以及标志性建筑如白宫、华盛顿纪念碑等，理性展示了华盛顿 D.C. 作为一国首都的地位及气势。

2. 诉求点

● 中国

中国现阶段城市形象宣传片的诉求点大多集中在人文历史、城市精神、自然风貌、城市发展以及招商引资等方面。当然每个形象片的诉求点并非单一表现，不少形象片同时诉诸几个诉求点，表现不分伯仲。表现“城市精神”的诉求点大多是为了配合政府的某些公益宣传主题或大型活动，此类作品往往容易趋同，流于宏大场面而缺乏实质内容，如中国申奥前张艺谋为北京拍摄的城市形象宣传片就属于此。随着大量鲜有特色、内容雷同的形象片不断涌现，参与形象片制作的机构也逐渐认识到差异化定位、特色化宣传的重要性，因此形象片的诉求点也呈现差异化、精细化的趋势。

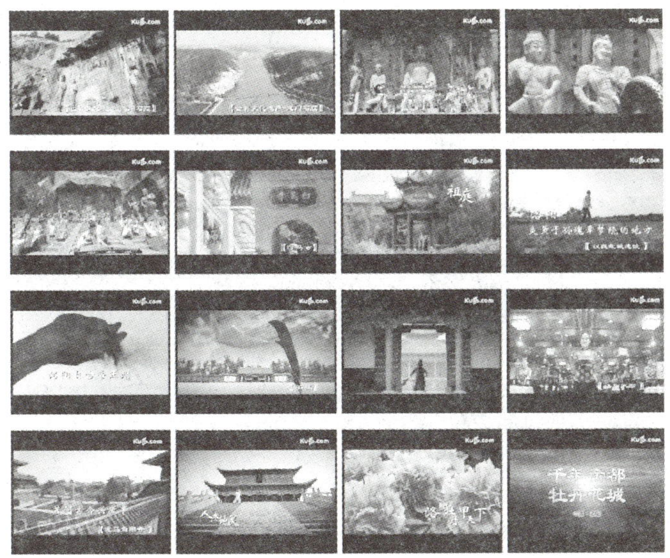

图 6-2-7　洛阳形象宣传片，诉求点集中于人文历史，介绍了龙门石窟、白马寺、祖庭等文化遗迹，文案“洛阳自古帝王朝”体现了洛阳深厚的文化底蕴。此外，还诉诸洛阳的美食和特色植物——“水席”和牡丹，为受众塑造一个立体的洛阳。

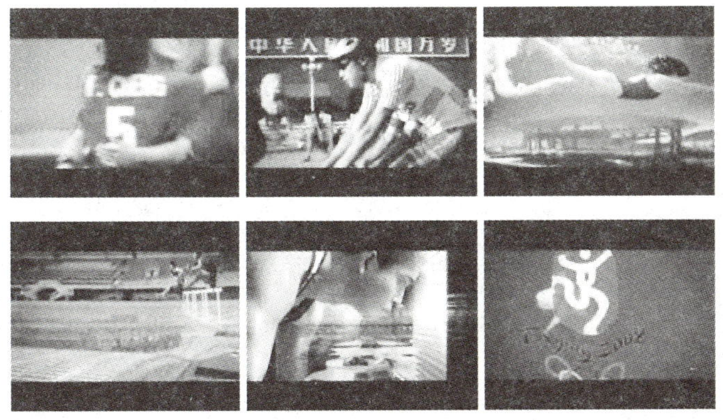

图 6-2-8　北京形象宣传片，配合奥运制作，诉诸“拼搏”的城市精神，选取运动员们挥汗运动赛场的画面，慷慨激昂的配乐更是渲染了“拼搏”这一主题。

图 6-2-9 北京形象宣传片“到胡同去”篇，全片聚焦“胡同”，通过各式各样的胡同展示，配以文案“北京，到胡同去”点题，诉诸北京的人文历史，相信看过此片的人一定能记住北京的胡同，记住北京。

- **美国**

美国城市形象宣传片普遍以城市的繁荣面貌和城市精神为主要诉求点。美国作为世界超级大国，其政治、经济及文化实力强大，这一点直接表现在美国的城市形象宣传片中。高楼大厦、繁华街道等景观的展现体现出美国城市高度现代化的水平，而著名雕像多被用作城市精神的象征。“旅游风光”这一诉求点也频频出现在美国城市形象宣传片中，这与美国人度假的习惯息息相关。为了吸引更多游客，在形象片中呈现异域风情、美丽景观不失为一种很好的方式，如夏威夷宣传片中的热带舞蹈、民族服饰等。与中国城市形象宣传片一样，以上诉求点经常会同在一部片中体现，毕竟一座城市可供展示的资源太多。

图 6-2-10　迈阿密形象宣传片，诉诸城市面貌和旅游风光。从航拍的城市全貌镜头可以看到城市巍峨的建筑群，璀璨的夜景更显城市繁华。对蓝色海洋和白色沙滩的远景及特写则一展迈阿密美丽的旅游风光。

图 6-2-11　纽约形象宣传片，诉诸城市面貌和自由精神。高楼大厦、桥梁、街道等是为了展示城市面貌，自由女神雕像的运用则象征着纽约追求自由的精神。

图 6-2-12　夏威夷形象宣传片，诉诸旅游风光、异域风情。作为众所周知的旅游胜地，夏威夷深谙自身特色，大海、夏威夷民族风情的音乐和舞蹈、头戴花环身着民族服饰的夏威夷姑娘等，无不散发着夏威夷独有的气息。

3. 元素运用

● **中国**

总体上看，在中国城市形象宣传片中，历史元素、民族文化元素出镜率最高，城市个性符号的识别性较弱，青山绿水、秀丽风景等元素几乎每篇都有，一些具有中华民族典型象征意义的元素——舞龙舞狮、太极、茶道等，更是不胜枚举。细分之下，以下九类表现元素最为常见：自然风光元素，如名山名水、地形地貌、海洋沙滩等；建筑文化元素，如地标建筑、著名雕塑、桥梁等；休闲生活元素，如老人晨练、家庭生活、朋友相聚等；饮食文化元素，如当地特色美食、名茶、小吃等；风俗文化元素，如当地特色节日、民族舞蹈等；历史人文元素，如祖籍于此的名人、历史遗迹、各类非物质文化遗产等；商业购物元素，如商业街、购物场景等；工业科技元素，如工业园区、科技园区等；名人视觉元素，如成都形象片中的张靓颖，上海形象片中的姚明、刘翔等。

图 6-2-13　天津形象宣传片，涵盖了自然风光元素、建筑文化元素、休闲生活元素、饮食文化元素，具体包括湖景、古代建筑、婚宴场景、名小吃“狗不理”包子等。不仅展现了一城风光，更描绘了城中人的生活。

图 6-2-14　万源形象宣传片，涵盖了自然风光元素、建筑文化元素、休闲生活元素、商业购物元素，具体包括山区风景、白塔庙宇、繁华街道、居民晨练等场景。作为三线城市，万源的形象片还选取了四通八达的高架桥和铁路元素，以此体现城市发展的节奏。

图 6-2-15　三亚形象宣传片，涵盖了自然风光元素、风俗文化元素、名人视觉元素，具体包括大东海、天涯海角、南山、民族舞蹈、世界小姐张梓琳等。形象片在展现三亚丰富旅游资源的同时，还选取了部分在三亚举办的文体赛事的场景，吸引更多游客前往。

- **美国**

美国城市形象片中出镜率较高的包括自然风光元素、建筑文化元素、休闲生活元素、商业购物元素，这些元素与现代生活息息相关。与中国形象片偏爱人文历史元素不同，美国作为一个仅有两百多年历史的国家，现代性才是人们生活的主旋律。美国是一个移民国家，多元文化在此交融，因此在其城市形象片中，不乏多民族人们融洽相处的场景、多元城市精神内核的阐释。美国城市选择以多元文化为表现元素，并非出于巧合，而是基于城市人口现状和城市自由平等精神所做出的选择。

图 6-2-16　纽约形象宣传片，涵盖了自然风光元素、建筑文化元素、休闲生活元素、商业购物元素，具体包括中央车站、购物广场、街道、建筑物、体育场等。此外，不难发现无论是在车站，还是在街道，都有不同肤色、不同种族的人群同框，以此体现纽约的开放包容。

图 6-2-17　旧金山形象宣传片，涵盖了自然风光元素、建筑文化元素、休闲生活元素，具体包括金门大桥、海洋、山脉、建筑群、街道等。这些元素的组合构建了一个繁华热闹、风景如画的旧金山。

图 6-2-18　纽约形象宣传片，片中出现了看似与纽约无关的荷兰画家凡·高的《星空》和起源于意大利的比萨。作为多民族的大熔炉，此番表现正好体现其民族融合性。

4. 创意表现

● 中国

中国城市形象片中最常见的表现手法就是摄像机扫描式，把城市符号逐一罗列填充在形象片中，如上海的城市符号——东方明珠、外滩、白渡桥、南京东路等，只要是宣传上海的片子，这些符号无一例外会被收入片中。纵观中国城市的形象片，观众总是跟着摄像师和剪辑师的引导，进行跳跃式的城市浏览，吃力地辨别各城市建筑，可对这些城市的风格和城市定位却难以概括。不可否认，符号表现的确代表了城市的形象，但形象广告片创作方式的千篇一律，很难塑造独特的城市品牌形象。城市形象片应着力挖掘符号背后的文化和内涵，以妥帖的叙事和创意表现阐释符号背后的文化内涵。这其中，主观视角叙述其实不失为一种好的创意方式。此外，也出现了一些结合动画制作技术的创新型城市形象片，如广州的“动画五羊篇”。

图 6-2-19　石家庄形象宣传片，典型的摄像机扫描式手法，片子由几组航拍镜头、俯拍镜头和仰拍镜头组成，浮光掠影地带领受众观赏了石家庄著名景点和城市全貌。但跳跃的镜头和剪辑难以让人留下清晰印象。

图 6-2-20　桂林形象宣传片，选用主角叙述的表现手法，形象片由一组采访视频构成，借游客之口、居民之口向受众展现不同人眼中的桂林山水，这样的创意表现手法比画外配音更为可信、生动。

图 6-2-21　上海形象宣传片“姚明篇”颇具创意，选取不同行业的员工在上海的生活片段，包括清洁工、司机、交警、农民、记者等，仔细一看，这些人正是同一个人——姚明。文案“无数个姚明，同一个上海”点题，向受众展现多面的上海。

图 6-2-22 广州形象宣传片“动画五羊篇”，以动画的形式，演绎了广州建城的神话故事，五只可爱的动画小羊齐心协力互助互爱建立了五羊城，创意新颖，别具一格。

- **美国**

美国城市形象宣传片同样经常使用摄像机扫描式的拍摄和呈现手法，因为这是带领受众游览城市风光的有效方法。与中国形象片的不同之处在于美国城市营销发源早，很多城市已经树立独特形象，所以在图像符号的选择上往往更具代表性，更契合城市的定位，如拉斯维加斯的夜景、纽约的时尚秀场等。除此之外，美国城市形象宣传片的创意表现也丰富多彩，美术、动画、音乐和舞蹈等的元素运用时常可见。总之，只要能充分展现城市的特色，何种创意表现手法都能为美国人所用。

图 6-2-23 纽约形象宣传片，采用动画与实景拍摄相结合的手法。建筑物由蛋糕组成，游乐场是简笔画的形式，全片洋溢着活泼快乐的气息，这种美国式的快乐很容易感染受众。

图 6-2-24　拉斯维加斯形象宣传片，采用扫描式的拍摄和表现手法，由摄像机带领受众夜游拉斯维加斯。片子的表现手法普通常见，创意点在于除了最后一个镜头，全片都在展现拉斯维加斯的夜景，以此契合这座不夜城的特点。

图 6-2-25　纽约形象宣传片，采用了多种形式相融合的创意表现手法。通过摄像机扫描的手法、时尚秀的形式、歌舞的形式，既为受众呈现了纽约的景色，又通过歌舞传递了热情的气息，秀场的运用则凸显了纽约的时尚感。

第七章　公益广告①

对于人类而言，无论是古代或当代，无论是东方或西方，无论其地域、时空、民族乃至文化上的差异，都不能否认作为人在需求上的一致性和所面临的基本生存问题的共通性，正是这些一致性和共通性构成了超越时空、地域和民族等界限的人类共同的价值基础。公益或曰慈善就具有人类共同的、普遍的、至上的价值意义。从起初的宗教教义发展到今天，现代的公益是人人参与的事业。不管是个人还是集体，人们通过各种公益活动、公益基金、公益网站等途径，通过直接参与、捐赠、公益广告、公益歌曲等方式参与其中。

相比于公益本身的悠久历史，公益广告的出现则是在近代时期。公益广告是为社会公众制作发布的、不以营利为目的的广告形式，广告目的在于传达某种观念，呼吁受众关注某些社会性问题，以合乎社会公益的准则去规范受众的行为，支持或倡导某种社会事业和社会风尚。公益广告往往起着“润物细无声”的作用，它的魅力在于耳濡目染，潜移默化。它将爱国精神、优良传统、社会公德等传递给公众，营造以文化观念感染、影响民众的浓烈氛围，不断满足人们的精神要求。在商业广告大量充斥的今

① 本章的部分内容，引用了张幼斌、黄室、陈昔溪：《中美广告比较研究》，北京：中国传媒大学出版社，2018 年版，第七章“中美公益广告比较”中的部分资料和案例。

天，公益广告犹如一阵清风，摒弃功利色彩，唤醒道德良知，带给人们启迪与思考，同时也赋予广告传播新的含义。

一、公益理念与公益组织的发展及其演变

公益理念伴随人类社会的生成、演进、变化而形成发展，在不同的社会形态或同一社会形态的不同历史时期有不同的表现形式。尽管中美都有各自的公益传统及关于公益的不同表述，但可以肯定的是，“爱”是公益理念形成的共同价值基础，以“仁爱”为核心的儒家传统是中国公益理念的主要渊源，美国则是以“博爱”为其核心的基督教文化传统。

中国古代的公益活动早已存在，但公益组织的形成却经历了一个漫长的历史过程，大致可分为三个阶段，且在各个阶段组织形态各有不同：一是宗教组织形态，主要代表是佛教寺院中的公益组织；二是家族事业形态，主要代表是“义庄”；三是民间组织形态，主要任务在于处理世俗社会问题。①

春秋战国时期，“善人”大多以个人为主体，以赈济为手段，在路上设食物救济饥民，这些早期救助属于临时行为，并未形成一种机制，这种情况一直持续到魏晋南北朝时期佛教的传入。佛教促使公益行为由自发变为自觉，摆脱了应急性、个人性的特点，创立了许多延续至今的重要公益理念，如悲田、福田等思想，佛教寺院中的公益组织成了当时最具代表性的公益组织。家族事业形态“义庄”的出现是中国公益组织发展史上第二件具有里程碑意义的事件，在宋仁宗皇祐二年（1050 年）由著名政治家、文学家范仲淹创立，其主要作用是救济族中贫困之人，为本

① 赵倩、尹建军：《中国古代慈善组织发展的历程与特点》，载《湘潮》，2007 年第 6 期。

族贫寒子弟设立义学，对于遇到天灾人祸或者婚丧嫁娶等大事的人实施临时救助，其后范氏“义庄”受到了其他家族的认可和效仿[①]，“义庄”体现了中国传统宗族观念的现实影响，也表达了儒家“达则兼济天下”的理想。中国公益组织发展史上的第三次飞跃发生于明末清初的万历十八年（1590年），杨东明在河南虞城建立同善会，其宗旨是筹募善款和其他救助，其后相继出现了会馆（救济同乡）、清节堂（救助贞女孀妇）、掩骼会（救助贫民丧葬）、族田义庄（救助族人）等组织[②]，这些明末清初的民间公益组织已经接近于现代意义上的公益组织。清朝后期，个人公益和公益团体持续发展，并为朝廷推动，不断组织化、制度化，如为学子筹集办学经费就是当时公益事业的重要部分，这一时期的“国家救助”成为中国公益事业的主旋律，这与清政府高度集权的体制有着密不可分的关系。

鸦片战争以后，中国陷入长时期的战乱，国家主导的公益事业一度停滞。新中国成立后直到1978年，政府重启民政机构，公益事业走上了复兴之路。在政府的主导下，全国性公益团体陆续成立，1981年7月28日，中国大陆第一个共募基金会中国儿童少年基金会成立，开启了中华公益事业的新篇章；1982年5月29日，宋庆龄基金会筹建成立；1984年3月15日，中国残疾人福利基金会成立；1989年中国扶贫基金会、中国青少年发展基金会成立；1993年，中国第一家地方性公益机构吉林省慈善总会成立；1994年民政部创建中华慈善总会[③]，随后各慈善公益基金会和地方慈善公益机构犹如雨后春笋般纷纷设立，它们在善款募集、灾害救助、济贫扶困、社会关爱、志愿行动等方面发

① 周秋光、曾桂林：《中国公益简史》，北京：人民出版社，2006年版。

② 梁其姿：《施善与教化——明清的公益组织》，石家庄：河北出版社，2001年版。

③ 中华慈善总会官方网站，www.chinacharityfederation.org。

挥了越来越多的作用，成为政府公益事业的重要补充。近十年来，中国慈善机构的数量和规模日益壮大，社会公益事业日渐蓬勃。

任何事物都不是无源之水、无本之木。与美国其他方面的精神资源、典章制度一样，美国公益事业的思想传统追根溯源也来自欧洲，特别是英国。自从有组织的教会产生之后，教会就成为慈善事业的主持者和中介。捐赠者不是直接捐给救助对象，而是把财产交给教会，由教会发放。中世纪的英国，每一座寺院都有责任收容乞丐、救助老弱病残，并安排有劳动力的流浪者劳动自救，同时也有权劝说或强迫其所管辖范围内的有产者捐款济贫。1601年英国议会通过了《济贫法》（*Poor Relief Act*），与此同时伊丽莎白女王颁布了《英格兰慈善用途法规》（*The English Statute of Charitable Uses*），通常把二者统称为《伊丽莎白法规》。《伊丽莎白法规》在多方面都有开创性，例如开始了调节税收制、慈善事业世俗化、援助对象社会化以及有效的管理监督机制等，因此在公益事业史上被认为具有里程碑的作用，是现代公益事业的先声。① 由《伊丽莎白法规》开始，17世纪中期新的慈善事业在英国大规模实施，这也正是英国人向美国大规模移民之时，这一新兴事物也就随着早期的殖民者传到了新大陆。所以可以说，美国的慈善公益事业和思想是与殖民开发同步发展的。从"五月花"号的清教徒领袖约翰·温思罗普（John Winthrop，1588—1649）到创建宾夕法尼亚州的英国桂格教徒威廉·彭（William Penn，1644—1718），到美国开国元勋之一的本杰明·富兰克林（Benjamin Franklin，1706—1790），无不有自己的公益思想，并对公益事业做出开创性的贡献。17世纪中叶到18世纪70年代美国独立这一百年间，美国已经开始有了从早期的慈善救济发展而来的社会公益事业的雏形和一套思想。美国的公益

① 资中筠：《财富的归宿》，上海：上海人民出版社，2006年版。

事业与宗教密不可分，基督教的“原罪说”“救赎说”宣扬人生而有罪，人要用一生的劳作和对他人的博爱为自己赎罪，以求死后灵魂得到安宁、升入天堂，如《圣经》中提倡的“爱人如己”“十一奉献”（即个人应将收入的1/10拿出捐献给教会或救助穷人）；《新约》中多次提到的“富人进天堂比骆驼穿过针眼还难”等等，美国人的公益理念就是在这样的宗教土壤中生根发芽。

19世纪末，美国的社会财富越来越向少数人集中，一批通过掌控石油、钢铁、汽车等新兴产业而崛起的商业巨头开始出现，如何面对巨大的财富，以及它所带来的社会影响，是彼时财富拥有者面临的新课题，尤其是当社会上很多人在其快速致富的同时滑向贫穷深渊的时候，由此引发的社会矛盾也令这些企业家思考手中财富的意义。在此形势下，美国的公益事业有了新的动向，富豪们的慈善行动第一次显得如此集中，如此耀眼。

1911年，美国钢铁大王卡内基创立商业化运作的“卡内基基金会”，宗旨是“增进和传播知识，并促进美国与曾经是英联邦海外成员的某些国家之间的了解”，此举标志着美国现代公益事业的开端，同时奠定了美国现代公益组织的基本模式。所谓的公益基金会，就是“将私人财富用于公共事业的合法社会组织”，主要资助教育、文化、科学、医疗、公共卫生和其他社会福利事业。1913年，“洛克菲勒基金会”在纽约成立，宗旨是“知识的获得和传播，预防和缓解痛苦，促进一切使人类进步的因素，以此来造福美国和各国人民，推进文明”。卡内基基金会和洛克菲勒基金会的成立，标志着美国的慈善事业步入现代时期，在此之后，美国公益事业蔚然成风，在私人基金会大力推进美国公益事业的同时，企业作为公益主体在公益领域异军突起。20世纪中期，随着以通用电气基金会、IBM基金会等为代表的企业基金会的建立，企业开始意识到基金会可以向利益相关方传达更好的企业社会责任，以达到社会效益和商业效益的最大化。1998年初，eBay 公司创始人皮埃尔·奥米达和杰夫·斯科尔带着 100 万美元市值的公司股票，敲开了硅谷社区基金会的大门。此外，通用公司在支持环境的可持续发展上运行了一个名为“绿色创想”的项目；沃尔玛发起了“超越汽油”的环保项目；思科尝试给发展中国家提供信息科技教育……不少跨国企业越来越意识到要想在未来取得更大成功，就须在社会责任上领先于民意。

20 世纪 60 年代，美国的民权运动如火如荼，一项致力于缩小教育鸿沟的公益项目——“儿童电视工作坊和芝麻街”诞生。节目由卡内基基金会和福特基金会联手资助制作，公共广播公司和美国教育办公室随即加入，1969 年 11 月 10 日，芝麻街首次在公共电视频道播出后广受好评，并很快风靡全美。20 世纪 90 年代，美国经济经历新一轮强劲增长，将比尔·盖茨推上了世界首富的位置，也催生了新一代的超级慈善家。2001 年，由于美国经济十年来首次陷入衰退，美国公益组织遭遇寒冬，美国的公益组织由此陷入 20 世纪 90 年代以来的罕见危机。尽管经济的周期性起伏会影响公益组织的运营，但是受“积福行善”的新教伦理的约束以及热心助人的社会道德驱动，美国公众形成了关注公共事业的习惯。据对 1989 年、1991 年、1993 年、1995 年和 1998 年的统计分析，全美国 70％以上的家庭都对慈善事业有某种程度的捐赠，平均每年每个家庭捐赠 900 美元，占家庭收入的 2.2％[①]，成为慈善事业的一项“支柱型力量”。

美国公益事业经历了起步、强劲突起、波折发展到逐步稳定的历程。参与公益活动的主体诚然是公益组织，而个体也通过志愿服务、捐款捐物等行为积极地参与到公益活动中。美国公益理念根植于民众，公益事业的开展常态而规范。

---

① 赵倩、尹建军：《中国古代慈善组织发展的历程与特点》，载《湘潮》，2007 年第 6 期。

二、公益广告比较

（一）中美公益广告的发展演变

中国公益广告缘起何时至今并无定论。有学者认为在夏朝大禹治水时期，据《左传·宣公三年》记载，大禹铸九鼎以告天下，教民识猛兽毒虫，这种社会性广告可以视为公益广告的前身。[①] 还有部分学者认为，孔孟等思想家的著作及古代官方的文书中，都包含可视为公益广告的内容，如孔子的《论语》中包含的教人道德风尚的内容、明朝皇帝颁布的劝农勤耕的谕旨等，此外还包括"进善之旌""诽谤之木""振木铎巡于路"等形式的公益内容。但由于政治、军事问题长期困扰着中华民族的前途命运，所以当时的公益广告多以政治、军事为核心，只包含极少的社会服务性内容。近代至现代，中国都有类似今天公益广告活动的社会广告，如在辛亥革命、五四运动进程中，早期的共产主义者创办了大量革命报刊进行反帝反封建的宣传活动；抗战胜利后，国民为了抵制洋货而发起宣传攻势，借助报纸广告进行拯救国货运动；解放战争时期，解放军行军留下的宣传标语等，都被视为公益性质的社会广告。[②] 但这些广告比较粗糙和原始，最重要的是其鲜明的政治色彩有别于现代意义上的公益广告。

中国的现代公益广告始于新中国成立初期，当时中国建立了稳定的报刊发行机制，真正的大众传媒时代来临。最早的现代公益广告主要涉及军事活动、社会建设、卫生保健等内容，广告的主要形式是标语口号，如"抗美援朝，保家卫国""我为人人，

① 陈培爱：《中外广告史》，北京：中国物价出版社，1997 年版。

② 陈洪波：《扫描中国公益广告发展三十年》，载《新闻爱好者》（理论版），2008 年第 10 期。

人人为我”“一人参军，全家光荣”“除四害，讲卫生”等，宣传色彩比较浓厚。“文化大革命”期间，受国家政治风波的影响，包括公益广告在内的中国广告事业整体都受到了重大挫折甚至停滞退步，公益广告大多泛化成为政治性极强的标语或口号。“文化大革命”结束后，社会尚处于全面整顿调整阶段，此时地方性的公益广告复苏并开展起来，这些公益广告活动在内容和形式上基本沿袭中国传统和习俗，倡导家庭和睦、尊老爱幼、友爱互助等中华民族传统美德。改革开放以后，商业发展不断繁荣，公益广告开始在调剂社会关系、传播道德观念方面发挥作用。从 20 世纪 80 年代开始，政府部门开始在大众媒体、路牌广告上发布有关环境保护、计划生育、交通安全等题材的宣传广告。1984 年 7 月 5 日，由北京日报社、经济日报社、工人日报社、北京晚报社、八达岭特区办事处等单位联合主办了“爱我中华，修我长城”的赞助宣传活动。该公益广告联合发出后，全国 30 个省、市、自治区及港澳地区乃至国际社会，都积极回应与参与，有关单位收到赞助款项数千万元，及时用以修复北京长城的城台和城墙。①

1986 年，贵阳市节水办和贵州电视台联合发布了中国第一则电视公益广告“节约用水”，此举被普遍认定为中国现代公益广告诞生的标志。这则广告一改以往“说教式”风格，运用艺术手段将节约用水的主题生动地表现出来，一经播出就反响强烈，一时间形成全社会节约用水的风尚，当年贵阳第四季度自来水用量较上一年同期减少了 47 万吨。② 至此，中国公益广告事业迎来持续发展期，陆续出现了一系列具有里程碑式意义的亮点。1987 年 10 月，中央电视台首次在黄金时间开辟《广而告之》专

① 陈培爱：《中外广告史》，北京：中国物价出版社，1997 年版。

② 潘泽宏：《广告的革命——社会文化广告论》，长沙：湖南大学出版社，2001 年版。

栏，每天在固定时段播放公益广告。作为中国公益广告史上第一个电视公益广告栏目，“广而告之”的问世迅速引起了国际媒体的关注。[①] 在“广而告之”的影响下，1988—1994 年间，北京、上海、江苏、湖南、河南、山东、安徽等电视台都相继开办了公益广告栏目。[②] “公益广告”正式走入普通百姓的生活。

20 世纪 80 年代末以来，中国政府加大对公益广告的扶持。1989 年，在中国电视艺术委员会和中国广告协会电视委员会共同主办的第四届全国电视广告“印象奖”评选中，首次增设“公共广告奖”，开创了公益广告评奖的先例。1996 年 6 月 18 日，国家工商行政管理局发出《关于开展“中华好风尚”主题公益广告月活动的通知》，在全国范围内开展“中华好风尚”主题公益广告活动，广泛调动电视、广播、期刊及路牌等媒体，进行综合、立体、大规模的公益传播。

中国公益广告发展至今已经相对成熟。尽管与一些发达国家相比，中国公益广告事业仍有一定的距离，但是现代公益广告在中国从无到有，取得了不小的成就，在社会上形成了一定的影响力，有力地促进了社会公益事业的发展。

与中国相同，美国早期的公益广告与政治和战争有着密不可分的关系。1917 年，当美国卷入第一次世界大战时，政府成立了联邦公共信息委员会吸引公众的支持并宣传战争参与，委员会召集一批顶尖插图画家创作海报支持战争，这些宣传海报被视为美国公益广告的雏形。

催生美国公益广告的契机源于 20 世纪 30 年代的经济危机，当时的商业萧条让美国经济举步维艰，商业广告因此遭受世人的

① 陈春翔：《春色关不住——我国公益广告十二载巡礼》，载《广告导报》，1999 年 1 月 10 日。

② 参见《中国广播电视年鉴》，北京：中国广播电视年鉴社，1996.

批评和谴责。第二次世界大战期间，1941年11月美国广告协会和美国广告公司协会召开了联席会议，被誉为广告委员会奠基者的詹姆斯·韦伯·扬在会上发表了一个美国广告发展史上意义重大的三十分钟的演讲，正是这个演讲，让在座的广告精英意识到美国需要一个公益广告组织。[①] 扬认为，广告可以帮助人们重建对美国商业及其赖以生存的经济竞争体制的尊重。他还强调，广告还应该发挥更大的作用以改变社会："广告应该成为让人们增进共识、化解分歧的公关宣传工具；广告应该消灭忽视童床热疾病的态度（生育过程中的母亲或婴儿的并发症）；广告还应该满足国家需要而多做益事；广告还应该传播音乐、文学、艺术以及正义力量；我们能否抛开眼前的商业和广告，我们何时才能充分发挥广告更高的境界?"[②] 扬的演讲在联席委员会引起了震动，随即联席委员会立即决定成立一个名为"广告委员会"的组织。美国广告委员会的成立初衷是源于广告界的生存危机，而第二次世界大战的进程则对此有所改变。由于看到了公益广告对战时宣传、动员、组织的强大作用，美国政府以积极的姿态加入其中，说服广告界服务于政府，并于1942年初正式将委员会更名为"美国战时广告委员会"（WAC），美国公益广告的序幕由此正式拉开。战时广告委员会配合战时需要，创作了多个系列的广告运动，主题多样，包括宣传战争公债、战时信息保密、号召妇女进入工厂等。正是战时的需要、政府的利用，才使得战时广告委员会掀起了美国这场史无前例、规模巨大、影响深远的系列广告运动。[③] 据统计，在美国参战后的两年内，有三分之一的杂志广告是战时爱国公益广告。在1942—1945年间，每年公益广告的投

① Ad Council，http://www.adcouncil.org/timeline.html.

② Ad Council，http://www.adcouncil.org/timeline.html.

③ 朱利安·西沃卡：《美国广告200年经典范例——肥皂剧、性和香烟》，周先民译，北京：光明日报出版社，2001年版。

放折合市值一亿美元以上。[1] 这期间许多优秀的公益广告问世，最典型的当属征兵广告，其中山姆大叔的形象最是深入人心（如图 7-1 所示）。另外，战争期间大量男性奔赴战场，社会劳动力锐减，而当时的美国社会文化认为女性的首要任务是服务于家庭，而不是参与社会工作。战时需要女性转变传统观念，走出家门走向社会，像男人一样投身社会工作，为此，战时广告委员会制作了一系列以“强壮的女性”形象为主要元素的公益广告（如图 7-2 所示）。

图 7-1

图 7-2

① 朱利安·西沃卡：《美国广告 200 年经典范例——肥皂剧、性和香烟》，周先民译，北京：光明日报出版社，2001 年版。

战时广告委员会除了发布爱国公益广告，还鼓励企业赞助公益广告。委员会联合政府声称：在战时要让企业名称和商标也与和平年代一样出现在广告中，否则企业将会被市场遗忘。众多企业为了摆脱经营困境，纷纷以爱国主义为名，加入到这场声势浩大的公益广告大潮中，如新天堂铁路局赞助创作“4 号上铺的兄弟”，帽子领军企业赞助战时信息保密的主题广告“把秘密藏在你帽子下”等。美国政府从战时公益宣传中感受到公益广告强大的力量，以至于在日后的历届政府中，对公益广告的重视程度热情不减。第二次世界大战结束后，战时广告委员会更名为广告委员会，逐步转型为一个独立的、非营利性的民间组织，广告由战争主题转为社会性的公共话题，如教育、种族、卫生等。

几十年来，广告委员会已经享有很高的美誉度和信任度，每年都有很多非营利性机构、政府部门及其他社会组织申报赞助特定广告主题。委员会通过投票筛选确定广告主题，联合广告公司的志愿者创作主题广告，最后利用媒体捐赠的版面和时段进行广告投放，从而完成整个公益广告活动。几十年间，广告委员会发动了众多有针对性的公益广告活动，如黑人大学联合基金会、防止虐待儿童运动、防止家庭暴力、招募爱心教员、防止艾滋病、预防犯罪等。随着美国社会公益意识的不断增强，越来越多的组织和机构参与到公益事业中，美国的公益广告事业发展平稳。

值得一提的是，当今无论中美，越来越多的企业参与公益广告的推广。早期公益广告的主题与政治和战争关联，而后公益主题转变为社会性的公共话题。早期公益广告的发布依赖传统媒体，而今新媒体的应用使广告信息实现即时的多节点传播。过去硬性的标语式宣传的广告效果不再，广告主开始选择“去商业化”的软性广告宣传。与公益广告组织和机构一样，当今企业关注社会中的少数群体与社会热点议题，通过话题参与融入品牌或企业理念。该类型公益广告的软性表现形态，体现了企业以社会发展为己任，与传统的公益广告组织共同对“以轻松的形式提醒公众”宣传职能的担当。此类公益广告在为企业赢得良好形象与社会声誉的同时，使企业形象与产品推广易为受众接受。

（二）中美公益广告比较

1. 诉求方式

- **中国**

“晓之以理，动之以情”是中国公益广告的惯用说服策略。因此，人们通常能在一则公益广告中看到感性诉求和理性诉求的综合运用，依据不同的公益主题，其运用的比例各有不同。在号召关爱他人的广告中，感性诉求占主要地位；在宣传环保理念的广告中，往往兼而有之；在普及某一知识，如疾病应对措施之类的广告中，理性诉求占据上风。其他题材的公益广告各有侧重，在此不再一一罗列。鉴于部分公益广告的目的在于杜绝某种不良行为，恐怖诉求不失为一种有效的手法，比如反腐倡廉、禁烟类的广告等。此外，在“预防艾滋病”的公益广告中，偶尔会出现性诉求，但是在表现手法上往往比较隐晦，或者用语言代替较为直接的画面。

图 7-3　父爱“打包篇”视频广告，运用感性诉求，讲述身患老年痴呆症的父亲失去记忆，然而却没忘记替儿子打包他最爱吃的饺子。正如文案所说：“他忘记了很多事情，但他从未忘记爱你。”相信为人子女者看到此广告，定能为之动容。

图 7-4　“关注留守儿童”公益广告，运用感性诉求，画面中本应陪在孩子身边的父母却被冰冷的话筒代替，文案“爸爸妈妈何时能回来”更是体现了留守儿童的呼声，令人唏嘘。

图 7-5　“关爱乳房”公益广告，运用性诉求和感性诉求，画面中三位全裸的女明星美丽大方地展示身体，喊出“女人要对自己好一点”的口号，试图通过自身感受号召女性关爱乳房、珍惜健康。整幅广告性感却不色情，洋溢着对女性浓浓的关怀气息。

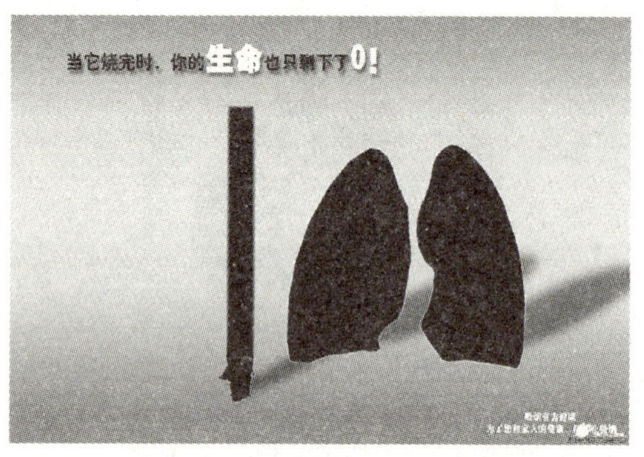

图 7-6　“禁烟”公益广告，运用恐怖诉求，黑色的肺部和文案“当它烧完时，你的生命也只剩下了 0”直观诉诸受众吸烟的危害。

● 美国

美国公益广告的诉求方式同样多样化，感性诉求、理性诉求乃至性诉求、恐怖诉求都经常在其公益广告中出现。同中国的公益广告一样，选用何种诉求方式取决于广告所涉及的具体公益题材，当然也不排除美国人偶尔会“剑走偏锋”，如一则宣传美国心脏病协会的公益广告，就选用了一袭性感打扮的玛利亚·凯利作为代言人。与中国公益广告的含蓄保守不同，美国公益广告对于恐怖诉求和性诉求的运用则更为常见，而且表现更为大胆。

图 7-7　“关爱儿童”系列公益广告，运用感性诉求，画面中主人公无助的眼神以及废墟烘托出的情绪让受众感受到深深的孤独感，用“大人”的形象代替“儿童”的形象更是为了让受众能够“感同身受”。

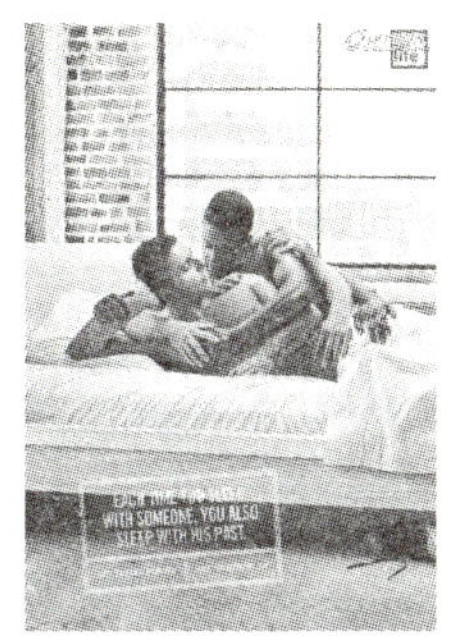

图 7-8 “预防艾滋病”之“一次生命”(One life)系列公益广告，运用性诉求的方式，兼具恐怖诉求的效果。画面中，主人公正在卧室、浴室亲密缠绵，彼此的身体被很多双手包围，让人联想到这些手曾经也同样与主人公如此亲密。赤裸的身体、陶醉的表情充满性诱惑，同时多双手的处理颇具恐怖感。

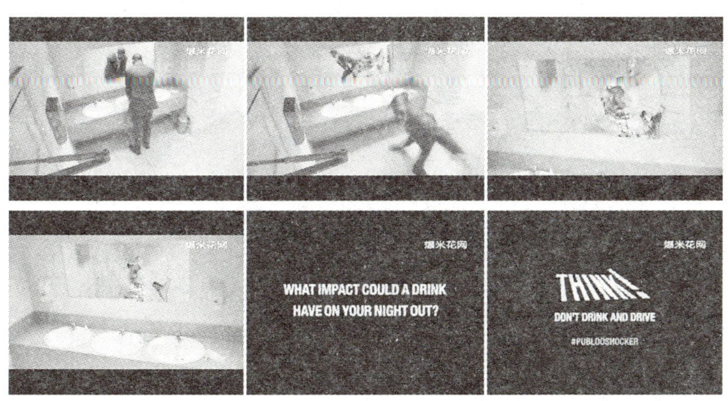

图 7-9 “禁止酒驾”视频广告，运用恐怖诉求，片中突然撞击在镜子上的血淋淋的人头着实吓着了在洗手的人们，警醒了每一位受众“Don't drink and drive!”(切忌饮酒驾驶)。

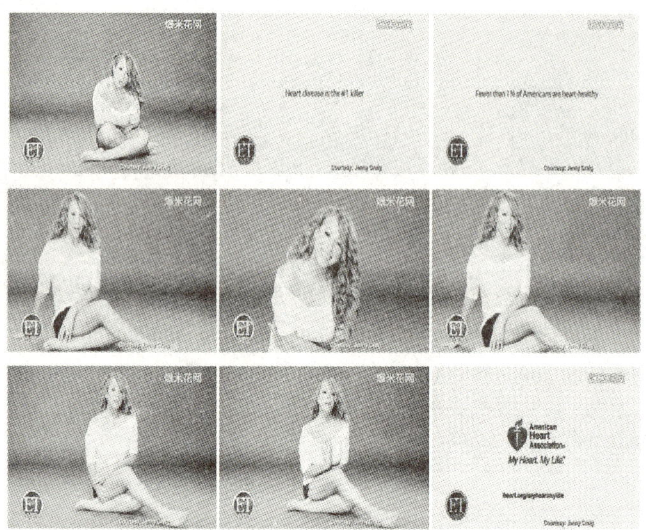

图 7-10 “美国心脏病协会”视频广告，运用性诉求和理性诉求，广告中玛丽亚·凯莉身着深 V 领 T 恤和超短裤，低胸长腿看似撩人，但她娓娓道来的却是一组关于心脏病发病率和致死率的统计数据。

2. 诉求点

● **中国**

中国公益广告的诉求点集中于社会公德、文明公约、交通法规、环境保护、卫生保健、反腐倡廉、人间关爱等内容。此外，针对突发性事件，尤其是灾难事件的公益广告，如非典（SARS）期间、汶川地震期间，诉求点多集中于团结一心、众志成城战胜灾害，以传播人文关怀、公益精神，增强民族凝聚力，恢复信心为目的。

图 7-11　“讲文明树新风”系列视频广告是中宣部和中央文明办共同承办的公益广告活动。广告使用朗朗上口的快板词，以押韵的节奏和通俗的文字将“中国梦”“社会主义核心价值观”“中华传统美德”等主题进行宣扬。

图 7-12　“校车安全”视频广告，发布于 2011 年重大校车案之后，片中展示了孩子们的活泼可爱和无限可能，告诫公众要责任在心，万不可让劣质校车毁灭孩子们的未来。

图 7-13 “国家统一”公益广告，典型的主旋律宣传，利用汉字“国”字的变形，将宝岛台湾的地图置于那耀眼的“一点”上，文案“台湾从来就是我国领土不可分割的一部分”表明立场，宣扬祖国统一的思想。

图 7-14 “反腐倡廉”公益广告，画面简洁明了，一滴墨水染黑了一池清水，文案“一滴，就可以改变本色”暗示受众腐败可能会导致的巨大社会影响。

- **美国**

美国公益广告的主题往往紧贴社会发展现状和现实生活需

求，其公益广告的诉求点常常关乎民众或者某个团体、阶层所关注的重大问题。总的来说，美国公益广告的诉求点针对主题涉及了包括消除种族歧视、提高儿童生活质量、预防性身体保健、社区安康、环境保护和强化家庭观念等方方面面的内容。

图 7-15　“关爱老兵”视频广告，诉诸关爱退伍老兵生存现状，号召人们给予他们更多的理解与包容。广告展现了一名老兵的孤独——空无一人的机场、车厢、街道，直到广告片的最后，一位美国居民出现，握住老兵的手，人群出现。文案欲告诉每一位老兵“You are not alone. We know where you're coming from”（你并不孤独，我们知道你的付出）。

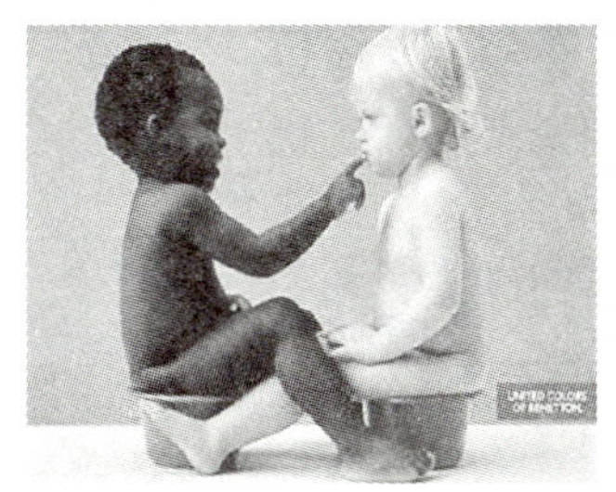

图 7-16　贝纳通“反对种族歧视”系列广告，广告中黑人小孩和白人小孩一起玩耍的和谐温馨画面极具视觉冲击力，无须任何言语，意思一目了然，呼吁人们彼此尊重，远离种族歧视。

图 7-17　“防止未成年人饮酒”公益广告，画面中未成年人纯真的笑和饮酒的事实形成对比，文案“Start talking before they start drinking”（在他们饮酒之前就和他们沟通）则是告诫家长多和子女沟通，防患于未然。

图 7-18　“环保”公益广告，通过展现美丽多彩的蝴蝶在一步步靠近市区的过程中，颜色逐渐暗淡，直至变成黑色，告诫受众城市空气污染的日趋加重，唤起人们的环境保护意识。

3. **元素运用**

● **中国**

公益广告内容多样、涉及题材广泛，在不同类别的公益广告中，元素选取各有侧重。在文明公德类广告中，普通人、孩子、日常生活场景等经常出现；在关爱他人类广告中，关爱的传者与受者、温馨的相聚场景等经常出现；在交通法规类广告中，汽车、人行道、红绿灯、交警等经常出现；在环境保护类广告中，青山、绿水、树木、地球、被污染的土地及河流等经常出现；在反腐倡廉类广告中，监狱、手铐、拆组的汉字等经常出现。值得一提的是，名人元素在公益广告中使用频繁，以名人良好的形象和影响力易于感染受众。

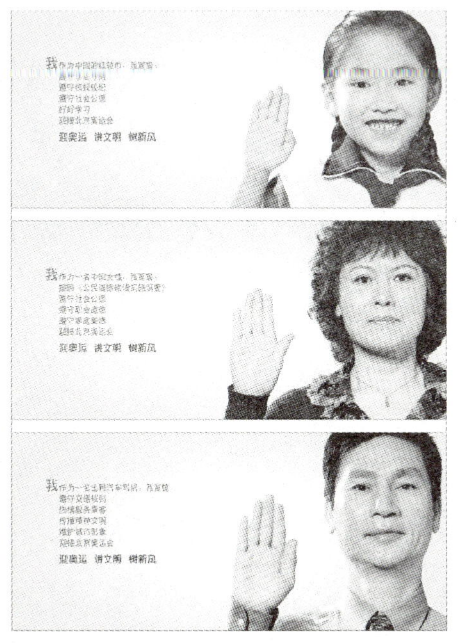

图 7-19　“讲文明”公益广告，广告展示讲文明的主体形象，普通人的承诺、孩子纯真的微笑，号召所有人“讲文明，树新风”。

图 7-20　“关爱艾滋病患者”公益广告，运用姚明、濮存昕这样的名人元素，文案分别是“朋友就是朋友，无论他们是否感染了艾滋病，让我们的世界没有误解和歧视”“预防艾滋病是全社会的责任，爱心呵护生命，行动抵御艾滋”，旨在通过名人效应，呼吁更多的人关注艾滋病及艾滋病患者。

图 7-21　“环境保护”公益广告，由草地、绿树、向日葵、飞鸟及手筑心形为构图要件，文案“珍惜生命，保护生态”更是直抒其意。

图 7-22 “反腐倡廉”公益广告，聚焦汉字“贪”，并将其变形成为一座监狱的形象，监狱的铁窗，囚禁了一双挣扎的手。文案“切勿以身试法”告诫官员，切勿贪图一时之利而逾越法律的鸿沟，以致落入牢笼而无法自拔。

- **美国**

与中国公益广告如出一辙，美国公益广告的表现元素总体非常多样化。与中国公益广告的谨言慎行和强烈政府主导意识不同，美国公益广告在元素的运用上往往信手拈来，元素选取大胆，有时尺度之大令人咂舌，如直白的性交画面、血淋淋的死亡场面等，只要是能够传达出创意点的元素，就能运用于广告中，这与美国人多元的文化背景息息相关。此外，名人同样在美国公益广告中出镜率较高。

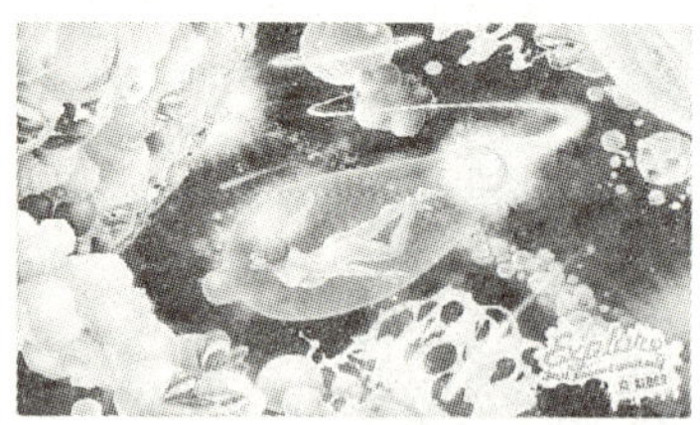

图 7-23　“预防艾滋病”公益广告，主题是“Explore. Just protect yourself”（探索吧，保护好自己）。广告以性器官充斥画面，各种生命体游离在身体附近，意欲告知人们可以有丰富多彩的情爱，但做好身体防护至关重要。纷繁的色彩和赤裸的画面极具视觉冲击力。

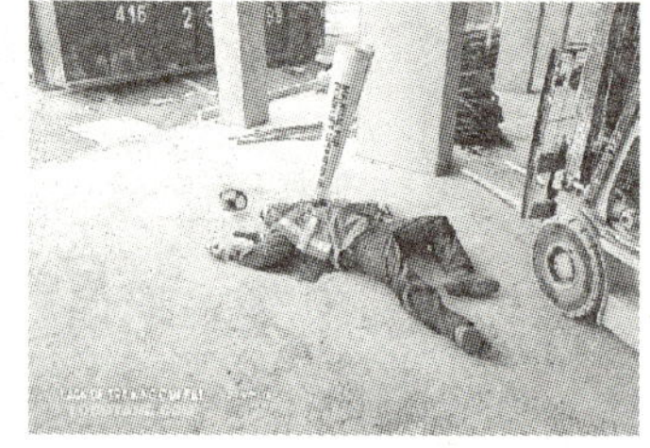

图 7-24　“规范操作”公益广告，旨在告诫工人规范操作的重要性。广告主体是由于不当操作致死的工人，画面血腥恐怖，极具视觉冲击。

图 7-25　“反对盗版”公益广告，著名动漫形象“超人”成了广告主要元素，盗版已经让超人无法度日，令人忍俊不禁。

图 7-26 “禁枪”公益广告，广告采用群星策略，召集众多影视界明星共同对枪支说“No”，对枪支引起的暴力事件说“No”。

4. **创意表现**

● **中国**

中国的公益广告多为政府主导型，在中国人的认知中公益事业严肃而不容亵渎，这无形中为公益广告的表现加铸了一个固定模式，即公益广告的表现手法应该积极而正统，由此使得公益广告的表现显得谨小慎微，不时给人一种制式的生硬感，以“说教式”方式强势灌输理念，广告的创意表现通常缺乏突破创新。但随着中国人公益意识不断增强，企业不断参与其中，在一定程度上推动了公益广告的发展，广告中有了创新点闪现，如抛开主角意识，采用他人叙事的手法，融合中国传统文化的表现形式，文字和构图的创意组合等。

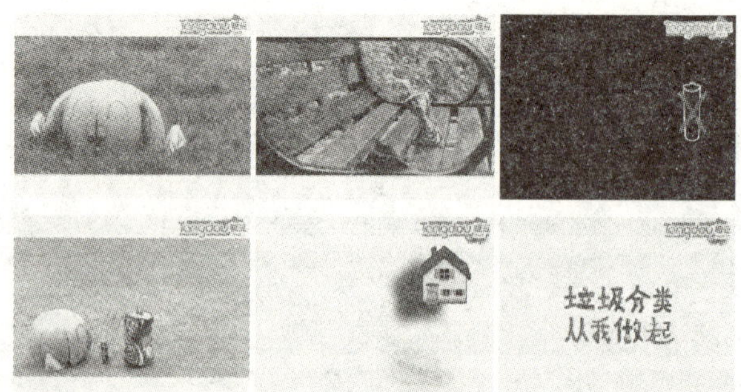

图 7-27 “垃圾分类”视频广告，采用他人叙事的手法，将果皮、可乐瓶、电池拟人化为故事的主角，三者在经历一段旅程后，终于找到各自的归宿——不可回收垃圾箱、可回收垃圾箱和废电池回收站。垃圾自己都知道分类了，作为受众的您当然更要“从我做起!”

图 7-28 “保护动物”视频广告，以被抛弃的动物为叙事主体，讲述被抛弃前后的生活，采用简笔画与实景相结合的手法表现其创意，号召大众不要抛弃宠物。

图 7-29 “讲文明”视频广告，以戏曲的形式呈现了一台“新穆桂英挂帅”，岂料巾帼英雄穆桂英最后却落得被到处乱扔的垃圾绊倒的结局。轻松诙谐的表现手法更容易让受众接受“不乱扔垃圾”的理念。

- **美国**

公益广告作为社会公共信息的传播手段与社会观念的劝导方式之一，其目的是向受众灌输某种理念，因此美国的公益广告也不乏硬性传播的类型。不同之处在于，美国的公益广告在创意表现上时常具象为之，通过叙事或故事性的画面留给受众想象空间。在平面广告中时常以别致构图见长。特别显著的是，美国公益广告经常在户外或某些装置上展示创意，广告制作与环境相得益彰。

图 7-30　“垃圾分类”公益广告，主角是一只瓶子，这只瓶子经历了一段漫长的旅程，终于在人类的帮助下“回”到可回收垃圾箱中，正如文案所说“Give your garbage another life”（给你的垃圾另一种生活）。

图 7-31 “节约开支”视频广告，虚拟的场景是2030年的中国北京，此时美国已经灭亡，美国人沦为中国的奴隶，究其原因是其滥用开支。且不论这则广告中灌输的意识形态内容，它的叙事堪称别致。

图 7-32 “节约用电”公益广告，这是利用开关所做的一个环境创意广告。关上灯，开关显示的是一只常态的北极熊；打开灯，北极熊的脖子被割断，如此的画面表现会时刻提醒人们节约用电。

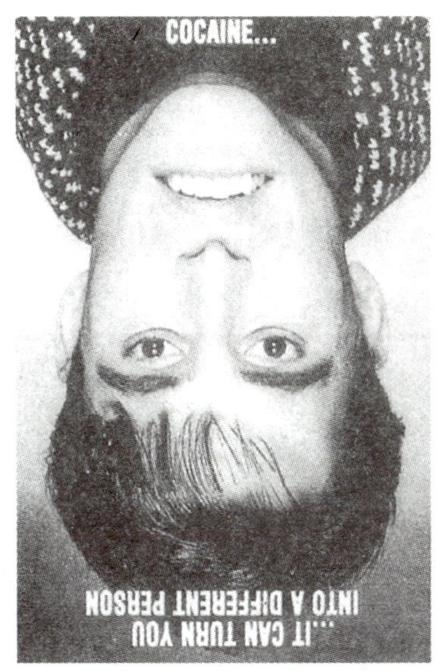

图 7-33　“禁毒”公益广告，出彩在创意的构图。乍一看，图片上是一名健康快乐的青年，画面上方是“可卡因”(cocaine) 字样，下方的文案则提示受众将图片颠倒来看，立马画面上那位青年变得消瘦病态，这一切都是因为吸毒。这样的创意表现能让受众参与互动，令人印象深刻。

图 7-34　创意新颖的户外广告《距离医院的床还有________天》。配合高速公路上的计速器，推估驾驶员的安全指数。表达方式含蓄而诙谐，时刻提醒驾驶安全。

图 7-35　刷爆社交网络并被《中国日报》转发的一则视频广告：通过学生 A 在校园生活中的恋爱幸福体验反衬学生 B 被学校、同学、朋友忽视从而走上抑郁、犯罪的道路。校园枪击的事例提醒受众，关爱他人也是关爱自己，通过爱可以消除不幸与恨意。